Kohlhammer

Kompendien Praktische Theologie

Herausgegeben von

Thomas Klie und Thomas Schlag

Band 7

Die Kompendien Praktische Theologie bieten kompakte und anschauliche Überblicke über die Teilgebiete der Praktischen Theologie. Die einzelnen Bände präsentieren gesichertes Grundlagenwissen mit Bezug auf gegenwartsrelevante Fragestellungen und orientieren sich an folgenden Leitthemen: Problemhorizont und gegenwärtige Herausforderungen – Geschichte der Disziplin – Systematische Entfaltung – Empirische Erkenntnisse – Enzyklopädische Verortung im Ganzen der Praktischen Theologie. Besonderes Augenmerk liegt auf der Verzahnung von Theoriebildung und Praxisreflexion, der Integration in internationale Diskurse sowie dem Dialog mit Partnerwissenschaften außerhalb der Theologie.

Ruth Conrad

Homiletik

Verlag W. Kohlhammer

Dieses Werk einschließlich aller seiner Teile ist urheberrechtlich geschützt. Jede Verwendung außerhalb der engen Grenzen des Urheberrechts ist ohne Zustimmung des Verlags unzulässig und strafbar. Das gilt insbesondere für Vervielfältigungen, Übersetzungen, Mikroverfilmungen und für die Einspeicherung und Verarbeitung in elektronischen Systemen.

1. Auflage 2025

Alle Rechte vorbehalten
© W. Kohlhammer GmbH, Stuttgart
Gesamtherstellung: W. Kohlhammer GmbH, Stuttgart

Print:
ISBN 978-3-17-034086-2

E-Book-Formate:
pdf: ISBN 978-3-17-034087-9
epub: ISBN 978-3-17-034088-6

Für den Inhalt abgedruckter oder verlinkter Websites ist ausschließlich der jeweilige Betreiber verantwortlich. Die W. Kohlhammer GmbH hat keinen Einfluss auf die verknüpften Seiten und übernimmt hierfür keinerlei Haftung.

Inhalt

Vorwort 9

I **Begriffe, Kontexte sowie der grundlegende Zusammenhang von Kirchenbild und Predigtideal** 13
1 Begriffliche und theologisch-historische Verortungen 13
   1.1 Die Predigt – eine sozio-kulturelle Ausdrucksform des Christentums 14
   1.2 Die Homiletik – ihr wissenschaftlicher Status und enzyklopädischer Ort 19
2 Die Predigt als Funktion der Kirche – oder: die Frage nach der sozialen Dimension der Predigt 24
   2.1 Die Predigt in der Spannung von Individualität und Sozialität 24
   2.2 Drei Kontextualisierungen 29
   2.3 Gegenwartshermeneutisches Potential 37

II **Historische Konstellationen als exemplarische Konstellationen** 41
1 Die Reformatoren 41
   1.1 Martin Luther: Die gemeinschaftsstiftende Funktion der Predigt 41
   1.2 Johannes Calvin: Die Predigt als Mittel religiöser Sozialdisziplinierung 50
2 Confessio und Pietas als Ziel der Predigt im konfessionellen Zeitalter 54
   2.1 Die religionspolitischen Rahmenbedingungen 54
   2.2 Die mehrdimensionale Beschreibung der Predigtaufgabe 55
   2.3 Homiletik und Rhetorik 56

3	Die Predigt als Mittel zur Kirchenreform im Pietismus	58
3.1	Die Reformbedürftigkeit der Kirche	58
3.2	Speners Reformschrift »Pia desideria«	59
3.3	Konkretionen	61
4	Die Predigt als Beitrag zur »Versöhnung von Christentum und Kultur« in der Aufklärung	62
4.1	Aufklärung als anthropologisches Konzept	62
4.2	Die Orientierung am empirischen Hörer	63
4.3	Der Prediger als Religionslehrer	64
4.4	Die Predigt in der entstehenden bürgerlichen Öffentlichkeit	65
5	»Circulation des religiösen Bewusstseins« als Aufgabe der Predigt bei Friedrich D. E. Schleiermacher	66
5.1	Die Kirche als Gemeinschaft der Frömmigkeitspflege	66
5.2	Die Predigt als darstellendes Handeln	68
5.3	Inhalt und Darstellungsformen der Predigt	70
5.4	Die Predigt zwischen vorausgesetzter Religion und Säkularisierungserfahrung	71
6	Der Streit um die Kirche als Streit um die Predigt um 1900	72
6.1	Soziokulturelle, gesellschaftliche und religiöse Dynamiken um die Jahrhundertwende	72
6.2	Ziel der Predigt: Erbauung der Gemeinde oder Bekehrung des Einzelnen	73
6.3	Die (Neu-)Entdeckung der Empirie für die Predigt	75
7	Die Predigt als Einspruch gegen die Welt: der Beitrag der Wort-Gottes-Theologie	77
7.1	Die veränderte gesellschaftliche Stellung der Kirche nach 1918 und von 1933 an	77
7.2	Die Predigt als Gottes Wort	79
7.3	Wirkungsgeschichte	81
8	Predigt und Kirchenreformbewegung der 1968er	82
8.1	Kirche als »Institution im Übergang«	82
8.2	Die Bedeutung der Predigt in einer »Kirche für andere«	84
8.3	Einordnungen und Rückfragen	88
9	Die Predigt der ›digitalen Kirche‹ zwischen Transformation und Kontinuität	89
9.1	Predigtgeschichte als Mediengeschichte	89
9.2	»Insta als Kanzel«	93

III		Systematische Perspektiven, konfessionskulturelle Konstellationen und gegenwartsinteressierte Positionierungsversuche	97
1		Die Predigt im Gottesdienst – die Liturgie als Horizont der sozialen Wirksamkeit der Predigt	98
	1.1	Die Predigt im evangelischen Gottesdienst	99
	1.2	Die Predigt in der römisch-katholischen Messe	102
	1.3	Die Predigt in evangelikalen und (neo-)pentekostalen Gottesdiensten	107
	1.4	Die Emotionalität von Gottesdienst und Predigt	110
2		Die Predigtperson – die Vermittlung zwischen Individualität und Sozialität der Predigt	115
	2.1	Konfessionskulturelle Differenzen der Legitimierung und Autorisierung von Predigtpersonen	116
	2.2	Frauen und die Predigt	120
	2.3	Die Tugenden der Predigtperson	121
3		Inhalt und Absicht der Predigt – am Einzelnen orientiert, auf das Gemeinwohl gerichtet	127
	3.1	Am Einzelnen orientiert: Predigt als religiöse Lebensdeutung	128
	3.2	Auf das Gemeinwohl gerichtet: Die gesellschaftlich-öffentliche Dimension der Predigt	136
4		Kirchenbild und Predigtideal – oder: zum Schluss eine offene Frage	141

Literaturverzeichnis **145**

Index **168**

Vorwort

> Das Herz der kleinsten Schwalbe ist stärker als der Nebel.
> Die Seele des hoffnungslosesten Vogels verdient unsere Sorge.
> Serhij Zhadan

> Der Vogel hat ein Haus gefunden
> und die Schwalbe ein Nest für ihre Jungen
> – deine Altäre, Herr Zebaoth,
> mein König und mein Gott.
> Psalm 84

Dieses Buch hat eine lange Entstehungsgeschichte. Die ersten Überlegungen stammen aus der Zeit, bevor ich an der Humboldt-Universität zu Berlin zunächst die Vertretung und dann die Professur für Praktische Theologie übernahm (2016/2018). Im Entstehungszeitraum hat sich nicht nur mein beruflicher und persönlicher Lebenskontext verändert, sondern auch die Welt hat sich eingedunkelt. Die globale Pandemie, die Kriege in der Ukraine und im Nahen Osten, das globale Wiedererstarken totalitärer Politik und autoritärer Gesellschaftsformen – all das und noch vieles Nichtgenannte erinnert an die Flüchtigkeit des Lebens und an die Zerbrechlichkeit persönlicher und politisch-gesellschaftlicher Stabilitätserfahrungen. Auch die Situation der Evangelischen Kirche in Deutschland, der primäre Bezugsrahmen meines theologischen Denkens, hat sich in den zurückliegenden Jahren verändert. Ging man 2019 im Rahmen der sog. »Freiburger Studie« davon aus, dass die Zahl der Kirchenmitglieder sich bis 2060 etwa halbieren würde, fürchtet man am Beginn des Jahres 2024 aufgrund der sechsten Kirchenmitgliedschaftsuntersuchung, dass dieser Wert bereits in den 2040ern erreicht werden könnte. Eine teilweise offensive Panik in kirchlichen Kreisen und unter den kirchenleitenden Personen greift um sich.

Oft habe ich mich in den zurückliegenden Jahren gefragt, ob und wie diese Veränderungen mein Nachdenken über die Predigt beeinflussen. Die Fragen nahmen ihren Ausgang am Genre einer Homiletik: Kann man überhaupt noch eine Homiletik schreiben? Ist das Genre eines homiletischen Kompendiums nicht überholt, weil von der Predigt nur noch wenige Menschen etwas Hilfreiches zu erwarten scheinen und weil die Predigt in den kirchlichen Reformdebatten eine eher randständige Rolle spielt? Hat die Predigt eine Zukunft? Ich mochte mich freilich in all den Jahren des Schreibens und Nachdenkens nicht von der Idee verabschieden, dass menschenfreundliche und nachdenkliche Predigten einen Beitrag für ein gutes Leben und eine humane Gesellschaft zu leisten vermögen und ihnen deshalb Wertschätzung widerfahren könnte. Weil, so meine Überzeugung, die Geschichte der christlichen Hoffnung noch nicht auserzählt und die Hoffnung selbst noch nicht aufgebraucht ist. Die Hoffnung, dass das »Herz der kleinsten Schwalbe [...] stärker [ist] als der Nebel« und dass der Gottesdienst ein Ort der Hoffnungspflege zu sein vermag. Schön wäre es, wenn sich weiterhin und immer wieder in der Predigt ereignen würde, was über die Poesie gesagt wurde: Dass hier Worte gefunden werden »für die schlimmsten Dinge« und diese »dadurch ein wenig erträglicher, und ein wenig verständlicher« werden. »Indem wir unsere Schmerzen und Ängste benennen, zähmen wir sie, domestizieren wir sie und wagen uns in ihre Nähe. Das Unvermeidliche bleibt unvermeidlich, aber dank der Versprachlichung, dank des Aussprechens können wir Bitterkeit und Trauer zulassen« (Zhadan ³2022, 24). Wenn sich dieses Buch dafür in unterschiedlichen Kontexten als anregend erweisen würde, würde ich mich freuen.

So ist das Buch womöglich eher ein homiletischer Essay als ein Kompendium geworden, gleicht eher eine Suchbewegung denn einem Wissenssilo.

Um die Dynamiken im religiösen Feld und die Veränderungen, mit denen sich die Kirche konfrontiert sieht, nicht nur als Drohkulisse im Hintergrund (oder Vordergrund, je nach Perspektive) zu halten, habe ich diese Homiletik im Horizont des Zusammenhangs von Kirchenbild und Predigtziel entworfen. Dieser Zusammenhang ermöglicht es, historische und gegenwärtige Veränderungen von Kirche und Religion in Bezug auf die Predigt handhabbar zu machen und in eine systematisch kohärente Denkfigur einzuzeichnen. Darum geht es im Folgenden: über die Predigt im Wechselspiel von Kirchenbild und Predigtziel nachzudenken. Damit rücken Fragen des Inhalts und weniger der Performanz ins Zentrum.

Ausgehend von diesem Zusammenhang hat die hier vorgelegte Homiletik drei Teile: In einem ersten Teil werde ich die entscheidenden Begriffe, Themen und Kontexte vorstellen und in den von mir zu Grunde gelegten Zusammenhang von Kirchenbild und Predigtideal einführen. Im zweiten Kapitel werde ich historische und gegenwärtige Konfigurationen dieses Zusammenhangs als exemplarische, weil zu jeder Zeit (wieder) mögliche Konstellationen vorstellen. Die Darstellung beginnt mit den Reformatoren. Diese Einschränkung ist unter anderem dem Umfang eines Kompendiums geschuldet. Zugleich versteht sich die vorliegende Homiletik dezidiert als evangelische Homiletik und orientiert sich an der hiesigen protestantischen Tradition, bringt diese aber mit anderen Predigttraditionen ins Gespräch. Dafür steht insbesondere der dritte Teil. Dort wird der systematische Gehalt des Zusammenhangs von Kirchenbild und Predigtideal im Blick auf den liturgischen Kontext der Predigt, das Selbstverständnis der Predigtperson sowie den Inhalt und die Absicht der Predigt entfaltet. Zusätzlich speise ich hier konfessionsvergleichende Perspektiven ein, markiere konfessionskulturelle Differenzen und entfalte vor diesem Hintergrund eigene Positionen.

Insgesamt versuche ich, predigtgeschichtliche und soziokulturelle Perspektiven in die Homiletik zu integrieren, um so die Basis der homiletischen Argumentation zu erweitern. Zwar ist das vorliegende Lehrbuch keine Predigtgeschichte, für mich aber ist es ein Schritt hin zu einer kulturtheoretischen und kulturgeschichtlichen Erschließung und Beschreibung der Predigt.

Dass die Predigt eine soziale Wirksamkeit zu entfalten vermag, versuche ich im Folgenden nicht nur theoretisch zu entfalten, sondern erlebe es in vielen Gesprächen über die Predigt immer wieder. Dafür danke ich den Studierenden in den zahlreichen Homiletisch-liturgischen Seminaren in Berlin und vielen Pfarrern und Pfarrerinnen, die mir Anteil an ihrer Praxis gewähren.

Mit ihren unterschiedlichen Erfahrungshintergründen und Perspektiven haben Wolfgang Altvater, Tilman A. Fischer, Eberhard Schwarz, Dr. Martin Wendte und – wie so oft und immer so sorgfältig im Detail und konstruktiv in der Gedankenführung – Dr. Martin Weeber das Manuskript einer wohlwollenden und zugleich kritischen Lektüre unterzogen. Dafür bin ich sehr dankbar.

Um die formalen Korrekturen und Vereinheitlichungen haben sich mit großer Geduld und Sorgfalt Anna Seidel, Richard Zeller und Nina Dohle verdient gemacht. Ihnen gebührt größter Dank. Falls sich noch Fehler finden, habe ich diese zu verantworten.

Den beiden Herausgebern der Reihe, Thomas Schlag und Thomas Klie, sowie dem Verlag und Florian Specker danke ich für ihre mehr als großzügige und langmütige Geduld und ihre hilfreichen Lektüren.

Gewidmet ist das Buch Dieter Bofinger, dem Gefährten meines Lebens. Er weiß, warum. Danke!

Stuttgart/Berlin
24. Juli 2024

I Begriffe, Kontexte sowie der grundlegende Zusammenhang von Kirchenbild und Predigtideal

1 Begriffliche und theologisch-historische Verortungen

Die folgenden begrifflichen und theologisch-historischen Einordnungen bauen auf einer grundlegenden Unterscheidung auf – der Unterscheidung von Theorie und Praxis. Die Praxis der Predigt geht der homiletischen Theorie voraus. Das heißt: Jede Homiletik als Theorie ist re-konstruktiv. Sie reflektiert auf eine Praxis, die ihr vorausliegt. Um es zuzuspitzen: Erst die Predigt, dann die Homiletik; erst die Praxis, dann die Theorie. In diesem Sachverhalt spiegelt sich die Unterscheidung von Religion und Theologie. Diese ist ein Kennzeichen des modernen Christentums westlicher Prägung, wie es sich seit der Zeit des Pietismus und der Aufklärung etabliert hat (Rössler ²1994, 25–30). Diese Unterscheidung formuliert die Eigenständigkeit von Religion und Theologie, wobei die religiöse Praxis gegenüber der theologischen Theoriebildung vorgängig ist. Sie wird in diesem Zusammenhang als Berufsführungswissen verstanden.[1] Um es auch hier zuzuspitzen: Erst Religion, dann Theologie. Das bedeutet: Theologische Theoriebildung und religiöse Praxis gehören zwar zusammen und sind stets wechselseitig aufeinander bezogen, sind aber nicht dasselbe. Für das Verhältnis von Predigt und Homiletik folgt daraus: Die Predigt ist eine religiöse Praxis und eine Ausdrucksform des christlichen Glaubens; die Homiletik die wissenschaftliche Reflexion auf die theologischen und rhetorischen Prinzipien, geschichtlichen Entwicklungen und sozio-kulturellen Bedingungen dieser religiösen Praxis.

---

1 Selbstverständlich gibt es auch andere Theologiekonzeptionen. Diese werden aber hier nicht zu Grunde gelegt.

Dieser Unterscheidung folgend ordne ich zunächst die Rede von der »Predigt« begrifflich und sachlich ein (I.1.1), daran anschließend die Rede von der »Homiletik« (I.1.2).

1.1 Die Predigt – eine sozio-kulturelle Ausdrucksform des Christentums

a. Der Begriff der ›Predigt‹

Der Begriff ›Predigt‹ leitet sich ab vom lateinischen »praedicare«/»praedicatio« und meint »öffentlich bekanntmachen« bzw. »öffentlich ausrufen« (Stowasser 2016, 537). Konstitutiv für die Predigt ist also erstens ihr öffentlicher Charakter (vgl. III.3.2) und zweitens die Voraussetzung eines Sachverhaltes, der öffentlich bekanntgemacht werden soll. Zur Predigt gehören daher immer Redner und Hörer.[2] Alternativ werden im Lateinischen auch die Begriffe sermo (Vortrag, Gespräch) und concio (Versammlung, Volksrede) verwendet.

Im Griechischen werden für diese öffentliche (religiöse) Sprechhandlung die Begriffe ὁμιλία, κήρυγμα und διδαχή verwendet. Jeder dieser Begriffe setzt einen eigenen Akzent: Der Begriff ὁμιλία verweist stärker auf den kommunikativen und dialogischen Charakter der Predigt. Κήρυγμα (z. B. Mt 12, 41; Lk 11,32; Röm 16,25; 1Kor 1,21; 2Tim 4, 17; 1Kor 2,4; vgl. auch κηρύσσω und κῆρυξ) betont den Aspekt der Verkündigung sowie deren Inhalt. Der Ausdruck διδαχή nimmt den Gedanken der Lehre und Unterweisung auf, ist also ebenfalls inhaltlich bestimmt (z. B. 1Kor 14, 6; 2Tim 4,2; Mk 4,2; 12,38; Mt 16,12; Hebr 6,2 Lehre von der Taufe; Hebr 13,9 Verhältnis von Irrlehre und Wahrheitsanspruch).

Dieser Hintergrund legt es nahe, die Predigt in einem formalen Sinn als eine öffentliche Sprechhandlung mit religiösem Inhalt (vgl. III.3) zu beschreiben, in der, oft im Rahmen eines institutionalisierten religiösen Rituals, eine Einzelperson zu einer Hörergruppe spricht. Hörer und Redner gehören (meist) der gleichen religiösen Gemeinschaft an. Im Christentum bezieht sich die Predigt oft, aber nicht zwingend, auf einen biblischen Text, dessen Sinngehalt für die jeweilige Gegenwart erschlossen wird. In der

---

2 Aus stilistischen Gründen verwende ich weitgehend, freilich nicht ausschließlich das generische Maskulinum.

westlichen Moderne hat die Predigt daher eine mindestens dreifache Vermittlungsleistung zu vollbringen: zum einen zwischen dem historischen Bestand des Christentums, wie er in den Texten der Tradition bewahrt wird, und der jeweiligen Gegenwart der Hörer; zum zweiten zwischen dem Wahrheitsanspruch des christlichen Glaubens, wie er sich systematisch und historisch entwickelt hat, und den jeweils zeitbedingten Wahrheitsansprüchen und zum dritten zwischen den allgemein-prinzipiellen Gehalten des Glaubens und der Individualität der einzelnen Hörer (vgl. Rössler ²1994, 390–395). Auf Seiten der Hörer und Rezipienten ist dabei mit einer Integration auch nicht-kirchlicher, religiöser Traditionen zu rechnen (Patchwork-Religiosität). Weil es um eine Aufgabe der Vermittlung geht, gibt es die Predigt nur im Plural, denn an jedem einzelnen Punkt der Vermittlungsaufgabe sind unterschiedliche, oft gleichermaßen legitime Entscheidungen möglich.

b. Die sozio-kulturelle Dimension der Predigt

Der öffentliche Charakter der Predigt, ihr religiöser Gehalt, ihre häufig rituelle Situierung wie die skizzierte Herausforderung der Vermittlung konfigurieren sowohl die allgemeine Form der Predigt wie auch ihre jeweils spezifische Ausformung. Denn das ist ein besonderes Paradox der Predigt – dass ihre Form sich über die Jahrhunderte hinweg als erstaunlich konstant erweist und dass sie zugleich in vielfältigen kulturellen, historischen, lokalen und individuellen Variationen begegnet. Jede Predigt erfolgt an einem bestimmten Ort und zu einer bestimmten Zeit. Regionale Besonderheiten (z. B. Stadt vs. Land, Diaspora), infrastrukturelle und künstlerische Entwicklungen (z. B. Kirchen- und Kanzelbau), konfessionelle und innerkonfessionelle Differenzen, frömmigkeits- und mentalitätsgeschichtliche Eigenheiten und kirchenrechtliche Vorgaben (z. B. wer Zugang zum Predigtamt hat) prägen die konkrete Predigt. Auch gesellschaftliche (z. B. Industrialisierung, Kriegszeiten) und mediale Dynamiken (z. B. mündliche Predigt vs. Lese- und Internetpredigt) nehmen Einfluss auf die Predigt.

Die Vielfalt der Predigtkulturen lässt sich noch weiter auffächern. So können Anlässe der Predigt unterschieden werden – die Predigt im Rahmen des sonntäglichen Gemeindegottesdienstes, die Predigt bei Missions- und Evangelisationsveranstaltungen oder die Kasualpredigt mit entweder biographischem Bezug (z. B. Trau- oder Bestattungspredigt) oder öffentlich-gesellschaftlichem Anlass (z. B. Dorffest- oder Gedenkpredigt). Diesen unterschiedlichen Anlässen korrespondieren unterschiedliche Hörer- bzw. Zielgruppen (z. B. Krankenhaus- oder Altenheimgemeinden; Besucher von Familien- oder Schulgottesdiensten). Predigten lassen sich zusätzlich nach den gewählten Inhalten und Textreferenzen unterscheiden (z. B. Perikopen-, Motto-, Katechismus- oder Liedpredigt), aber auch nach den Intentionen, die verfolgt werden (z. B. sog. politische Predigt, seelsorgliche Predigt, Lehrpredigt, Bußpredigt) oder den rhetorischen Methoden (z. B. narrative oder argumentative Predigt; Homilie). Zudem legt sich eine Unterscheidung der Orte und Medien der Predigt nahe (z. B. Fernseh- oder Internetpredigt, gedruckte Predigt, Predigtsammlungen).

Last but not least ist die Pluralität der Predigtkulturen auch bedingt durch die Predigtpersonen selbst, die sich durch Charakter, Persönlichkeitsstruktur, familiäre und religiöse Biographie, Ausbildung und Vorgaben der jeweiligen religiösen Gemeinschaften unterscheiden.

In kultur- und sozialgeschichtlicher Perspektive spiegelt diese Vielfalt der Predigten und Predigtkulturen die Bandbreite und Vielfalt, in der sich Menschen in vergangenen Zeiten »wahrgenommen und gedeutet haben« und »welche materiellen, mentalen und sozialen Hintergründe jeweils auf ihre Wahrnehmungs- und Sinnstiftungsweisen einwirkten und welche Wirkungen von diesen ausgingen« (Daniel 2016, 19). Das gilt auch für die Gegenwart – Predigten legen Zeugnis davon ab, wie Menschen sich in der Welt wahrnehmen und ihr Leben deuten. Die Pluralität der Predigtkulturen spiegelt die Vielfalt, in der sich die erwähnte dreifache Herausforderung der Vermittlung konkretisiert. Zugleich ist die Predigt in Geschichte und Gegenwart (nur) eine der vielfältigen sozio-kulturellen Ausdrucksformen religiöser Erfahrung und steht mit anderen Ausdrucksgestalten des christlichen Glaubens in steter Wechselwirkung. Hierzu gehören die Entwicklung von Riten, Liturgien und Gesängen (vgl. III.1), die Ausbildung von Institutionen, die Etablierung von Dogmen und Normen, die Entwicklung und Pflege einer ethischen und diakonischen Praxis sowie die Entstehung unterschiedlicher kultureller Formen in Musik, Architektur, Literatur und Kunst (Lauster 2005, 109–141; Lauster 2020).

c. Predigtgeschichte und Predigtforschung als Teil der Homiletik

Um der Pluralität der Predigtkulturen auch im Rahmen der homiletischen Theoriebildung gerecht zu werden, wird die Predigt im Folgenden stets

1 Begriffliche und theologisch-historische Verortungen

auch in Bezug auf ihre sozio-kulturelle Dynamik und Wirksamkeit wahrgenommen. Das heißt: Im Zentrum (Kap. II) stehen nicht normativ motivierte Überlegungen zur Predigt, sondern die konkreten Predigten, ihre vielfältigen Bedingungen und sozio-kulturellen Kontexte. Auch wenn eine Homiletik stets normative Aspekte impliziert (z. B. durch die Integration einer notwendigen Religionstheorie; III.3 und III.4), werden diese im Folgenden durchgängig auf Einsichten der Predigtgeschichte bezogen. Theorie und Praxis, Deskriptives und Positionelles sollen in einem beständigen Gespräch gehalten werden.

Dieses Vorgehen bietet vier Vorzüge: Erstens lassen sich Perspektiven der Ereignis-, Sozial-, Regional-, Mentalitäts-, Geistes-, aber auch der Medien- und Rhetorikgeschichte in die Predigtforschung und damit auch in die Homiletik integrieren. Die Predigt ist eben kein nur binnenkirchliches und innertheologisches Phänomen. Sie ist eine sozio-kulturelle Ausdrucksgestalt des christlichen Glaubens. Daher wird zweitens der oben eingeführte Sachverhalt ernstgenommen, dass die Praxis der Predigt gegenüber der Theorie vorgängig ist. Die Pluralität der Predigt, wie sie sich in Geschichte und Gegenwart zeigt, wird – in ersten Ansätzen – zu einem konstitutiven Bestandteil der Homiletik. Auf diesem Weg können drittens historische und gegenwartsorientierte Perspektiven miteinander verbunden werden und die Daueropposition zwischen beiden Perspektiven kann behutsam eingehegt werden. Viertens werden damit zugleich Grenzen des Anspruchs jeder Homiletik erkennbar – die *eine* homiletische Darstellung kann es nicht geben. So wie es die eine (richtige) Predigt(weise) nicht gibt, so wenig gibt es die eine Homiletik.[3] Alle normativen Ansprüche eines bestimmten Konzepts werden durch die historische wie gegenwärtige Pluralität der Predigtkulturen immer schon begrenzt. Homiletik ist damit immer auch Reflexion auf die eigene, mit bestimmten Gründen präferierte Predigtkultur und damit mehr als eine Anwendungswissenschaft. Homiletik ist eine Form selbstreflexiver Kultur, die homiletische Ausbildung zielt auf eine Haltung distanzierender und kritisch-orientierender Selbstreflexion.

Werden die Predigtgeschichte und Predigtforschung in die Homiletik integriert, dann sind methodische Probleme zu reflektieren. Drei seien knapp skizziert. Erstens erfolgt insbesondere die sonntägliche Gemeindepredigt meist in liturgischem Kontext. Sie ist auf den gemeinschaftlichen

---

3 Aus sprachlich-stilistischen Gründen werde ich im Folgenden dennoch auch den Singular benutzen und von ›der Predigt‹ sprechen.

Vollzug eines Rituals hin konzipiert und hat performativen Charakter (Roth 2021). Als Forschungsquelle zugänglich sind Predigten aber fast ausschließlich in gedruckter Form (indirekte Quelle). Erst in der jüngsten Gegenwart sind Videoaufnahmen, digitale Predigten u. ä. als Quellen der Predigtforschung möglich. Das eigentliche »preaching event« (Kienzle 1993, 84) und die gedruckte Predigt unterliegen aber jeweils eigenen Text-, Wirkungs- und Rezeptionsbedingungen. So ist die gedruckte Predigt eher als literarische Gattung, das »preaching event« dagegen eher als performatives Geschehen zu beschreiben. Zweitens waren die Möglichkeiten zur medialen Vervielfältigung, Verbreitung und Archivierung von Predigten historisch sehr unterschiedlich verteilt. Gedruckt wurden meist die Predigten berühmter Redner an prominenten Predigtorten (kirchenpolitisch bedeutende Zentralkirchen, hervorgehobene Gemeinden etc.). Daher wird die Geschichte der Predigt bislang oft als eine Geschichte der männlichen, urbanen und theologisch-kirchlichen Eliten erzählt. Wie »landauf landab, in Dorf und Stadt, in lutherischer, reformierter oder katholischer Glaubensweise, gepredigt worden ist, davon wissen wir bis heute immer noch so gut wie nichts« (Beutel 2013a, 17). Das hatte und hat Konsequenzen für den homiletischen Diskurs. Auch eine konfessionell und international komparative Predigtforschung existiert nur in Ansätzen und in exemplarischen Einzelveröffentlichungen (Braune-Krickau/Galle 2021; Conrad/Hardenberg/Miethner/Stille 2024). Bedingt ist dies auch durch die nicht zu überblickende Materialfülle. Das dritte Problem liegt an dem skizzierten Verhältnis von Predigt und Homiletik. Die Predigt ist eine Praxis, die Homiletik eine theologische Disziplin mit tendenziell normativem Anspruch. Traditionell werden in der Homiletik die Fragen nach der ›richtigen‹ und guten Predigt diskutiert, zuletzt mit besonderem Fokus auf die richtige Performanz und die entsprechende Ausbildung. Dabei wird auch auf den historiographisch-empirisch kaum zugänglichen Anspruch des Christentums reflektiert, dass in der Predigt Gottes Wort so vernehmbar wird, dass es Glauben weckt. Dieser Anspruch ist theologisch und homiletisch für den Protestantismus konstitutiv, lässt sich aber in der historischen wie empirischen Predigtforschung kaum einholen.

Blicken wir nun im zweiten Schritt auf die Theorie der Predigt, die Homiletik, ihren wissenschaftlichen Status und enzyklopädischen Ort.

1.2 Die Homiletik – ihr wissenschaftlicher Status und enzyklopädischer Ort

a. Der Begriff der ›Homiletik‹

Der Begriff ›Homiletik‹ ist ein Kunstbegriff, dessen Verwendung sich erstmals im 17. Jahrhundert nachweisen lässt. Die damit bezeichnete Sache, nämlich die theologische Reflexion auf die Praxis der Predigt, ist freilich älter. Bereits aus der Zeit der antiken Christentümer und auch aus dem Mittelalter liegen homiletische Beiträge vor. Meist handelt es sich dabei um pastoraltheologische Anleitungen, die homiletische Fragen als Probleme der angemessenen und gottgefälligen pastoralen Praxis behandeln. Nachdem die Reformatoren die Predigt zum zentralen religiösen Kommunikationsmedium erhoben haben, bildet sich sukzessive eine gegenüber der Pastoraltheologie eigenständige Homiletik heraus. Dabei sind zunächst Bezeichnungen wie ars praedicandi, ars praedicatoria, oratoria oder rhetorica sacra, ratio concionandi, später auch ›Kanzelberedsamkeit‹ im Gebrauch. Diese Begriffe weisen die Predigtlehre als Spezialfall der Rhetorik aus, betonen damit zugleich den Zusammenhang von Homiletik und Redekunst.

Das Verb ὁμιλέω bezeichnet das gemeinsame Gespräch als Grundvollzug sprachlicher Kommunikation zwischen Menschen (»sich unterreden«). In diesem Sinn findet es sich in Lk 24,14f., wo es das Gespräch zwischen den beiden Jüngern und dem auferstandenen Christus auf dem Weg nach Emmaus bezeichnet. Der Begriff ›Homiletik‹ bewahrt die Erinnerung an die dialogische Grundstruktur religiöser Rede. »In, mit und unter der Sprache der Menschen, die sich unterhalten, wird von Gott gesprochen und wird Gott selbst vernehmbar. Gott wird nicht durch heilige bzw. geweihte Personen mit heiligen Worten und Handlungen beschworen, sondern Gott vergegenwärtigt sich selbst in der Form der menschlichen Unterredung« (Meyer-Blanck [2]2020, 4). Die Predigtsituation ist eine kommunikative und damit soziale Situation (vgl. I.1.1). Sie ist auf Gespräch, auf Zuhören, auf den Austausch von Argumenten, auf die Wahrnehmung unterschiedlicher Positionen, auf emotionale Wechselseitigkeit angelegt.

Andere Begriffe zur Bezeichnung der Predigttheorie, die im Kontext von Erweckungsbewegungen den Akzent stärker theologisch-dogmatisch und weniger rhetorisch zu setzen suchten, haben sich nicht durchgesetzt (z. B. die Rede von »Keryktik« im Anschluss an ›Kerygma‹ bei Rudolf Stier [[2]1844]; vgl. Conrad 2014, 76ff.). Im Anschluss an Friedrich D. E. Schleiermacher wird Homiletik auch als Theorie religiöser Rede bezeichnet. Dabei werden der rhetorische Charakter und der inhaltliche Bezugspunkt – die Religion – gleichermaßen betont.

b. Die Homiletik als eigenständige theologische Disziplin

Dass es gerade ab dem 17. Jahrhundert zur Ausbildung einer theologischen Subdisziplin ›Homiletik‹ kommt, hängt wesentlich mit der Entwicklung der Praktischen Theologie zu einer eigenständigen Disziplin im Verbund der theologischen Disziplinen an der Universität zusammen (enzyklopädischer Sachverhalt). Für diese Entwicklung gibt es mehrere Gründe (ausführlich erörtert u. a. bei Drehsen 1988). Drei seien kurz erwähnt:

- *Theologiegeschichtliche Gründe*: Bis in die Zeit des Pietismus hinein war die Theologie eng verbunden mit der religiösen Praxis, auf die sie sich bezog. Religiöse Lebenspraxis und theologisches Wissen bildeten weitgehend eine Einheit. In den pietistischen Bewegungen verstärkte sich dann die Tendenz, den religiösen Praxisvollzügen eine eigenständige Bedeutung zuzuweisen. In der Aufklärung setzte sich zunehmend die Einsicht durch, dass die Praxisvollzüge gegenüber der theologischen Reflexion vorgängig sind. »In der Theologie soll jetzt nicht mehr die Praxis durch die Erkenntnis begründet, sondern die Erkenntnis durch die Praxis geleitet werden« (Rössler ^{2}1994, 27; vgl. zur Unterscheidung von Religion und Theologie I.1).
- *Wissensgeschichtliche und wissenschaftsgeschichtliche Gründe*: Die Umbildungen des philosophischen Weltbildes in der Aufklärung veränderten auch die Struktur des christlichen Glaubens. Die Entstehung der neuzeitlichen Naturwissenschaften stellte das überlieferte biblisch-dogmatische Weltbild in Frage und die Ausbildung historisch-kritischer Methoden in der Exegese ließ eine Verbalinspiration biblischer Texte obsolet erscheinen. Die Pluralisierung des Wissens und der Wissenschaften forderte die Theologie heraus, ihre eigenen Wissensbestände zu re-formulieren und deren Relevanz im System der Wissenschaften neu zu legitimieren.
- *Sozial- und kulturgeschichtliche Gründe*: Seit der frühen Neuzeit und insbesondere seit dem 18. Jahrhundert pluralisiert und individualisiert sich die religiöse Praxis aufgrund gesellschaftlicher und sozio-kultureller Veränderungen. Man denke an den Umbau von einer Stände- zu einer Bürgergesellschaft, den Ausbau des Bildungswesens, die zunehmende

Entwicklung einer von den Kirchen unabhängigen Kunst und Kultur wie auch an Prozesse der Verstädterung und der Migration.

In der Summe führen diese Entwicklungen dazu, dass Kirchen und Theologien ihre zentrale gesellschaftliche Stellung und ihr Monopol in Deutungsfragen verlieren. Religion wird neben Wirtschaft, Politik, Bildung etc. ein eigenständiges funktionales Teilsystem der Gesellschaft, das seine Bedeutung aus sich selbst begründen muss (Karle ²2021, 32–42, im Anschluss an Niklas Luhmann). Die Theologie steht in der westlichen Moderne vor der Herausforderung, ihren Ort und ihre Funktion im System der Wissenschaften und an der Universität begründen und dabei auch die veränderte gesellschaftliche Stellung der Kirche reflektieren zu müssen, und dies wird eine bleibende Herausforderung sein.

Vor diesem Hintergrund entwickelte Friedrich D. E. Schleiermacher (1768–1834) ein Konzept der Praktischen Theologie, das darauf abzielt, dass diese als universitäre Disziplin mehr als pastoraltheologische Handlungsanweisungen zu geben imstande sei. Sie solle in die Theologie spezifische, nicht durch andere Fächer vertretbare Perspektiven einbringen. Schleiermacher verankert die Theologie insgesamt (neben Jura und Medizin) als positive Wissenschaft an der Universität (Schleiermacher 1830/2002, KD² § 1; eine knappe Übersicht bei Karle ²2021, 5–13).[4] Als positive Wissenschaft leitet die gesamte Theologie ihre Aufgabe und Funktion nicht aus der Idee des Wissens ab (so die ›reinen Wissenschaften‹), sondern aus einer empirischen Praxissituation. Für diese gilt es, angemessene Verfahrensweisen zu entwickeln. Die Praxisaufgabe, auf die sich die Theologie bezieht, ist die Leitung und Gestaltung der Kirche (Gräb 1991. 2000). Schleiermacher versteht die Theologie als den »Inbegriff derjenigen wissenschaftlichen Kenntnisse und Kunstregeln, ohne deren Besitz und Gebrauch eine zusammenstimmende Leitung der christlichen Kirche, d. h. ein christliches Kirchenregiment nicht möglich ist« (KD² § 5). Die Theologie ist demnach eine Fach- und Berufswissenschaft. Sie zielt auf Professionalisierung der kirchenleitend Tätigen, also Pfarrer, Religionslehrer. Die entscheidende Frage

---

4 Den Hintergrund für Schleiermachers Überlegungen bildet die Gründung der Berliner Universität (1810) durch Alexander von Humboldt (1769–1859). Schleiermacher war als Mitglied der Einrichtungskommission sowie als Beamter der Abteilung für öffentlichen Unterricht im Departement für Kultus und öffentlichen Unterricht in diesen Prozess aktiv eingebunden.

lautet demnach nicht: »Was ist Theologie?« (z. B. die Lehre von Gott), sondern: »Wozu gibt es Theologie?«.

Entsprechend zeichnet sich die Theologie durch Zweckgebundenheit und Praxisbezug aus. Sie vertritt keine überzeitlichen Wahrheiten, sondern argumentiert stets in Bezug auf eine konkrete historische Situation. Was heute angemessen ist, kann morgen als überholt und unpassend gelten. Um die jeweils gegenwärtig anstehenden Aufgaben zielorientiert und situationsadäquat erheben und gestalten zu können, arbeitet die Theologie mit unterschiedlichen Methoden (Textauslegung, empirischer Forschung, systematischer Theoriebildung). Schleiermacher unterscheidet für die Theologie drei Bereiche: Erstens die Philosophische Theologie, die aus Apologetik und Polemik besteht. Hier wird, einmal nach Innen und einmal nach Außen, die Idee des Christentums mit dessen konkreten geschichtlichen Erscheinungen abgeglichen. Die Historische Theologie – bestehend aus Exegese, Kirchengeschichte und den gegenwartsbezogenen Disziplinen Dogmatik, christliche Sittenlehre und Statistik – blickt auf das Ganze der Kirche und der Theologie als einer geschichtlich gewordenen Größe. Sie bilden den eigentlichen »Körper« (KD^2 § 28) des theologischen Studiums. Und zuletzt die Praktische Theologie, auch als »Krone« (Schleiermacher 1811, KD^1 § 31)[5] bezeichnet, die zwischen der Theologie als universitärer Wissenschaft und der kirchlichen Praxis vermittelt. Ihre Aufgabe besteht nicht in der Aufstellung konkreter, anwendungsorientierter Einzelregeln (sog. mechanischer Regeln), sondern in der Entwicklung eines regelgebenden Verfahrens (sog. »Kunstregeln«, KD^2 § 265). Dieses ist von den Einzelnen in Bezug auf die jeweils konkrete Situation adäquat zu entfalten. Denn die Theorie kann »nie die Virtuosität hervorbringen, nur die Anlage die ein jeder dazu hat leiten« (Schleiermacher 1850/1983, PT, 202).

Der Homiletik weist Schleiermacher innerhalb der Praktischen Theologie die Aufgabe zu, die historisch jeweils kontingente Form der Predigt zu reflektieren und entsprechendes Berufsführungswissen zu generieren (KD^2 § 284f.; vgl. II.5).

---

5 Die vielzitierte Baummetapher verwendet Schleiermacher nur in der ersten Auflage der »Kurzen Darstellung«.

c. Themen der Homiletik

Das erste Lehrbuch der Praktischen Theologie verfasste Carl Immanuel Nitzsch (1787–1868; drei Bände, 1847–1867). Darin bestimmt Nitzsch die Kirche (und nicht die kirchenleitenden Personen) als Gegenstand der Praktischen Theologie. Entsprechend wird die Homiletik als Theorie der kirchlichen Rede entwickelt. Zugleich löst Nitzsch die bei Schleiermacher angelegte Abhängigkeit der Praktischen Theologie von der Philosophischen und Historischen Theologie auf und betont deutlicher die Eigenständigkeit der Praktischen Theologie im System der theologischen Wissenschaften, gerade durch ihren Bezug auf die Kirchentheorie bzw. Ekklesiologie.

Die oben skizzierten vielfältigen Perspektiven bei der Beschreibung der Predigt machen eine Binnendifferenzierung der Homiletik notwendig. Der reformierte Theologe Alexander Schweizer (1808–1888) etabliert die Unterscheidung in prinzipielle, materiale und formale Homiletik (Schweizer 1848). Die prinzipielle Homiletik reflektiert die fundamentaltheologischen Grundlagen und Bedingungen der Predigt (Was ist die Predigt?). Die materiale Homiletik bedenkt die Inhalte der Predigt (Worüber wird gepredigt?) und die formale Homiletik die Gestaltung und Durchführung derselben, also ihre liturgisch-kultischen, sozio-kulturellen und rhetorischen Bedingungen und Möglichkeiten (Wie wird gepredigt?).

Diese Aufteilung erinnert an den bereits erwähnten inter- und transdisziplinären Charakter der Homiletik. Die prinzipielle Homiletik weist die Predigt als Konkretions- und Bewährungsort der gesamten Theologie aus. Ihr kommt für das Gesamte der Theologie integrierende Funktion zu. Fragen der materialen Homiletik können sinnvoll nur im Austausch mit den exegetischen und systematischen Fächern sowie mit der Philosophie und den Kultur- und Sozialwissenschaften bearbeitet werden. Die formale Homiletik schließt stets an rhetorische, linguistische, liturgische, ritual- und performanztheoretische Diskurse an.

So wie sich in der Geschichte der Predigt eine Kulturgeschichte des Christentums abbildet, so impliziert die Geschichte der Homiletik Aspekte einer transdisziplinären Wissenschafts- und Wissensgeschichte. Dabei gilt, dass die Geschichte der Predigt und die Geschichte der Homiletik nicht identisch sind und auch nicht zu allen Zeiten parallel verlaufen. Insgesamt ist die Geschichte der Homiletik aufgrund der konziseren Quellenlage und des normativen Interesses zumindest in der Praktischen Theologie bislang ausführlicher erforscht und intensiver diskutiert als die Geschichte der Predigt.

2 Die Predigt als Funktion der Kirche – oder: die Frage nach der sozialen Dimension der Predigt

2.1 Die Predigt in der Spannung von Individualität und Sozialität

Jeder Homiletik liegt (hoffentlich) eine leitende Idee zugrunde, d. h. ein zentraler Gedanke, der die Argumentation organisiert bzw. aus dem heraus sich die Argumentation entwickelt. Mit einem knappen Blick auf die in jüngster Zeit rezipierten homiletische Entwürfe kann man sich diesen Sachverhalt vergegenwärtigen und zugleich einen Überblick über zentrale Diskurslinien der gegenwärtigen deutschsprachigen Homiletik gewinnen. Ich beziehe mich auf die Entwürfe von W. Engemann, W. Gräb und das Programm der sog. dramaturgischen Homiletik.

a. Beiträge des aktuellen homiletischen Diskurses

Wilfried Engemann versteht die Predigt als »Kommunikationsgeschehen« (Engemann ³2020, 20), dessen Ziel genauer die »Kommunikation des Evangeliums« sei (vgl. Engemann 2014). Immer dort, wo »Menschen glauben, gibt es«, so Engemann, »eine Kultur der Glaubenskommunikation« (Engemann ³2020, 531). Deshalb ist die Predigt eine wesentliche und unhintergehbare Aufgabe und Funktion von Gemeinde und Kirche. Auch wenn die Gemeinde konstitutiver Teil des Predigtgeschehens ist, ist die Predigt stets »Rede von Mensch zu Mensch« (Engemann ³2020, 18). Sie zielt darauf, dass der Einzelne, ein »Leben in Freiheit und Liebe« führen kann (Engemann ³2020, 542; zum dahinterstehenden Konzept einer religiösen Lebenskunst vgl. Engemann 2013). Alle homiletische Kunst bleibe vergeblich, »wenn sich der Einzelne aus der Predigtkommunikation nichts ersehen kann, wenn sie für seine Existenz keine Bedeutung gewinnt« (Engemann ³2020, 324). Für das Gelingen der Predigtkommunikation sind nach Engemann die »homiletischen Prämissen eines Predigers« entscheidend, d. h. »sein Religions- und Glaubensverständnis, sein Lebensideal, sein Menschen- und Gottesbild« (Engemann ³2020, 17f.). Im Anschluss an Otto Haendler (1890–1981, Haendler 2017) ist für Engemann die personale Kompetenz die homiletische »Schlüsselkompetenz« (Engemann ³2020, 69; zur kritischen Auseinandersetzung mit dem Kompetenzbegriff vgl. III.2.3). Diese Denkfi-

2 Die Predigt als Funktion der Kirche

gur – die Predigt als Kommunikation des Evangeliums und die hierfür notwendige personale Kompetenz – organisiert den formalen Aufbau des Werkes.

Der homiletische Entwurf von *Wilhelm Gräb* wählt in Distanz zur Rede von ›Kommunikation des Evangeliums‹ eine religionshermeneutische Grundlegung. Die Predigt wird im Anschluss an Schleiermacher als ›religiöse Rede‹ konzipiert. »Einer Predigt, die zur religiösen Rede wird, geht es um die existenzielle Konkretion des christlichen Glaubens, darum, wie er menschliche Kontingenzerfahrungen deutet, Erfahrungen des Glücks wie der Not, elementare Sehnsüchte und Hoffnungen« (Gräb 2013, 33f.). Eine solche existenzielle Konkretion des Evangeliums fordert ein »symbolische[s] Verständnis der Glaubensinhalte« (Gräb 2013, 17). Nur symbolisch gedeutet werden die Glaubensinhalte für die Hörer »zu religiösen Selbstdeutungsangeboten« (Gräb 2013, 17). Der Kirche und den Pfarrpersonen obliegt die Aufgabe, die herkömmliche, dogmatisch orientierte Predigt zur religiösen Rede umzuformen: »Die Predigt in der Kirche muss eine Rede für die Religion der Menschen sein« (Gräb 2013, 35). Auch hier kommt der Predigtperson hervorgehobene Bedeutung zu, denn »Predigende müssen sich auf die Religion verstehen und sie überzeugend zum Ausdruck bringen können« (Gräb 2013, 11), damit diese Umformung gelingt. Dieses »Sich-auf-Religion-Verstehen [ist] die entscheidende Voraussetzung für die Fähigkeit zu gegenwartssensiblem religiöse[m] Sprechen« (Gräb 2013, 12). Nur so vermöge die Predigt gegenwärtig noch Resonanz zu erzeugen. Die liturgische Situierung der Predigt rückt ebenso in den Hintergrund wie Überlegungen zur Gemeinschaft der Hörer als einer religiös-christlichen Gemeinschaft. Die religionshermeneutisch fundierte Predigtlehre Gräbs ist am Individuum orientiert. Die Predigt als religiöse Rede zielt am Ort des Individuums auf eine »Selbsterschließungserfahrung« (Gräb 2013, 38).

Sowohl Engemann als auch Gräb rücken die Person des Predigers ins Zentrum, sind also produktionsästhetisch orientiert. Die sog. dramaturgische Homiletik, wie sie von *Martin Nicol* und *Alexander Deeg* konzipiert wurde, betont dagegen die Selbstwirksamkeit des Wortes und setzt einen stärker rezeptionsästhetischen Akzent. Weil der Hörer und seine Erfahrungen immer schon im Text stecken, geht es weniger darum, den Text auszulegen und seine Relevanz für die Hörer aufzuzeigen, als vielmehr darum, einen Text-Raum zu eröffnen, indem sich Prediger und Hörer gleichberechtigt einfinden. Dieser Text-Raum bringt sich selbst immer schon zur Darstellung (»preaching from within«, Nicol 2002, 55). So sollen Hörer in die Bewegung des Glaubens, Hoffens und Liebens (»gestaltete Bewegung«/«plotted mobility«, Nicol 2002, 25) mithineingenommen werden. Dieser rezeptionsästhetisch akzentuierte Ansatz will verhindern, dass die Hörer von der Predigtperson, deren Auslegung des Textes und deren Deutung der Lebenswelt gleichsam überrannt werden. Die leitende Idee ist, die Bedeutung der Predigtperson und deren hermeneutischer Kompetenz zugunsten einer Betonung der Selbstwirksamkeit des Wortes Gottes einzuhegen. Im Unterschied zu Engemann und Gräb ist dieses Konzept nicht individualitätstheoretisch, sondern eher offenbarungstheologisch grundiert. Es geht weniger um die Religion des Einzelnen als um das göttliche Wort, wie es in den biblischen Texten bewahrt ist.

b. Kirchenbild und Predigtideal – eine grundlegende Korrelation

Die Predigt ist, wie jede öffentliche Rede, eine soziale Situation. Wie jede öffentliche Rede richtet sich die Predigt an eine Gruppe von Menschen. Diese Gruppe bildet nicht einfach nur die Kulisse, sondern ist für die Rede konstitutiv. Im Prozess der Rede wird eine Gemeinschaft sowohl vorausgesetzt und konstituiert, wie auch legitimiert und transformiert. Das gilt unabhängig davon, wie sich diese Gruppe, Gemeinde oder Gemeinschaft quantitativ und qualitativ zusammensetzt. Die Predigt stellt daher immer auch ein strategisches Instrument dar, um eine religiöse Gemeinschaft herzustellen, zu repräsentieren, zu verändern, zu erneuern etc. Denn durch Predigten tradieren religiöse Gemeinschaften ihr Wissen, handeln ihre Werte und Normen aus, setzen sich in Beziehung zu anderen religiösen und nicht-religiösen Gemeinschaften und zur Gesellschaft. In diesem Sinne zielen Predigten auf soziale Wirksamkeit[6] (Conrad/Hardenberg 2020) und lassen sich als sozio-kulturelle Praxis des Religiösen lesen.

Diese soziale Wirksamkeit der Predigt lässt sich u. a. anhand der Predigtgeschichte rekonstruieren. Zu einer individualitätstheoretischen Fundierung der Homiletik steht sie deshalb nicht im Gegensatz. Vielmehr kann die Predigt theologisch so konzipiert werden, dass sie sich an das einzelne Gewissen, den individuellen Hörer, die einzelne religiös gestimmte Seele wendet und auf persönliche Aneignung zielt, um eben genau auf diesem Weg sozial wirksam zu werden (vgl. III.3). Die Predigt ist in ihrem Vollzug

---

6 Die Wirksamkeit von Sprache wurde u. a. in der Sprechakttheorie stark betont. Vgl. hierzu v. a. Austin 1972/2007, im Blick auf die Homiletik z. B. Lütze 2021.

wie in ihrer Deutung daher immer geprägt durch eine besondere Dynamik von Individualität und Sozialität. Eine Person spricht zu einer Gruppe, zu der sie meist selbst gehört. Zugleich besteht diese Gruppe aus Hörern, denen eine individuelle Aneignung des Gehörten nach evangelischem Verständnis zugestanden und zugemutet ist. Für diese individuelle Aneignung stehen Metaphern wie ›Herz‹, ›Seele‹ oder ›Gewissen‹. Diese individuelle Aneignung entlässt die Hörer aber nicht aus der religiösen Gemeinschaft oder macht diese überflüssig. Die Dynamiken von individueller Aneignung und Allgemeinheitsanspruch, von gemeinsamer Tradition wie individueller und zugleich verbindlicher Gegenwartsdeutung, von sozialer Inklusion, aber auch individueller Exklusion sind typisch für die Predigt und prägen ihre Form. Zugleich schließt dies die Moderation von milieu-, alters-, bildungsbedingten und anderen Unterschieden ein.

Dass die Predigt sozial wirksam ist und religiöse Gemeinschaft konstituiert, repräsentiert und transformiert wie auch von dieser beeinflusst wird, lenkt den Blick auf den engen Zusammenhang von Ekklesiologie und Homiletik (vgl. auch Hermelink 2021). Ist die religiöse Rede eine Funktion derjenigen religiösen Gemeinschaft, in deren Kontext sie erfolgt, dann lässt sich die evangelische Predigt als eine Funktion der Kirche interpretieren. Das bedeutet: Das Predigtideal ergibt sich aus dem jeweiligen Kirchenbild. Die Praxis der Predigt spiegelt das Selbstverständnis einer religiösen Gemeinschaft (vgl. hierzu die konfessionskulturellen Bezüge in Kap. III). Die Homiletik ist eine Funktion der zugrundeliegenden Ekklesiologie und darin immer auch der zugrundeliegenden Christentums- und Religionstheorie.[7]

Das ist der argumentative Ausgangspunkt dieser Homiletik. Dieser lässt sich in zwei Richtungen weiter bedenken. Erstens ergeben sich aus einem bestimmten Kirchenbild bzw. aus dem Ideal und Selbstverständnis einer religiösen Gemeinschaft immer bestimmte Erwartungen und Anforderungen an die Predigt. Zwischen Kirchenbild und Predigtziel besteht ein kausaler Zusammenhang (Conrad 2012). Wie das Wesen der Kirche und das Ideal

---

7 Den Begriff ›Ekklesiologie‹ verwende ich, um auf dogmatische Diskurse zur Beschreibung der Kirche zu verweisen; der Begriff ›Kirchentheorie‹ fokussiert stärker praktisch-theologische Diskurse, welche neben den dogmatischen auch empirische Perspektiven einbeziehen. Die Rede von ›Theorie religiöser Gemeinschaften‹ nutze ich, um dem Umstand Rechnung zu tragen, dass die Predigt nicht nur in ›verfassten‹ Kirchen, sondern auch in anderen religiösen Vergemeinschaftungsformen ein entscheidendes Medium der religiösen Kommunikation und Selbstverständigung darstellt.

religiöser Vergemeinschaftung beschrieben und verstanden werden, hat unmittelbare Konsequenzen für das Verständnis von Wesen, Aufgabe und Ziel der Predigt. Zweitens gilt im Blick auf die Predigtpraxis immer auch andersherum: Das Predigtverständnis offenbart in Theorie und Praxis das jeweilige Kirchenideal. Jede Predigt transportiert ein Kirchenbild. Eine Predigt, die auf sozial-politische Veränderung zielt, kommuniziert ein Kirchenbild, welches einen gesellschaftspolitischen Öffentlichkeitsauftrag für die Kirche proklamiert. Sie unterscheidet sich entsprechend von Predigten, welche auf individuelle Erbauung, Seelsorge, Sinnvergewisserung, Trost oder Bekehrung abheben (vgl. III.3).

Die Idee der vorliegenden Homiletik schließt theologisch an die u. a. auch bei Gräb und Engemann zentrale Orientierung am Einzelnen an (protestantisches Prinzip; vgl. III.3), verbindet diese aber mit der Beobachtung, dass die Predigt eine sozio-kulturelle Ausdrucksform des Christentums ist, ihre soziale Dimension also stets mitzudenken ist. Denn die Predigt wirkt einerseits auf die sozio-kulturelle Gestalt des Christentums ein, andererseits wird sie auch von dieser beeinflusst. Zudem sucht die vorliegende Homiletik eine individualitätstheoretische Fundierung und kirchliche wie gesellschaftlich-öffentliche Kontextualisierung der Predigt zu verbinden. Immer wird auch danach gefragt, welche Kirchenideale und kirchlichen Wirklichkeiten in den homiletischen Konzepten und den Predigten zum Ausdruck kommen, auf welche kirchlich-religiösen, aber auch gesellschaftlichen Transformationsprozesse diese Konzepte reagieren bzw. welche Vorstellungen von Wesen und Aufgabe der Kirche sie zu bewahren, zu reformieren und für je gegenwärtige Fragen nutzbar zu machen suchen. In der Beschreibung meines eigenen Kirchenideals (Kap. III) werden die individualitätstheoretischen Aspekte stärker betont werden.

Im dynamischen Ineinander von Individualität und Sozialität spiegelt sich das Konzept einer dreifachen Gestalt des neuzeitlichen Christentums (Rössler ²1994, 90ff.): Die Religion hat ihren primären Ort im Individuum. Die individuelle religiöse Praxis bedarf aber notwendig der sozialen Gestaltwerdung. Dafür gibt es die Kirche. Zugleich prägt die christliche Religion den öffentlich-gesellschaftlichen Bereich (Diskurse, Institutionen etc.). Auch den Protestantismus gibt es nur in diesen drei Dimensionen: als individuellen Protestantismus, »der den Bezug auf die Lebens- und Glaubenswelt des Einzelnen mit sich führt«, als kirchlichen Protestantismus, »der den Bezug auf kirchliche Gemeinschaftsformen und Praktiken fokussiert« und als öffentlichen Protestantismus, der »die Grundüberzeugungen des evangelischen Glaubens im Gegenüber zur Sphäre des Politischen vertritt und dabei besonders die Frage nach der gesellschaftlichen Kohäsion thematisiert« (Albrecht/Anselm 2017, 10; vgl. III.3.2).

Die Art und Weise, wie in Predigt und Homiletik jeweils diese spannungsvolle Dynamik von Individualität und Sozialität konzeptualisiert und inszeniert wird und wie die drei Dimensionen des neuzeitlichen Christentums zueinander in Relation gesetzt werden, macht konfessionskulturelle und positionelle Differenzen sichtbar und profiliert historische Konstellationen als exemplarische Konstellationen (vgl. Kap. II).

Eine Beschreibung der Predigt auch über ihre soziale Dimension lässt sich mindestens dreifach begründen und vertiefen: reformationstheologisch, (religions-)soziologisch und rhetorisch.

2.2 Drei Kontextualisierungen

a. Reformationstheologische Begründung

Für den lutherischen Protestantismus (zum reformierten Protestantismus vgl. unten II. 2) ist der Zusammenhang von Homiletik und Ekklesiologie in der Confessio Augustana (CA) angelegt, bieten doch die Artikel III, IV, V, VII und XIV auch eine Systematik des Zusammenhangs von Kirche und Predigt: Art. III fundiert den Glauben christologisch, Art. IV entfaltet ihn rechtfertigungstheologisch, bevor aus diesem Glauben (»ut hanc fidem«) in Art. V das allgemeine Predigtamt abgeleitet und die Predigt als Ursache wie Folge (Art. VI) des Glaubens beschrieben wird. Dabei tritt das Predigtamt an die Stelle des Priesteramtes. Art. VII fixiert die Kommunikation des Evangeliums in Wort und Sakrament als Wesensäußerungen der Kirche, bevor in Art. XIV die Bedingungen des geordneten Predigtamts formuliert werden. In der Logik der Argumentation wird dann auch das Bischofsamt aus dem Predigtamt abgeleitet (Art. XXVII).

Entscheidend für den Zusammenhang von Ekklesiologie und Homiletik ist Art. VII, dem innerhalb der CA eine Zentralstellung zukommt (vgl. Slenczka 2020, 207–226; Rössler 1980/2006). Der Übersichtlichkeit halber und aufgrund seiner Bedeutung wird er hier vollständig zitiert (BSLK, 102f.).

> Item docent, quod una sancta Ecclesia perpetuo mansura sit. Est autem Ecclesia congregatio sanctorum, in qua Evangelium recte docetur et recte administrantur Sacramenta. Et ad veram unitatem Ecclesiae satis est consentire de doctrina Evan-

gelii et administratione Sacramentorum. Nec necesse est ubique esse similes traditions humanas seu ritus aut ceremonias ab hominibus institutas. Sicut inquit Paulus: *Una fides, unum baptisma, unus Deus et pater omnium etc.*

Es wirt auch geleret, das alzeit müsse ein heilige Christlich kirche sein und bleiben, welche ist die versamlung aller gleubigen, bey welchen das Evangelium rein gepredigt und die heiligen Sacrament laut des Evangelii gereicht werden. Denn dieses ist gnug zu warer einigkeit der Christlichen kirchen, das da eintrechtiglich nach reinem verstand das Evangelium gepredigt und die Sacrament dem Göttlichen wort gemes gereicht werden. Und ist nicht not zu warer einigkeit der Christlichen kirchen, das allenthalben gleichformig Ceremonien von menschen eingesatzt, gehalten werden, wie Paulus spricht Ephes. iiii: »Ein leib, ein geist, wie ihr beruffen seid zu einerley hoffnung euers beruffs, Ein Herr, ein glaub, eine Tauffe.«

Der hier gedachte Zusammenhang von Predigt und Kirche – und nur um diesen geht es im Folgenden – lässt sich in drei Schritten entfalten:

(1) Art. VII geht von einer Unterscheidung zwischen der empirischen, sichtbaren Kirche (ecclesia) und einer geglaubten, unsichtbaren Kirche (congregatio sanctorum) aus. Die unsichtbare, geglaubte Kirche gewinnt in der öffentlichen Kommunikation des Evangeliums, in Wort und Sakrament sichtbare Gestalt. Das bedeutet: Im Gottesdienst, also auch in der Predigt, wird die unsichtbare Kirche öffentlich erkennbar und erfahrbar. Wo Predigt und Sakramente sind, das ist Gottesdienst. Und wo Gottesdienst ist, da ist Kirche. Eine Kirche ohne Gottesdienst, ohne Predigt und ohne Sakrament kann es im Sinne der CA nicht geben. Ähnlich argumentiert Luther in den Schmalkaldischen Artikeln:

> Denn es weis Gott lob ein kind von sieben jaren, was die Kirche sey, Nemlich die heiligen gleubigen und die Scheflin, die ires Hirten stim hören; Denn also beten die Kinder: Ich gleube eine heilige Christliche Kirche. Diese heiligkeit stehet nicht inn Korhemden, blatten [Tonsuren; RC], langen röcken und andern iren Ceremonien, durch sie uber die heilige schrifft ertichtet, Sondern im wort Gottes und rechtem glauben (Schmalkal. Art. XII, BSLK, 776).

Das Wort Gottes aber wird auf mancherlei Art mitgeteilt und empfangen,

> Denn Gott ist uberschwenglich reich inn seiner Gnade: Erstlich durchs mündlich wort, darinn gepredigt wird vergebung der sunde inn alle welt, welchs ist das eigentliche Ampt des Evangelii, Zum andern durch die Tauffe, Zum dritten durchs heilig Sacrament des Altars, Zum vierden durch die krafft der Schlüssel und auch per mutuum colloquium et consolationem fratrum (Schmalk. Art. IIII, BSLK, 764–766).[8]

---

8 In Ergänzung zur CA wird hier die Seelsorge »per mutuum colloquium et consolationem fratrum« aufgeführt.

(2) Da die geglaubte Kirche im Vollzug von Wort und Sakrament sichtbar und erfahrbar wird, gewinnt der je individuelle Glaube im Gottesdienst soziale Gestalt. Die Individualität des Glaubens und seine soziale Gestaltwerdung gehören unabdingbar zusammen. Sie stehen in einem konstitutiven und unhintergehbaren Wechsel-, teilweise auch Spannungsverhältnis. Denn einerseits kann der einzelne Gläubige auf den gemeinschaftlichen öffentlichen Gottesdienst nicht verzichten. Ohne soziale Praxis droht der Glaube sich zu verflüchtigen. Eine »subjektiv-innerliche Privatfrömmigkeit ohne gemeinschaftlich-institutionelle Bezüge […] ist auf Dauer nicht überlebensfähig« (Laube 2015, 48). Andererseits aber ist die Kirche als Ort des gemeinschaftlichen Glaubens dem Glauben des Einzelnen nicht vor- oder übergeordnet. Die unsichtbare Kirche geht in der sichtbaren nicht auf. Denn die Zeichen (Wort und Sakrament) sind nicht die Sache selbst. Kirche ist immer auch »ein Ereignis im Bewusstsein der Glaubenden« (Lauster 2020, 301; vgl. unten II.1.1.a). Für die Predigt bedeutet das: Sie ist konstitutiv in dieses dialektische Verhältnis von unsichtbarer und sichtbarer Kirche, von Individualität und Sozialität des Glaubens einverwoben. Diese Dialektik wird dadurch noch verschärft, dass die Predigt ihre Wirkung nicht selbst schaffen kann. Ob und wie durch die Predigt Glaube entsteht, bleibt dem Menschen entzogen. Er entsteht »ubi et quando visum est Deo« (CA V; sog. heilstheologischer Vorbehalt).

(3) Wie aber wird die Evangeliumskommunikation in Wort und Sakrament bei den Reformatoren genauer beschrieben? Ganz offensichtlich über ihren Inhalt (vgl. Herms 1992; vgl. ausführlich unten II.1.1.b). Die Predigt wird im Glauben an Christus und in der Erfahrung der Rechtfertigung begründet, so wie diese beiden innerhalb der CA in Art. III und IV entfaltet werden.[9] Die Predigt als Evangeliumspredigt ist christologisch-soteriologisch bestimmt. Sie ist Christuspredigt. Die Christologie ist für die reformatorischen Kirchen daher stets der Ernstfall der Homiletik (vgl. Conrad 2018a; Conrad/Wendte 2021). Im Sinne der reformatorischen Christologie ist die Predigt Rechtfertigungs- und Erlösungspredigt. Hier liegt zugleich ihr Erfahrungsbezug. Alle weiteren Bestimmungen der Predigt, wie z. B. eine politische oder seelsorgliche Dimension, müssen sich von hieraus ergeben. Geschichtliche, kulturelle oder lokale Besonderhei-

---

9 Gerechtfertigt-zu-Sein ist eine Erfahrung und Rechtfertigung daher keine Lehre.

ten gehören in den Bereich der historisch und kulturell variablen Adiaphora.[10]

Entscheidend ist die Tatsache des Vollzugs von Predigt, Liturgie und Sakrament, nicht die Weise des Vollzugs. Dieser hat zwar »publice«, »pure«, »recte« und »rite vocatus« zu erfolgen, also öffentlich, im Namen der Allgemeinheit und in angemessener, richtiger Weise. Was dies konkret bedeutet, wird aber nicht formalistisch und mit Anspruch auf immerwährende Gültigkeit festgelegt. Vielmehr fällt die konkrete Weise des Vollzugs in den Bereich des historisch Veränderbaren und damit stets auch Zufälligen. Sie unterliegt dem geschichtlichen Wandel und ist jeweils neu auszuhandeln und zu gestalten, und zwar nach den Prinzipien des Zeitgemäßen und Zweckdienlichen. Was es bedeutet, dass die Predigt Christuspredigt zu sein hat, ist in jeder historischen Situation und in jedem soziokulturellen Kontext neu der Auslegung und Aushandlung bedürftig. Die Predigtpersonen werden gerade nicht »zum Vortragen bestimmter Inhalte« verpflichtet, sondern zu einer Predigtpraxis ermutigt, die, »orientiert an diesen Inhalten, geeignet ist Glauben zu wecken« (Slenczka 2020, 228). Die oben skizzierte Herausforderung einer dreifachen Vermittlungsleistung (zwischen dem historischen Bestand des Christentums und der Gegenwart der Hörer; zwischen dem Wahrheitsanspruch und den jeweils zeitbedingten Wahrheitsansprüchen und zwischen den allgemein-prinzipiellen Gehalten des Glaubens und der Individualität der einzelnen Hörer; s. I.1.1.a) ist also keine zufällige, sondern liegt in der Sache selbst begründet. Sie markiert eine spezifisch protestantische Unruhe und Dynamik.

Damit ist zugleich der Ort markiert, an welchem die Pluralität der Predigtkulturen und die Entfaltung normativer, der jeweils eigenen Religionsgemeinschaft verpflichteter Konzepte zusammengedacht werden können. Denn einerseits bestimmt die sichtbare Gestalt der Kirche nicht das Wesen der Kirche. Was Kirche ist, liegt im Evangelium begründet und ist daher immer auch religiös und in Distanz zum Empirisch-Vorfindlichen und zum Historisch-Kulturellen zu beschreiben. Andererseits bedroht die Pluralität der Praxisvollzüge nicht die Einheit der Kirche, denn diese ist im Vollzug der pluralen, freilich nicht beliebigen Praktiken der Evangeliums- und

---

10 Dass die Christologie und Soteriologie, die in der CA vertreten und für den Kirchenbegriff zentral gestellt wird, selbst historisch-kulturell bedingt ist, wird dort nicht reflektiert.

Christuskommunikation begründet (»satis est«). Pluralität ist nämlich nicht Beliebigkeit.

Die Pluralisierung des Christusglaubens und die Ausbildung unterschiedlicher Christologien korrespondiert der Pluralisierung religiöser Vergemeinschaftungsformen.[11] Darauf hat Ernst Troeltsch hingewiesen. So lässt sich der Zusammenhang von religiösem Vergemeinschaftungsideal und Predigtideal auch religionssoziologisch profilieren.

b. Religionssoziologische Entfaltung

Ernst Troeltsch beschreibt in den *Soziallehren der christlichen Kirchen und Gruppen* die Sozialformen des Christentums nicht theologisch-normativ, sondern religions-, kultur-, sozial- und geschichtswissenschaftlich. Er identifiziert drei Vergemeinschaftungsformen, die sich historisch auf dem Gebiet des Christentums herausgebildet hätten – Kirche, Sekte, Mystik.[12] Diese Formen prägen, so Troeltsch, das Christentum seit seinen Anfängen und »treten bis heute auf jedem Konfessionsgebiet nebeneinander auf mit allerhand Verschlingungen und Uebergängen untereinander« (Troeltsch 1912/2016, 967; vgl. Molendijk 1996; Fechtner 1995; zur Kritik und Weiterentwicklung dieses Modells vgl. u. a. Krech/Schlamelcher/Hero 2013; Lüddeckens/Walthert 2018). Die *Kirchen* sei die »mit dem Ergebnis des Erlösungswerkes ausgestattete Heils- und Gnadenanstalt, die Massen aufnehmen und der Welt sich anpassen kann, weil sie von der subjektiven Heiligkeit um des objektiven Gnaden- und Erlösungsschatzes willen bis zu einem gewissen Grade absehen kann« (Troeltsch 1912/2016, 967). Die bestehenden Herrschaftsordnungen des Staates und die Gesellschaft werden von den Kirchen bejaht und unterstützt. Sie organisieren sich hierarchisch und bürokratisch. Am deutlichsten sieht Troeltsch den Typus Kirche in der römisch-katholischen Kirche entwickelt. Die *Sekte* ist demgegenüber »die freie Vereinigung strenger und bewußter Christen, die als wahrhaft Wider-

---

11 Um den dynamischen Charakter dieser Sozialformen zu betonen, spreche ich von Vergemeinschaftung und nicht von Gemeinschaft.
12 Richard Niebuhr u. a. haben das Modell, v. a. im Blick auf die US-amerikanische Religionsgeschichte, um die »Denominationen« erweitert (Niebuhr ³1959). Auch der Begriff der »Bewegung« wird verwendet, aber im Folgenden nicht weiterverfolgt (Kern/Pruisken 2018).

geborene (sic!) zusammentreten, von der Welt sich scheiden, auf kleine Kreise beschränkt bleiben, statt der Gnade das Gesetz betonen und in ihrem Kreise mit größerem und geringerem Radikalismus die christliche Lebensordnung der Liebe aufrichten, alles zur Anbahnung und in der Erwartung des kommenden Gottesreiches« (Troeltsch 1912/2016, 967). Sekten sind demnach eher kleinere Gruppen, die mit dem Anspruch auftreten, unter ihren Mitgliedern eine starke Binnenbindung zu erzeugen. Diese Bindung erfolgt über eine für alle Mitglieder verpflichtende Gesinnung. Intern organisieren sich Sekten hierarchisch. An der Spitze stehen der oder die charismatisch Begabte(n). Gegenüber dem Staat und der Gesellschaft verhalten sie sich eher distanziert und ablehnend. Als *Mystik* beschreibt Troeltsch »die Verinnerlichung und Unmittelbarmachung der in Kult und Lehre verfestigten Ideenwelt zu einem rein persönlich-innerlichen Gemütsbesitz, wobei nur fließende und ganz persönlich bedingte Gruppenbildungen sich sammeln können, im übrigen Kultus, Dogma und Geschichtsbeziehung zur Verflüssigung neigen« (Troeltsch 1912/2016, 967). Das individuelle bzw. individualisierte Christentum ist hier eine gleichberechtigte Form des Christentums und seiner Sozialformen.

Im Blick auf die Predigt ist besonders aufschlussreich, dass Troeltsch diese drei idealtypischen Vergemeinschaftungsformen auf je unterschiedliche Christuskonzeptionen zurückführt. Jede dieser drei Vergemeinschaftungsformen habe, so Troeltsch, eine jeweils spezifische Ausprägung des Christusdogmas und der Christusverkündigung entwickelt und pflege diese:

> Das Christusdogma gewinnt auf dem Boden der Kirche, der Sekte und der Mystik eine sehr verschiedene Bedeutung. Der Christus der Kirche ist der Erlöser, der in seinem Heilswerk die Erlösung und Begnadigung ein für allemal vollbracht hat und, durch Amt, Wort und Sakramente in der Kirche wunderbar wirkend, sein Heilswerk den einzelnen zueignet. Der Christus der Sekte ist der Herr, das Vorbild und der Gesetzgeber von göttlicher Würde und Autorität, der seine Gemeinde in der irdischen Pilgerschaft durch Schmach und Elend gehen läßt, aber die eigentliche Erlösung bei seiner Wiederkunft und der Aufrichtung des Gottesreiches vollziehen wird. Der Christus der Mystik ist ein innerlich geistiges, in jeder Erregung frommen Gefühls, jeder Wirkung des Samens und Funkens gegenwärtiges Prinzip, das in dem geschichtlichen Christus göttlich verkörpert war, aber nur in innerer Geisteswirkung erkannt und bejaht werden kann und das daher mit dem göttlichen verborgenen Lebensgrunde des Menschen überhaupt zusammenfällt (Troeltsch 1912/2016, 968).

Diese Korrelierung von religiöser Sozialform und Konfiguration der Christuspredigt bildet sowohl den in der Confessio Augustana theologisch entfalteten Zusammenhang in religionssoziologischer Perspektive ab wie auch die historische Entwicklung (weg von der Einheitskirche hin zu pluralen Vergemeinschaftungsformen). Daher ist dieser Zusammenhang für vorliegende Homiletik zentral. Was für religiöse und konfessionelle Gemeinschaften gilt, gilt nolens volens sowohl für die Prediger innerhalb der jeweiligen Kirchen und Gemeinschaften wie auch für die Hörer. Ihr Predigtideal hängt von ihrem Ideal von religiöser Vergemeinschaftung bzw. Kirche ab. Dieses wiederum hängt an der Deutung der Christusfigur – ob als Erlöser, als ethisches Vorbild und Gesetzgeber oder als innerliches Gefühl.

Troeltsch geht davon aus, dass die Kirche in der Moderne mit Gehalten der Sekte und der Mystik durchdrungen sei und dadurch dynamisch bleibe (Ideal einer »elastisch gemachten Volkskirche«; Troeltsch 1913/2016, 105). Auch dieser Aspekt ist für die Homiletik bedeutsam. Wenn es historisch und soziokulturell zu unterschiedlichen Ausbildungen der Christuspredigt kommt, dann werden christentums- und konfessionskulturelle Themen sowie religionssoziologische und -anthropologische Diskurse konstitutiver Bestandteil des homiletischen Diskurses. Konfessionskulturelle Hybride und religiös-kulturelle Weiterentwicklungen werden erkennbar. Zugleich spiegelt die Korrelierung von Christologie (von Gott reden) und Vergemeinschaftungsideal (zum Menschen reden) eine wesentliche Spannung und Dynamik der Predigt zu allen Zeiten.

c. Rhetorische Vertiefung

Um die soziale Wirksamkeit der Predigt rhetorisch zu kontextualisieren, legt es sich nahe, bei der auch in der Homiletik rezipierten Persuasionsrhetorik anzusetzen (Weyel 2012, 235 spricht von »überzeugungsinteressierte[r] Rede«; Stetter 2018, 215–306). Innerhalb der Rhetorik haben vor allem Joachim Knape und Josef Kopperschmidt den ursprünglich in der Sozialpsychologie beheimateten Begriff der ›Persuasion‹ bzw. des ›Überzeugens‹[13] rezipiert (z. B. Knape 1998; Knape 2000a). Im Zentrum des rhetorischen Aktes stehe, so Knape, die Persuasion. Der Redner wolle eine ihm eigene Überzeugung oder Gewissheit bei einem anderen Menschen, also bei den Hörenden etablieren. Das bedeutet zweierlei: Die Rede setzt erstens aus Sicht der redenden einen »Veränderungsbedarf« (Kopperschmidt 2008,

---

13 ›Überzeugen‹ meint rhetorisch nicht ›überreden‹.

18) voraus. Sie wolle, so Knape, »einen Wechsel (und sei er auch noch so gering) auf den Ebenen von Bewußtsein und Verhalten erzeugen« (Metabolie) (Knape 2000a, 172). Denn: »Persuasion ist Erzeugung von Wechsel« (Knape 1998, 56). Zweitens geht Persuasion davon aus, dass die Welt grundsätzlich veränderbar ist, »weil die Meinungen (doxai) veränderbar sind, die sich Menschen über die Welt machen und sich so ihrer Verfügbarkeit über die Welt vergewissern« (Kopperschmidt 2008, 19; vgl. auch Kopperschmidt 2018, v. a. 171–198). Auf rhetorischem Weg die Haltungen und Einstellungen von Menschen gegenüber der Welt und zugleich das Verhalten der Menschen in der Welt zu beeinflussen und zu verändern, bedeutet also, Menschen so zu beeinflussen, dass »ihre veränderten Meinungen handlungswirksam werden« (Kopperschmidt 2008, 19). Entsprechend setzt Knape für diese Veränderung Begriffe wie »Lenkung und Neuorientierung« (Knape 2000b, 30). Die Veränderung kann entweder die Gestalt eines kurzfristigen Meinungswechsels (Metabolie) oder einer langfristigen sozialen Bindung (Systase) haben.

Auf den ersten Blick erweisen sich persuasive Kommunikationsverhältnisse als in der Tendenz hierarchische Verhältnisse. Der Redner möchte ein ihm eigenes Anliegen den Hörern so vermitteln, dass es deren Anliegen wird. Dadurch wird der Orator, der Redner, ins Zentrum gerückt. Er ist »der archimedische Punkt der Rhetoriktheorie« (Knape 2000b, 33; sog. Oratorprinzip). Entsprechend interessieren rhetorisch diejenigen Strategien, die den redenden Personen zur Verfügung stehen, um ihr Anliegen und ihre Gewissheit (certum) bei den Hörern zu etablieren. Dagegen sind weder die Frage, auf welchem Weg die redende Person zu ihrem Anliegen gelangt noch die Wirkungsforschung unmittelbarer Bestandteil der persuasiven Rhetorik.

Bei genauerer Betrachtung rücken freilich auch die Hörer in den Blick. Denn um erfolgreich zu sein, muss die redende Person ihre Persuasionsstrategien im Blick auf die Hörenden entwickeln. Sie muss deren Vorwissen kennen, die bisherigen Meinungen und Einstellungen, welche Argumente die Hörenden überzeugen, welche Emotionen abrufbar sind und welchen Stil sie für angemessen halten. Im Rahmen der sachlich-rationalen Argumentation (Logos) greifen deshalb die einzelnen Topoi (Argumente) auf gesellschaftlich anerkannte Meinungen zurück, weil speziell die Überzeugungskraft einzelner Argumente davon abhängt, dass sie für die konkrete Hörergruppe zustimmungsfähig sind. Der Aufbau eines Redner-Images (Ethos) dient dazu, die redende Person als Überzeugungsträger zu konturieren (zur Predigtperson vgl. III.2) und muss im Abgleich mit den Idealen und Normen der Adressatengruppe erfolgen. Ebenso erfolgt die Erregung von Affekten und Emotionen beim Adressaten (Pathos) wie die sprachliche Gestaltung der Rede in Anpassung an den je konkreten Adressatenkreis. Der Änderungswille muss also mit einem Verständigungswillen verbunden sein. Das Ziel der Rede sind Einverständnis und Zustimmung (zur avisierten Veränderung). Das bedeutet: Das rhetorische Handeln, das auf Veränderung zielt, richtet sich immer auch an den jeweils konkreten Hörern der Rede aus. In diesem Sinne ist es ein soziales Handeln. »Rhetorik ist die kommunikative Möglichkeit des Menschen, einem von ihm als berechtigt angesehenen Anliegen, dem oratorischen Telos, *soziale Geltung* zu verschaffen« (Knape 2000b, 33; Hervorh. RC). Die soziale Geltung des Anliegens wird sich nur einstellen können, wenn die rhetorische Situation selbst strategisch als eine soziale wahrgenommen und entsprechend gestaltet wird.

Es ist naheliegend, hier auch die Gefährdungen öffentlicher Rede zu erkennen. Denn Fragen der Angemessenheit des Inhalts werden in einem solchen Konzept nicht thematisiert. Auch die propagandistische und auf Manipulation und Verführung setzende Rede kann in dem dargelegten Sinn persuasive Rede sein. Für die Predigt ist daher entscheidend, dass ihre Beschreibung nicht ausschließlich rhetorisch erfolgt, sondern den Bezug auf die religiös-theologischen Inhalte impliziert (vgl. v. a. III.3). Entscheidend für die Predigt ist stets ihr Inhalt, verdichtet sich doch dort die Idee vom Christentum, die die Predigtperson und die jeweilige religiöse Gemeinschaft vertreten.

2.3 Gegenwartshermeneutisches Potential

Der Gedanke, dass die Predigt sozial wirksam ist, lässt sich reformationstheologisch, religionssoziologisch und rhetorisch begründen und entfalten. Für die Predigtforschung und den homiletischen Diskurs ist außerdem von Bedeutung, dass dieser Zugriff es ermöglicht, gegenwärtige religionskulturelle Entwicklungen besser zu verstehen und zwar aus mindestens drei Gründen:

Erstens: Immer wieder hat sich in der bisherigen Darstellung gezeigt, dass die Fokussierung auf die soziale Dimension der Predigt geeignet ist, das spannungsvolle Verhältnis von Individuum und Gemeinschaft, von Predigtperson und Hörenden differenziert in den Blick zu nehmen. So ist die soziale Wirksamkeit der Predigt einerseits abhängig von der rhetorischen Begabung und Überzeugungskompetenz der redenden Personen (Oratorprinzip). Andererseits aber ist es unabdingbar, dass eine Gemeinschaft bzw. Gruppe den Reden Wert und Bedeutung und den redenden Personen Autorität und Legitimation zuschreibt. Dabei können die Strategien der Wert- und Bedeutungszuschreibung durch die Hörer historisch und kulturell variieren (Strecker/Tyler 2009; vgl. III.2). Viele religiöse Gemeinschaften verständigen sich auf eine bestimmte rituelle Situierung der Predigt, die über deren Bedeutung mitentscheidet (vgl. III.1).

Die Bedeutung einer Predigt kann zudem über deren Inhalt und den damit verbundenen Wahrheitsanspruch bestimmt werden. Hörer und Predigtperson teilen die gleichen Erfahrungen und verpflichten sich auf die in der Predigt geteilten Werte und Normen. Die predigende Person fungiert gleichsam als Repräsentant der verbindenden Wahrheit. Nach Innen begründet dieser Wahrheitsanspruch das Zusammengehörigkeitsbewusstsein der Gruppe, nach Außen ihre Abgrenzung von anderen religiösen bzw. christlichen Gruppen. So macht der Inhalt und der damit einhergehende Wahrheitsanspruch eine Predigt für eine Gruppe bedeutsam.

Die Wert- und Bedeutungszuschreibung an die Predigt kann zudem durch die Performanz der Predigt erfolgen. Predigtkulturen sind orale Kulturen mit performativem Charakter. Stimme, Lautstärke, Modulation, Melodie, Raumpraktiken etc. sind wesentliche Elemente der Predigt, mittels derer die Predigtperson ihrem Anliegen Nachdruck verleihen kann. Die Performanz ist neben dem individuellen Talent stets auch geprägt durch formalisierte Vorgaben (z. B. durch genderbedingte Zuschreibungen, Kleidungsfragen, etc.), lokale Praktiken und populäre bzw. popkulturelle Innovationen. Werden Predigtkulturen als immer auch orale Kulturen verstanden, kommt den Hörern und Hörerinnen eine aktive Rolle zu. Die vergleichende Predigtforschung hat zuletzt immer wieder darauf verwiesen, dass die Hörer konstitutiver Teil der Predigtperformanz sind und Hören eine aktive, subjektkonstituierte Tätigkeit ist.[14] Im Blick auf islamische Predigten hat z. B. Julian Millie daran erinnert, dass diese Perspektive in der Forschung oft ein Desiderat darstellt: »Researchers have only recently made progress in considering the *place of listening* in Islamic public life. The listener has not been taken seriously in the discourses of secular modernity and, as the preceeding chapters indicate, has even been an object of suspicion and derision« (Millie 2017, 163). Auch für die christli-

---

14 Dass dieser Gedanke zentral für Luthers Predigtverständnis ist, wird unten (II. 2.1.a) gezeigt.

che Predigtforschung und Homiletik muss festgehalten werden, dass die Hörer nur zurückhaltend als konstitutiver Bestandteil eines performativen und auf Rezeption wie Wechselwirkung angelegten Predigtgeschehens verstanden werden. In der Frage nach der sozialen Wirksamkeit der Predigt lassen sich also Perspektiven auf Redner und Hörer, produktions- und rezeptionsästhetische Aspekte verbinden.

Zweitens: Die Fokussierung auf die soziale Wirksamkeit der Predigt und auf den Zusammenhang von Ekklesiologie und Homiletik bzw. auf das Wechselverhältnis von Kirchenbild und Predigtideal vermag neue religiöse Vergemeinschaftungsformen, und zwar sowohl innerhalb der verfassten Kirchen (sog. dritte Orte/third spaces, Kirche auf Zeit, Bewegungen wie den Kirchentag etc.) wie auch außerhalb (z. B. Migrationsgemeinden, neue freikirchliche Gruppen) in die homiletische Theoriebildung zu integrieren. Homiletische Entwürfe, die sich ausschließlich auf hiesige, etablierte, kirchlich verfasste Verhältnisse beziehen, rekonstruieren empirisch leicht eine Verfallsgeschichte der Predigt. Dagegen haben kultur- und sozialanthropologische Forschungen zuletzt immer wieder auf die soziale Bedeutsamkeit von Predigten in nicht-westlichen und auch in nicht-christlichen Religionskulturen verwiesen. So zeigen Forschungen zu religiösen Erweckungen in islamischen Gesellschaften und den damit verbundenen soziokulturellen Transformationsprozessen (z. B. Hirschkind 2006, Millie 2017, Stille 2020) wie auch zu den rasch wachsenden pentekostalen Gemeinden und deren gesellschaftlich-politischen Dynamiken immer wieder die Bedeutung von Predigten für diese Prozesse (vgl. Conrad/Hardenberg/Miethner/Stille 2024). Von einer rückläufigen Bedeutung der Predigten, wie sie für westeuropäische Kontexte und insbesondere deutsche Kirchentümer oft markiert wird, kann hier gerade nicht gesprochen werden. Die Form der Predigt scheint mitnichten an ihr Ende zu kommen. Vielmehr ist der in Deutschland zu beobachtende Bedeutungsrückgang von Gottesdienst und Predigt in den verfassten Kirchen Ausdruck einer gesellschaftlichen und kulturellen Veränderung. Im Grunde lässt sich diese Entwicklung als negative soziale Wirksamkeit deuten. In vielen Freikirchen und Migrationsgemeinden wird der Predigt auch gegenwärtig ein hoher Wert zugeschrieben. Sie löst vielfältige soziale Dynamiken aus bzw. greift diese auf. Das gilt z. B. auch für zahlreiche hiesige Moscheegemeinden. Rückt man also die sozialen Dimensionen ins Zentrum und korreliert Predigtideal und Kirchenbild bzw. Ideal religiöser Vergemeinschaftung, so eröffnen sich Perspektiven eines interkulturellen und interreligiösen Vergleichs, also einer komparativen Homiletik. Da die Confessio Augustana diesen Zusammenhang für das lutherische Christentum als konstitutiv setzt, lässt sich eine solche empirische Perspektive auch fundamentalhomiletisch rückkoppeln.

Drittens: Die Perspektive auf die soziale Dimension der Predigt und die Frage nach den Bedingungen und Wechselwirkungen der sozialen Wirksamkeit von Predigt lässt das komplexe Zusammenwirken von religiösen, sozio-kulturellen, kirchlichen, politischen und rhetorischen Aspekten im Predigtgeschehen in den Blick kommen. Insgesamt kann über die Berücksichtigung der sozialen Dimension der Predigt die Pluralität der Predigtkulturen in die homiletische Theoriebildung integriert werden. Der re-konstruktive Charakter der Homiletik lässt sich methodisch operationalisieren. Zugleich lassen sich Transformationsprozesse differenzierter beschreiben. Denn Predigtideale und Formen der Vergemeinschaftung sind auf vielschichtige Weise ineinander verwoben und aufeinander bezogen und entwickeln sich in Korrespondenz zu einander.

Daher sollen nun im nächsten Kapitel unterschiedliche historische Konstellationen des Verhältnisses von Kirchenbild und Predigtideal, die damit verbundenen sozialen Dynamiken und pluralen Formen der Predigt als sozio-kulturelle Praxis im Sinne exemplarischer Konstellationen beschrieben und mit dem jeweiligen homiletischen Diskurs verbunden werden.

II   Historische Konstellationen als exemplarische Konstellationen

Im Folgenden wird der Zusammenhang von Kirchenbild und Predigtideal an historischen Konstellationen entfaltet. Als immer auch exemplarische Konstellationen sind diese nicht nur historisch interessant, sondern haben, so meine These, auch für die Gegenwart Relevanz (vgl. Kap. III). Sie zeigen typische Konstellationen des Verhältnisses von Kirchenbild, Predigtideal und kirchlicher Wirklichkeit. Die Kapiteleinteilungen sollen im Folgenden nicht suggerieren, es gebe Eindeutigkeiten in der Abgrenzung von Epochen und Entwicklungen. Zu jeder Zeit gab und gibt es Überschneidungen, Fluides, Nachholendes und Vorauseilendes. Nichtsdestotrotz gibt es für bestimmte Phasen mehr oder weniger typische Konstellationen, die homiletischen Diskurse gruppieren sich um vergleichbare Fragen, die Predigtpraxis folgt bestimmten Tendenzen. Diese erkennbar werden zu lassen, ist das Ziel dieses Kapitels. Die Schwerpunktsetzung erfolgt also in systematischem Interesse. Wir beginnen bei den Reformatoren Luther und Calvin, denn hier wird der Zusammenhang von Predigt und Kirche explizit zum Thema gemacht. Luther und Calvin führen zwei grundlegende und bis heute wirkmächtige Modelle der Verhältnisbestimmung ein, denn die homiletischen Konzepte von Luther und Calvin spiegeln im Nebeneinander die spezifische protestantische Unruhe und Dynamik in der Verhältnisbestimmung von Glauben und Handeln, von Innerlichkeit und Weltbezug.

1   Die Reformatoren

1.1   Martin Luther: Die gemeinschaftsstiftende Funktion der Predigt

Jede Darstellung von Luthers (1483–1546) Predigtverständnis steht vor mindestens zwei gewichtigen Problemen: Erstens dem methodischen Problem, dass von Luther keine ausformulierte Predigtlehre vorliegt. Die Äußerungen zur Predigt sind in seinem Werk breit gestreut und finden sich in unterschiedlichen Textgattungen (in Tischreden, Vorreden zu Predigtsammlungen, Texten zur Liturgie wie auch Predigten; eine Zusammenstellung in BoA 7; zu Luthers Predigten vgl. Zschoch ³2017).[1] Zweitens stellt sich ein inhaltliches Problem: Luthers homiletische Ansichten lassen sich kaum aus dem Gesamtzusammenhang seiner Theologie isolieren. Sie sind aufs engste mit seiner Theologie insgesamt verknüpft. Luthers Predigtverständnis lässt sich nur in Bezug auf zentrale Denkfiguren seiner Theologie und die damit einhergehenden (Neu-) Akzentuierungen im Kirchenbegriff beschreiben.

Betrachtet man die Homiletik als Funktion der Ekklesiologie, fallen in diesem Zusammenhang drei Aspekte auf: Erstens werden Kirche und Predigt gleichermaßen als Wortereignisse bestimmt, zweitens begegnet das eine Wort Gottes dem Menschen nur in der Unterscheidung von Gesetz und Evangelium und drittens entwickeln sich die Reformvorschläge für Gottesdienst und Predigt genau aus diesen theologischen Entscheidungen heraus. Die Praxis der Predigt leitet sich aus deren Inhalt ab (Herms 1992).

a. Kirche als creatura verbi – die Neubegründung des Predigtbegriffs als Ausdruck eines erneuerten Kirchenbegriffs

Luthers Überlegungen zu Wesen und Gestalt der Kirche nehmen ihren Ausgang bei seinem Leiden an der vorfindlichen Kirche, an deren Glaubwürdigkeitsverlust, der Veräußerlichung von Glaubenspraktiken (insbesondere Ablass) und ihre Inanspruchnahme politisch-weltlicher Macht. Dieser ›Verfall‹ hatte, folgt man Luther, unmittelbare Folgen für die Gottesdienst- und Predigtpraxis – sie wurden zu einem ›Werk‹, das der Mensch Gott darzubringen habe, zu einem Gegenstand religiöser Ökonomie. Die Frage, ob Gottesdienst und Predigt für die Menschen verständlich seien, ihren Glauben befördern, das Gottvertrauen und die Lebensgewissheit stärken, traten dabei, so Luther, in den Hintergrund. Luthers Kritik an der zeitgenössischen Kirche und ihrer Gottesdienstpraxis spiegelt damit ein dem Christentum strukturell innewohnendes Problem – das Verhältnis von innerem und äußerem Menschen, den Widerspruch zwischen »eusserlichen wercken« und »ynnerlichem vortrawen« (WA 6, 212, 2, vgl. Kaufmann 2009, 97). Ein

---

[1] Luther hat ca. 3.000 Predigten gehalten, ca. 2.000 sind überliefert.

zentrales Paradox der Predigt besteht darin, dass sie zum äußeren Menschen spricht – zu seinem Ohr –, aber den inneren Menschen – sein Herz – erreichen möchte. Dieses Paradox suchte Luther konstruktiv zu gestalten.

Um 1500 fanden homiletische Reformbestrebungen grundsätzlich erhebliche Resonanz. In den Städten wurden sog. Prädikaturen eingerichtet, also Predigtstellen, die mit besonders qualifizierten Predigern besetzt wurden, um auf die wachsenden Bildungs- und Religionsansprüche urbaner Eliten zu reagieren. Die Erhöhung der Zahl der Predigerstellen sollte zugleich die Wirksamkeit der Predigt in einer religiös unübersichtlichen und aufgeladenen Zeit erhöhen. In diesem Zusammenhang entstanden spezielle, teilweise volkssprachliche Predigtliturgien (sog. Pronaus; vgl. Winkler ³2003; Figel 2013, 109–185). Auch in der Anleitungsliteratur wurde die Predigtkompetenz ausdrücklich als »integraler Bestandteil des geistlichen Amtsprofils« benannt (Kaufmann 2009, 89). Exemplarisch sei verwiesen auf das Manuale Curatorum von Ulrich Surgant (ca. 1450–1503): *Handbuch für Seelsorger, das eine Anleitung zum Predigen bietet durch lateinische und volkssprachliche Rede, praktisch erläutert, mit allen anderen zur Seelsorge gehörenden Dingen, wohl ausgestattet, so zweckdienlich wie heilsam.* Bereits dort findet sich der bemerkenswerte Hinweis, dass die Predigt mehr zum Heil nütze als die Messe (vgl. die Übertragung bei Conrad/Weeber 2012, 31) und dass das Predigtamt deshalb besonderen Qualifikations- und Ausbildungserfordernissen unterliege. Luthers Kritik an der zeitgenössischen Kirche verband sich mit den Impulsen dieser Reformbestrebungen.

Für Luthers Predigtverständnis ist kennzeichnend, dass er den zugrunde gelegten Kirchenbegriff radikal umcodiert. Die wahre Kirche ist die unsichtbare Kirche, also die Gemeinschaft derer, die Gottes Wort hören und dem darin verkündeten Evangelium glauben (vgl. zum Folgenden u. a. Wendebourg ³2017).[2]

> Wo du nu solch wort hörest odder sihest predigen, gleuben, bekennen und darnach thun, da habe keinen zweivel, das gewislich daselbs sein mus ein rechte Ecclesia sancta Catholica, ein Christlich heilig Volck, wenn jr gleich seer wenig sind, Denn Gottes wort gehet nicht ledig abe […] (WA 50, 629, 28–31).

Alles hängt am Wort, das den Glauben des Einzelnen und darin die Kirche als eine geistige Gemeinschaft schafft. Kirche ist, vor aller organisatorischen Aus-

---

[2] Entsprechend tritt der Begriff »Kirche« bei Luther in den Hintergrund. Er spricht eher von communio sanctorum, von Gemeine oder Christenheit, von heiligem Volk, Sammlung etc.

gestaltung, also – um diese Formulierung noch einmal zu wiederholen – ein »Ereignis im Bewusstsein der Glaubenden« (Lauster 2020, 301, vgl. oben I.2.2.a; s. auch Barth ²2023, 419–469). Sie ist »creatura [...] Euangelii« (WA 2, 430, 6f.), deren wesentliche Aufgabe der Gottesdienst ist, damit »das wort ym schwang gehe« (WA 12, 37, 27–28) und die lebendige, weil mündliche Stimme des Evangeliums (»viva vox [evangelii]«, WA 5, 537, 14) erklinge.

Das bedeutet bis heute: Das Evangelium ist der Kirche vorgeordnet. Deshalb ist die Kirche nicht Gegenstand ihrer eigenen Verkündigung. Die Kirche gibt es aufgrund des Wortes Gottes und um dieses Wortes willen und nicht umgekehrt.

Dieses Wort kann der Mensch sich freilich nicht selbst sagen. Er muss es hören – durch und von Gott selbst (vgl. Beutel 1991/2006, 126–130; 150–205). »Das Menschsein des Menschen besteht darin, daß er angeredet ist und *deshalb* hören, antworten und selbst reden kann« (Bayer ²1990, 44, Hervorh. RC). Dass Gott redet und sich im Wort selbst vergegenwärtigt, ist die Voraussetzung alles menschlichen Redens von Gott. Hörend konstituiert und vollzieht sich der Glaube. Die Entscheidung, den Glauben und nicht die Liebe als »die für das Heil entscheidende Lebensform des Christen« (Hamm 2010, 66) zu bestimmen, hat erhebliche homiletische Implikationen. Denn weder können Gottesdienst und Predigt zugunsten der Tat des Glaubens (Diakonie) aufgegeben werden noch kann der Inhalt der Predigt ausschließlich ethisch bestimmt werden.

Eine zweite Asymmetrie kommt dazu: Nur und gerade im *gemeinschaftlichen* Hören (vgl. Schmalkaldische Artikel, Art. XII, BSLK 776f.) ereignet sich die Ansprache an den Einzelnen. Das heißt: Einerseits wird das gemeinschaftlich Gehörte in der unvertretbaren Antwort individuell – »*Ich* glaube, das Jhesus Christus [...] sey *mein* Herr« (Kleiner Katechismus, BSLK, 872, Hervorh. RC). Anderseits ist der Glaube nie nur innerlich. Er will sich aussprechen und soziale Gestalt gewinnen. Im Gottesdienst wird der innerliche Glaube öffentlich, sichtbar. Beides zeigt sich hier – die individualisierende wie die gemeinschaftsstiftende Kraft des christlichen Glaubens. Auch die Predigt ist stets beides – gemeinschaftliches wie individuelles Reden und Hören, und das gilt für Prediger wie für Hörer.

Damit ist zugleich auch entschieden, wer predigen darf – grundsätzlich jeder. Weil im Glauben jeder Mensch unvertretbar ist, sind alle Getauften gleichermaßen Priester. »Dan was ausz der tauff krochen ist, das mag sich rumen, das es schon priester, Bischoff und Bapst geweyhet sey, ob wol nit einem yglichen zympt, solch ampt zu uben« (WA 6, 408, 11–13). Die Gemeinschaft der Glaubenden, die Kirche ist bestimmt durch »Gnadenegalität« und

»Vollmachtsegalität« (Barth 2014, 25). Für die Frage, wer legitimiert ist zu predigten, ist diese Entscheidung für künftige Entwicklungen bahnbrechend (vgl. III.2).

Die Predigt zielt auf den Glauben an das Evangelium. Daher ist jede Predigt ihrem Wesen nach Evangeliumspredigt. Als solche erfolgt sie in der hermeneutischen Unterscheidung von Gesetz und Evangelium. Nur so kann ihre Lebensrelevanz und Konkretheit gewährleistet werden.

b. Gesetz und Evangelium als Gestalten des Wortes – die hermeneutische Vertiefung

In der Unterscheidung von Gesetz und Evangelium werden bei Luther Lebens- und Erlösungserfahrung voneinander unterschieden, aber zugleich unlöslich ineinander verwoben. Denn diese Unterscheidung beschreibt einen Prozess, der sich stets aufs Neue in der Erfahrung des Menschen abspielt und zugleich über diese Erfahrung hinausgeht. Die Predigt hat diesen vielstimmigen, unabschließbaren Prozess der Lebensdeutung zum Gegenstand:

> Der Dienst des Wortes ist eingerichtet worden, damit wir beides, das heißt Gesetz und Evangelium, lehren. Das eine kann nicht ohne das andere angemessen gelehrt werden und nicht ohne Gefahr behandelt werden, so wie der Arzt sich nicht bloß beim Untersuchen und Aufzeigen der Krankheitsursachen, aber auch nicht allein beim Behandeln aufhalten soll, sondern so vorgehen sollte, dass er sich um beides kümmert. So muss auch hier gut verteilt werden, damit nicht nur eine Seite in den Kirchen weitergegeben wird, entweder Angst und Schmerz oder Trost und Freude, sondern beides zusammen. Denn Verzweiflung, wenn sie allein ist, ist schlimm und selbst schon der Tod. Wenn aber das Evangelium hinzutritt, entsteht dort evangelische Verzweiflung, die gut ist. Denn sie führt uns zu Christus, da ja geschrieben steht: den Armen wird das Evangelium verkündet [Mt 11,5/Lk 7,22], das heißt den Verängstigten und Geplagten (WA 39/I, 430, 1–11; Übersetzung Richard Zeller).[3]

---

3 »[I]nstitutum est ministerium verbi, ut utrumque, id est, legem et Evangelium doceamus. Alterum sine altero non potest commode doceri nec sine periculo tractari, ut medicus non debet tantum versari in inquirendis et ostendendis causis morborum, neque tantum in curaturis, sed utrumque providendum agat. Sic hic quoque bene dividendum est, ne una tantum pars tradatur in ecclesiis, vel pavor et dolor vel consolatio et gaudium, sed utrumque simul. Nam desperatio, si sola fuerit, mala est et ipsa mors. Sin autem accedat Evangelium, ibi fit evangelica desperatio, quae bona est. Nam ea ducit nos ad Christum, siquidem scriptum est: Pauperes evangelizantur, id est, perterriti et afflicti.« (WA 39/I, 430, 1–11).

Gleich einem Arzt muss ein Prediger einerseits die Krankheit erkennen und diagnostizieren (Gesetzespredigt) wie auch die Behandlung einleiten (Evangeliumspredigt). Weil beides unauflöslich zusammengehört, hat es der Mensch in Gesetz und Evangelium gleichermaßen mit dem *einen* Wort Gottes zu tun. Mit dieser Denkfigur gewährleistet Luther, dass kein Bereich der Lebenserfahrung außerhalb des Gottesgedankens verortet werden kann oder verortet werden muss. Die Ambivalenz des Lebens hat ihren Ort in Gott selbst.[4] Luthers Theologie nimmt ihren Ausgang bei der Erfahrung und nicht beim Begriff oder bei der logischen Deduktion. Die Aufgabe von Theologie ist Deutung von Erfahrung. Diese Deutung kann den Gestus der Anerkennung, der Zustimmung, der Kontextualisierung, aber auch der Kritik haben. Für die Predigt bedeutet das in jedem Fall: sie geht von Erfahrung aus und zielt auf Erfahrung.

Worin aber besteht die Erfahrung des Gesetzes? Für Luther ist es die Erfahrung der Radikalität der Sünde und die Unmöglichkeit, daran etwas zu ändern. Es ist die Erfahrung, auf sich selbst zurückgeworfen zu sein und stets nur in den Grenzen der eigenen, fehleranfälligen und beschränkten Möglichkeiten handeln zu können. Daher umschließt das Gesetz die gesamte Lebenswirklichkeit. Die Lebenswirklichkeit ist die Wirklichkeit der Erfahrung des Gesetzes. Gerhard Ebeling hat dies einmal wie folgt beschrieben:

> Konstanten der Gesetzeserfahrung sind die elementaren Lebensvorgänge sowie besonders einschneidende Widerfahrnisse: die Bewußtwerdung und Selbstfindung in Kindheit und Reifung, das Erlebnis der Geschlechtlichkeit und der Beziehung zum Geschlechtspartner, das Eingehen einer Lebensbindung, die Geburt eines eigenen Kindes samt den daraus erwachsenden Aufgaben, der Tod der Eltern und das Abtreten der ganzen Generation vor einem, schließlich die Aussicht auf das eigene Altern und Sterben. [...] Dazu kommen besondere Fügungen und Schicksalsschläge: Gelingen oder Scheitern von Vorhaben, die einem zur Lebensaufgabe wurden; Gewinn von Ansehen und Vermögen oder ihr plötzlicher Verlust, ob durch fremde oder eigene Schuld; das Miterleben und Mitgerissenwerden von geschichtlichen Ereignissen und Katastrophen, welche die Gewalt anonymer Mächte, die Ohnmacht der Mitbetroffenen, die Chance besonderer Herausforderungen oder auch das Wunder der Bewahrung und des Geführtseins erfahren lassen; oder daß es um einen her einsam wird, daß unheilbare Krankheit das restliche Dasein hoffnungslos erscheinen läßt und daß statt der animierenden Zuwachsrate das Schwinden der Kräfte und die Verengung des Horizonts das

---

4 Dass z. B. eine Pandemie nichts mit Gott zu tun habe, ist vor diesem Hintergrund ein diskussionsbedürftiger Gedanke, auch wenn er während der Corona-Pandemie prominent vertreten wurde. Siehe auch Wendte 2022, 131–163.

Leben bestimmen. In all dem ist deshalb von Gesetzeserfahrung zu reden, weil hier die verschiedenen Dimensionen dessen zusammentreffen, was das Leben ordnet, trägt, hell und durchsichtig macht, was es aber auch in Unordnung bringt und erschüttert, was es verfinstert und sinnlos werden läßt; ferner all das, was das Leben durch offensichtliche Aufgaben und Pflichten herausfordert, reich macht und erfüllt, aber auch durch ein Übermaß dessen niederdrückt oder durch Mangel an Gefordertsein unausgefüllt, tötend langweilig und leer sein läßt; überdies all das, was das Leben einengt, auf Grenzen stoßen und das Gewicht seiner eigenen Folgen spüren läßt, was aber auch durch grenzenlose Weite und durch die Überfülle des Glücks und des ungestraft Davonkommens mit Unheimlichkeit und Angst erfüllen kann; endlich alles, was das Leben auf Ursprung und Ziel hin zu transzendieren veranlaßt, die Erfahrung des Gewährtseins und Gewährenlassens, daß aber auch das Gewährte wieder eingefordert wird und das Gewährenlassen sein Ende findet (Ebeling ⁴2012, 269).[5]

Solche allgemeinen, grundlegenden menschlichen Erfahrungen verbinden die Predigtpersonen und die Hörenden. Das ›Wir‹ auf der Kanzel ist das ›Wir‹ geteilter Erfahrungen.

Das Evangelium wiederum ist stets auf das Gesetz und damit auf die Lebenserfahrung bezogen, weil es dem Menschen dasjenige Wort sagt, das ihn von sich selbst erlöst und ihm eine Zuversicht zuspricht, die nicht in ihm selbst gründet. Luther beschreibt dies als Befreiung zum wahren Leben, »denn wo vergebung der Sünden ist, da ist auch leben und seligkeit« (Kleiner Katechismus, BSLK, 890). Man kann hier auch von Momenten der ›Erhellung‹ sprechen, also von Momenten, in denen das Evangelium aufleuchtet und das Leben einleuchtet (vgl. III.3.1.d)

Für die Predigt entsteht hier die Frage, in welchen lebensweltlichen Erfahrungen sich Ahnungen dieses ›wahren Lebens‹ einstellen? Welche Lebensgefühle und -haltungen korrelieren mit dem, was Luther als Evangelium beschrieb? Auch hier wird jede Generation die Erfahrung ihrer Zeit neu befragen und nach Spuren absuchen müssen. Evangelium ist kein abstrakter, unhistorischer Begriff, sondern muss in seiner Bedeutung und Relevanz stets neu ausbuchstabiert werden.[6]

Wird der Zusammenhang von Gesetz und Evangelium aufgelöst, dann droht entweder der Mensch von den Forderungen des Lebens (Gesetz) er-

---

5 Wiedergabe des Zitats mit freundlicher Genehmigung des Verlags Mohr Siebeck, Tübingen.
6 Die seit Ernst Lange sehr populäre Rede von der ›Kommunikation des Evangeliums‹ suggeriert dies leider, weswegen ich sie zu vermeiden suche.

drückt zu werden oder aber das Evangelium wird eine erfahrungsabstinente, dogmatisch erstarrte Floskel, »eine unverbindliche Zutat« (Ebeling ⁴2012, 295). Die Predigt wird gerade dank dieses dynamischen Ineinander von Gesetz und Evangelium konkret, anschaulich und lebensrelevant.

c. Die Predigt im Gottesdienst – liturgisch-homiletische Konkretionen

Um diesem Predigtverständnis in der Praxis Geltung zu verschaffen, entwickelte Luther konkrete Reformvorschläge für Predigt- und Gottesdienstgestaltung. Diese bilden durchgängig seine oben dargestellten ekklesiologischen Anschauungen ab.

Im Gottesdienst wird das Wort, das den individuellen Glauben schafft, öffentlich und allgemein nachvollziehbar hörbar. Daher gilt: Ohne Wort kein Gottesdienst:

> [...] die Christlich gemeyne nymer soll zu samen komen, es werde denn da selbs Gottis wort gepredigt und gebett, es sey auch auffs kurtzist. [...] Darumb wo nicht gotts wort predigt wirt, ists besser, das man widder singe noch leße, noch zu samen kome (WA 12, 35, 19–25).

Weil nun alles am Wort hängt, nehmen die Bibel und ihre Auslegung im Gottesdienst eine zentrale Stellung ein: in liturgischen Texten, in Liedern, in Gebeten (Vaterunser), in Schriftlesungen und in der Auslegung durch die Predigt. Diese Auslegung ist entscheidend und kann nicht wegfallen oder nur rituell inszeniert werden, denn das Wort zielt auf Aneignung und Verstehen durch den Einzelnen. Die volkssprachliche Auslegung wird zum wesentlichen Moment des evangelischen Gottesdienstes (vgl. Kupsch 2019, 49). Zur Unterstützung der Prediger entsteht eine umfangreiche Postillen- also Predigthilfeliteratur.

Zentriert auf und um das Wort, gewinnt der Gottesdienst dialogischen Charakter (zur Rezeption des dialogischen Gottesdienstverständnisses im Katholizismus vgl. III.1.2.b). Die gottesdienstliche Gemeinde ist gleichermaßen Subjekt und Objekt des Gottes-Dienstes, hörend und antwortend im Dialog mit Gott, jeder in seinem Herzen und zugleich in der Gemeinschaft der Anwesenden. Anlässlich der Einweihung der Torgauer Schlosskirche formulierte Luther diesen Sachverhalt prägnant:

> Wir sollen itzt dis newe Haus einsegnen und weihen unserm HERrn Jhesu CHRisto, Welches mir nicht allein gebürt und zustehet, Sondern ir solt auch zu gleich an den Sprengel und Reuchfass greiffen, auff das dis newe Haus dahin gericht

werde, das nichts anders darin geschehe, denn das unser lieber Herr selbs mit uns rede durch sein heiliges Wort, und wir widerumb mit im reden durch Gebet und Lobgesang [...] (WA 49, 588, 12–18).

Für die konkrete Gestaltung des Gottesdienstes entwickelte Luther drei Formen (vgl. WA 19, 72–113): Erstens die – bereinigte – lateinische Messe (Formula Missae), v. a. für die Jugend, damit sie des Lateinischen kundig bleibe. Zweitens das Formular einer deutschsprachigen Messe, die der »offentliche[n] reytzung zum glauben und zum Christenthum« (WA 19, 75, 1–2) des Volkes diene. Und drittens eine weniger öffentliche, liturgisch stärker reduzierte Versammlung für diejenigen, »so mit ernst Christen wollen seyn und das Euangelion mit hand und munde bekennen« (WA 19, 75, 5–6). All diese Formen haben für Luther funktionalen Charakter – sie dienen der Wiedererkennbarkeit des konfessionellen Gottesdienstes und dem Schutz glaubensschwächerer Christen, die auf die Stabilität von Formen angewiesen sind.

Der öffentliche Charakter des Gottesdienstes macht es erforderlich, neben dem allgemeinen Predigtamt ein spezifisches Predigtamt einzurichten (vgl. CA XIV), welches die Ordnung, Kontinuität und Transparenz der »Verkündigung an die ganze Gemeinde und im Namen der ganzen Gemeinde« gewährleistet (Wendebourg ³2017, 458; vgl. III.2.1.b). Die Beauftragung zum Amt erfolgt in einer öffentlichen und der Sache angemessenen Berufung (»rite vocatus«; CA XIV). Die Amtsführung des Predigers zeichnet sich durch den stetigen Umgang mit der Bibel aus. Luther selbst gebrauchte die biblischen Perikopen »als eine lebendige Textwelt, in die er einkehrt, in der er lebt und aus der sich sein Predigen speist« (Beutel 2013b, 72). Die biblischen Textwelten prägen das Denken, die Weltwahrnehmung und das Weltbenehmen der Predigtperson sowie ihre Sprache. Und umgekehrt: Denken und Erfahrungen der Predigtperson prägen ihre Textwahrnehmung. Schrift und Erfahrung sind hermeneutisch nicht voneinander zu lösen. Zwischen biblischer und eigener Wirklichkeit ereignet sich eine ›Horizontverschmelzung‹ (Hans-Georg Gadamer; für die Predigt vgl. Beutel 2013b, 73 und III.3.1).

Damit diese Verschmelzung auch für die Hörenden möglich ist, soll sich die Predigt sprachlich an diesen orientieren.

> [...] den man mus nicht die buchstaben inn der lateinischen sprachen fragen, wie man sol Deutsch reden, [...] sondern, man mus die mutter ihm hause, die kinder auff der gassen, den gemeinen man auff dem marckt drumb fragen, und den selbigen auff das maul sehen, wie sie reden, und darnach dolmetzschen, so verstehen sie es den und mercken, das man Deutsch mit yn redet (WA 30/II, 637, 17–22).

Luther plädiert nicht für eine anbiedernde Inszenierung von Volkstümlichkeit, sondern fordert eine Prägnanz der Predigt, die sich aus der Orientierung an der konkreten Situation von konkreten Personen speist. Zugleich gilt: Wer dem Volk aufs Maul schauen will, muss ihm ins Herz blicken.

Die Konkretheit und Lebensnähe wird in der Predigt besonders durch Beispiele befördert (vgl. Rössler 1983/2006; Stolt 2000, 72–79; Steiger 2002, 252–283). Sie verhelfen der Predigt zu Klarheit (claritas), dienen der Verständlichkeit (demonstratio), zeigen am Individuellen das Allgemeine, sind geeignet, beim Hörer die Affekte anzusprechen und das Gesagte erinnerbar zu machen (Memorabilität). Für eine solche »anschaulich-narrative Predigtrhetorik« (Steiger 2002, 269) haben die biblischen Beispiele bei Luther einen Vorzug, denn sie sind näher am Ur-Beispiel des Glaubens, an Jesus Christus. Auch hier wird deutlich: Das Evangelium ist keine dogmatische Formel, sondern ins Narrative geronnene Erfahrung, eine »historia, legenda, von Christo« (WA 10/I 1, 9, 16).

Zusammenfassend lässt sich sagen: Ausgehend von einem veränderten Glaubens- und Kirchenbegriff werden für Luther Schrift und Erfahrung zu den beiden Quellen der Predigt. Der Prediger muss beides auslegen, miteinander ins Gespräch bringen und aufeinander beziehen können. »Weil Theologie für Luther wesentlich Auslegung des Wortes Gottes ist, das Wort Gottes aber eine dynamische, tätige Wirklichkeit [ist], in der, durch die und mit der Gott in der Geschichte handelt, strebt der Glaube zur Erfahrung hin [...] und kommt erst durch die Erfahrung zur Erkenntnis [...] und zur Gewißheit« (Kaufmann [4]2016, 62). Oder – um es mit Luther zu sagen: »Sola autem experientia facit theologum« (WA.TR 1, 16, 13; »Allein die Erfahrung nämlich macht den Theologen«; Übersetzung RC; vgl. III.2.3 zu den pastoraltheologischen Implikationen dieser Überlegungen).

1.2 Johannes Calvin: Die Predigt als Mittel religiöser Sozialdisziplinierung

a. Kirche als politisches Gemeinwesen

Die These, dass die Predigt ein bestimmtes Kirchenbild zum Ausdruck bringt und diesem zur Verwirklichung verhelfen möchte, führt direkt zu den Pointen des reformierten Predigtverständnisses, wie Johannes Calvin (1509–1564) es entwickelt hat. Denn mit Calvins Name ist der Versuch verbunden, in Genf einem theologischen Verständnis von Kirche (kirchen-)politisch und gesellschaftlich Geltung zu verschaffen. Versuchsweise sollte ein dezidiert religiöses Gemeinwesen errichtet werden (1541–1564). Dazu nahm Calvin mit Gleichgesinnten Einfluss auf die Stadtpolitik und wollte ein kirchlich-religiöses Regelsystem (ordonnances ecclésiastiques) durchsetzen, da, so seine Überzeugung, Sittenzucht eine kirchliche und keine staatliche Aufgabe sei. Dieses Vorhaben war von zahlreichen, teilweise auch gewalttätigen Konflikten begleitet, auch weil die Regeln sehr rigide waren und in das private Leben der Bürger eingriffen. Umfangreiche Lasterkataloge listeten mögliche Vergehen präzise auf – von Kartenspielen, Tanz, über Ehebruch, Prostitution und Homosexualität bis hin zu religiösen Vergehen wie zu seltenem Gottesdienstbesuch. Die Sanktionen waren hart, daher hat man Rückblick von einer »Tyrannei der Tugend« gesprochen. Um diese zu errichten, war die Predigt ein entscheidendes Medium, wurde doch dort »der Kampf um die Deutungshegemonie entschieden« (Reinhardt [2]2017, 12).

Auch wenn im Rückblick die Grenzen und Gefahren eines solchen Projektes deutlich auffallen, stand im Hintergrund ein konstruktiver Anspruch, nämlich das Anliegen, die von Luther begonnene Reformation fortzusetzen: »Der Reformation der *Lehre* sollte die Reformation des *Lebens* folgen« (Strohm 2009, 118, Hervorh. im Orig.). Dieses Anliegen war von der Idee der Prädestination getragen. Der Glaube an die Erwähltheit ist die Voraussetzung, sich einer entschieden christlichen Lebenspraxis zu widmen. Daher kommt es auch zu einer veränderten Verhältnisbestimmung von Gesetz und Evangelium. Calvin sah nicht nur einen theologischen Nutzen des Gesetzes (das Gesetz zur Aufdeckung der Sünde: usus elenchticus legis) und einen politischen Gebrauch (Ordnung des Gemeinwesens: usus politicus legis), sondern bestimmten explizit auch einen sog. tertius usus – das Gesetz, wie es im Leben der Glaubenden wirksam wird (usus in renatis; Calvin 1559/[4]2022, Institutio, II, 7, 12–17). Das Gesetz treibe die Christen an, dem Glauben innerweltlich Gestalt zu geben. Die Vollkommenheit als das Ziel, »zu dem alle Zeit unseres Lebens zu laufen nützlich und unseres Amtes ist« (Calvin 1559/[4]2022, Institutio II, 7, 13), sollten die Christen keinen Augenblick aus den Augen verlieren, um so Gott innerweltlich groß zu machen und ihm die Ehre zu geben. Bei Luther gehören die Werke des Glaubens und damit Fragen der Ethik in den Bereich des Evangeliums. Als selbstverständlicher Ausdruck einer veränderten Herzenshaltung sind sie in der Predigt zu thematisieren – der gläubige Mensch kann gar nicht anders als Gutes zu tun. Calvin dagegen verortet das Handeln des Glaubens im Bereich des Gesetzes. Durch die konsequente, kontrollierte und für alle erkennbare Einhaltung der biblischen Gebote soll ein christlicher Lebenswandel intensiv befördert werden. Nicht die religiöse Erfahrung eines gnädigen Gottes und eines seligen Lebens ist das Ziel kirchlichen Handelns und der Gegenstand der Predigt, sondern dass Gott, auch im öffentlichen Raum, wieder recht geehrt werde. Für ein solches Bemühen aber ist »eine Haltung innerweltlicher Askese sowie die planmäßige Organisation und Disziplinierung der Lebensgestaltung« unabdingbar (Strohm 2009, 116).

Diesen Gedanken hat Max Weber für eine umfängliche Deutung der Moderne aufgegriffen:

> Die soziale Arbeit des Calvinisten in der Welt ist lediglich Arbeit ›in majorem gloriam Dei‹. Diesen Charakter trägt auch die Berufsarbeit, welche im Dienste des diesseitigen Lebens der Gesamtheit steht. [...] Die ›Nächstenliebe‹ äußert sich – da sie ja nur Dienst am Ruhme Gottes, nicht der Kreatur sein darf – in erster Linie in Erfüllung der durch die lex naturae gegebenen Berufsaufgaben, und sie nimmt dabei einen eigentümlich sachlich-unpersönlichen Charakter an, den eines Dienstes an der rationalen Gestaltung des uns umgebenden gesellschaftlichen Kosmos (Weber 1905/2014, 268f., im Orig. hervorgeh.).

b. Die Predigt als Gemeinwesenarbeit

Die Predigt gewinnt in diesem Zusammenhang eine mindestens doppelte Aufgabe: Zum einen wendet sie sich an den Willen des Einzelnen, den sie zu einem christlichen Leben und zu einem entsprechenden Handeln ermutigen will. Calvin zieht in seinen Predigten aus den biblischen Texten »verstehbare Lehren, die in einen Willensappell ausmünden« (Müller 1996, 70). Die Deutung geteilter Erfahrungen tritt gegenüber dem Appell in den Hintergrund. Dieses pädagogische Verfahren von ›Auslegung und Anwendung‹ wird später im sog. explicatio-applicatio-Schema formalisiert (vgl. unten II.2.3). Indem die Predigt an den Willen des Einzelnen appelliert, proklamiert sie zugleich den allgemeinen Geltungsanspruch christlicher Lebens- und Wertvorstellungen. Mittelfristig gewinnt die reformierte Predigt eine starke Tendenz zur Ethik. Sie zieht ihren gestalterischen Impuls aus dem Gegenüber zum Gemeinwesen, das sie im christlichen Sinn gestalten möchte. Die ethische Predigt möchte Ordnung schaffen, indem sie einen Gestaltungsbedarf anzeigt und entsprechende Reglementierungsideen entfaltet. Im schlimmsten Fall dient eine so verstandene Predigt freilich nicht der Herstellung von Ordnung, sondern der Ausübung von Macht. So besteht der bleibende Impuls Calvins in der Einschreibung des weltgestaltenden Anspruchs des Christentums in die Homiletik und die Predigtpraxis.

Nicht übersehen werden sollte freilich, dass sich Calvins Ordnungs- und Gestaltungswille der konkreten Erfahrung von Chaos und Gefährdung verdankt. Seine Biographie spiegelt exemplarisch und verdichtet die Bedrohungen am Beginn der Moderne (z. B. zunehmende religiöse Konflikte durch die Pluralisierung von Konfessionen; vgl. II.2). Seine Tätigkeit in der französischen Flüchtlingsgemeinde in Straßburg (1538–1541) war für ihn prägend. In Genf wiederum wurden seine Predigten von den Glaubensflüchtlingen intensiver und wohlwollender rezipiert als von den Ortsansässigen. Seine homiletischen Überlegungen spiegeln zudem die Erfahrungen einer Minderheitenkirche. So zeigt sich in der Praxis und Rezeption seiner Predigt die Bedeutung geteilter, gemeinsamer Erfahrungen für das Predigtgeschehen, auch wenn dieser Umstand nicht in die Konzeption der Predigt integriert wird.

c. Homiletisch-liturgische Konkretionen

Diese gegenüber Luther andere Funktionszuschreibung an die Predigt wirkt sich auch in der Praxis aus. Dies betrifft zunächst die Stellung der Predigt im Gottesdienst. Im Unterschied zu Luther folgten die Schweizer Reformatoren der oberdeutschen Tradition und etablierten den Predigtgottesdienst als Normalfall. Die Häufigkeit des Abendmahls wurde stark reduziert. Dies prägte auch den Umgang mit den Kunstformen, auf welche der Gottesdienst zurückgreift. Aus den Kirchenräumen verschwanden die Bilder. Der Gemeindegesang beschränkte sich auf die im Wortlaut vertonten Psalmen (zum Psalmlied in der Reformation vgl. Hofmann 2015), denn nur im Wortlaut sei das Wort Gottes rein erkennbar.

Um das Bibelwort angemessen zur Geltung bringen zu können, folgt die reformierte Tradition statt der Perikopen- der lectio-continua-Praxis, also der fortlaufenden Auslegung biblischer Bücher. Die Predigt wird erkennbar als Schriftauslegung inszeniert. Neben den sonntäglichen Predigtgottesdiensten fanden in Genf tägliche Vormittagsgottesdienste statt. Ergänzend führte Calvin die Congrégation ein, wöchentliche Treffen der Genfer Pfarrer zum gemeinsamen Bibelstudium (de Boer 2012; zur reformierten Ämterlehre s. III.2.1.b).

Die reformierten Vorstellungen verbreiteten sich international dynamischer als das lutherische Gedankengut. Entsprechend vielfältiger war ihr

Einfluss auf die Vervielfältigung von Predigtkulturen und homiletischen Debatten, man denke etwa an die puritanischen oder methodistischen Predigtkulturen, die den englischsprachigen Raum religiös, literarisch, politisch und kulturell intensiv geprägt haben (vgl. z. B. Francis/Gibson 2012; zum internationalen Vergleich der Predigt in der Reformationszeit siehe Taylor 2003).

2 Confessio und Pietas als Ziel der Predigt im konfessionellen Zeitalter

2.1 Die religionspolitischen Rahmenbedingungen

Im Zuge der pietistischen Geschichtsschreibung ist die Predigt des konfessionellen Zeitalters einigermaßen in Verruf geraten (vgl. die Darstellung bei Schian 1912). Sie galt als formalistisch, kasuistisch und überdogmatisch. Wie später im Blick auf die Predigt der Aufklärung wurde in der Predigt- und Homiletikforschung das Einseitige und Extravagante zur Grundlage der Beurteilung erhoben. Einmal gefällte Urteile wurden weitertradiert, ohne diese am Material zu überprüfen. In den zurückliegenden Jahren hat sich die Forschung zur Predigt im konfessionellen Zeitalter jedoch ausdifferenziert und einen Prozess der Rehabilitation eingeleitet. Die Bedeutung der Predigt für die Frömmigkeits- und Sozialgeschichte der Frühen Neuzeit findet mittlerweile breite Würdigung. Gerade für unsere Frage nach dem Zusammenhang von Homiletik und Ekklesiologie bieten die Predigtpraxis und der homiletische Diskurs im konfessionellen Zeitalter aufschlussreiche Perspektiven, und dies hängt nicht unwesentlich mit den religionspolitischen Rahmenbedingungen zusammen.

1555 hatte der Augsburger Religionsfriede die Spaltung der Konfessionen rechtlich legitimiert und mit der Regel *cuius regio, eius religio* obrigkeitlich organisiert. Die entstehenden Kirchentümer waren aufs engste mit den jeweiligen Territorialstaaten und deren Obrigkeiten verbunden (Prinzip des landesherrlichen Kirchenregiments; vgl. unten II.7.1).

Mit der Herausgabe des Konkordienbuchs bündelte das Luthertum im Jahr 1580 seine Bekenntnisgrundlage. In den reformierten Kirchen verlief die Bekenntnisbildung dagegen stärker regional, im deutschsprachigen Raum wurde der Heidelberger Katechismus bedeutsam (1563; Verfasser: Zacharias Ursinus [1534–1583]). Für die Formierung des reformierten Pro-

2 Confessio und Pietas als Ziel der Predigt im konfessionellen Zeitalter

testantismus als Konfession spielte v. a. die Dordrechter Synode (1618/19) eine wichtige Rolle. Diese fiel bereits mit dem Beginn des 30-jährigen Kriegs zusammen, in dem konfessionelle und politische Konflikte einen europäischen Flächenbrand auslösten. Entfesselte Religionskonflikte, unvorstellbare Kriegsgräuel, Wetterkatastrophen, Seuchen und Hungersnöte lösten »die öffentliche Ordnung auf und zersetzte[n] die Zivilisation« (Lauster 2020, 361). Der Westfälische Friede (1648), der den Krieg beendete, führte zur reichsrechtlichen Gleichstellung der katholischen, lutherischen und jetzt auch reformierten Konfession und zur rechtlichen Ausgestaltung einer friedlichen Ko-Existenz. Ausgeschlossen blieben jedoch die sog. Spiritualisten wie auch die Juden.

2.2 Die mehrdimensionale Beschreibung der Predigtaufgabe

Predigten waren in dieser Epoche populäre Massenmedien und die Kanzel eine »soziale und theologiepolitische Instanz« (Schorn-Schütte 2015, 85). Daher kann die Bedeutung der Predigt für die konfessionellen Vergemeinschaftungsprozesse und die Generierung konfessioneller Gruppenidentitäten nicht hoch genug veranschlagt werden. Durch die Darlegung dogmatischer Themen (sog. loci) suchten die Prediger die konfessionell imprägnierten Glaubensgegenstände zu verbreiten und zu popularisieren, und zwar jeweils in der eigenen konfessionellen Gruppe. Dogmatik und Katechetik sind im homiletischen Selbstverständnis dieser Zeit die beiden Seiten ein und derselben Medaille. Weil die Predigt gleichzeitig die Abgrenzung nach Außen suchte, diente sie auch der konfessionellen Polemik, ja Propaganda. Teilweise war die Kanzelpolemik so exzessiv, dass sie obrigkeitlich verboten und sanktioniert werden musste. So verlor der Liederdichter Paul Gerhardt (1606–1676) im Jahr 1667 seine Berliner Pfarrstelle, weil er sich dem Verbot der Kanzelpolemik widersetzt hatte.

Freilich lässt sich die Bedeutung der Dogmatik für die Predigt nicht nur katechetisch-apologetisch und polemisch beschreiben, sondern auch lebenspraktisch. Die Predigt hatte oft eine seelsorgliche Dimension. Allgemeines Bekenntnis (confessio) und individuelle Frömmigkeitspraxis (pietas) waren aufs engste miteinander verbunden. Diese lebenspraktische Bedeutung des Glaubens artikulierte sich einerseits in der Aufforderung zur Buße. Angesichts der vielfältigen äußeren Bedrohungen sollte eine Rückkehr zu einem wahren christlichen Leben Abhilfe verschaffen. Andererseits wurden den Hörern die Trostgehalte des christlichen Glaubens entfaltet. Die Erbauung und Stärkung der Hörer angesichts politischer und religiöser Krisen war ein wesentliches Ziel der Predigt. Die Themen Tod und Vergänglichkeit, aber auch Hoffnung auf die Ewigkeit, waren in den Predigten um 1600 (wie im geistlichen Lied und der Barocklyrik insgesamt) allgegenwärtig. Daher wurden gedruckte Predigten mehr und mehr als Erbauungsliteratur genutzt, ein Genre, das sich insgesamt wachsender Beliebtheit erfreute. Prominent wurden v. a. die *Vier Bücher vom wahren Christenthum* von Johann Arndt (1555–1621). In diesem Zusammenhang fanden auch Frauen Räume zur Partizipation an der öffentlichen religiösen Kommunikation, z. B. als Leserinnen volkssprachlicher Bibelübersetzungen und von Erbauungsliteratur, als Autorinnen geistlicher Lieder und Gedichte etc. (vgl. Methuen/Schneider-Ludorff/Vogel 2024).

2.3 Homiletik und Rhetorik

Die Reformatoren rezipierten das rhetorische Erbe der Antike, pflegten die Rhetorik in die schulische Bildung ein und sorgten insbesondere durch die Vermehrung der öffentlichen, mündlichen Predigt für eine »Vergesellschaftung der Rhetorik« (Steiger 1995, 532). Die erste deutschsprachige Bibelrhetorik brachte 1545 Caspar Goldtwurm (1524–1559) heraus: *Schemata rhetorica* (Knape/Thumm 2014; Thumm 2020; zur rhetorica sacra in der Barockzeit siehe Steiger 1995). Die erste protestantische Homiletik stammt von Andreas Hyperius (1511–1564): *De formandis concionibus sacris seu de interpretatione scripturam populari* (1552; vgl. Achelis/Sachsse 1901).

Wirkungsgeschichtlich bedeutsam war, v. a. aufgrund der dezidierten Zuspitzung auf die Praxis der Predigtproduktion, das *Hodegeticum brevibus aphorismis pro collegio concionatorio conceptum* von Johann Benedikt Carpzov (1607–1657; jetzt: Carpzov 1652/2014; Beutel 2002). Das von Carpzov präsentierte rhetorische Schema für die Predigt soll hier als ein exemplarisches vorgestellt werden. Dabei ist wichtig, sich kurz die konstruktive Funktion solcher Schemata zu vergegenwärtigen. Aufgrund des Perikopenzwangs und der Vorgaben der Ordnung kehrten seinerzeit die Predigttexte jährlich wieder (vgl. Schian 1912, 9f.). Zudem hatten die Prediger eine beträchtliche Anzahl an meist sehr langen Predigten zu halten. Schätzungsweise hat ein Prediger im 16. und 17. Jahrhundert jährlich 200 Predigten gehalten (vgl. Beutel 1998, 164). Die Schemata boten dem Prediger Variationsmöglichkeiten für einen regelmäßig wiederkehrenden Text an. Verbreitung fanden sie in den zahlreichen Postillen, Predigthandbüchern und Florilegien.

Carpzov unterschied zwei Verfahren der Predigtproduktion, das analytische und das synthetische, also einmal stärker vom Text und einmal stärker vom theologischen locus ausgehend. Seine Anleitung zur Disposition der Predigt sah – in aller Freiheit für den Anwender – fünf Abschnitte vor: 1. exordium (Hinführung) – 2. propositio (Benennung des Inhalts) – 3. partitio (Angabe der Gliederung) – 4. tractatio (Entfaltung des Stoffes, unterteilt nach explicatio und applicatio). Während die explicatio auf das Verstehen des Textes und der damit verbundenen dogmatischen Lehre zielt, widmet sich die applicatio der konkreten Lebenspraxis. Im Anschluss an Hyperius empfahl Carpzov hier eine fünffache Entfaltung (genera dicendi): usus didascalicus (Lehre), usus elenchticus (Widerlegung von Irrlehren), usus paedeuticus (Mahnung), usus epanorthoticus (Strafe der Widerstrebenden), usus consolatorius (Trost). Die sog. conclusio (5.) schließt die Predigt.

Immer wieder finden sich in Carpzovs Lehrbuch Hinweise darauf, wie mittels Tropen oder Figuren und durch folgerichtige Argumente Gefühle, Vorstellungen und der praktische Wille beeinflusst werden können. Insbesondere suchte er nach rhetorischen Möglichkeiten, die Gefühle so anzusprechen, dass die lebenspraktische Relevanz des Glaubens als religiöse Gestimmtheit und Ensemble zustimmungsfähiger Überzeugungen nachvollziehbar wird. Alles stand unter der Maßgabe »*Pietas* suprema lex esto!/ *Frömmigkeit* sei höchstes Gesetz« (Carpzov 1652/2014, 38f., Hervorh. im Orig.).

Predigt und Homiletik im konfessionellen Zeitalter weisen bleibend auf die Bedeutung der Dogmatik bzw. Glaubenslehre hin. Christlicher Glaube, der sich in dieser Tradition verortet, ist reflektierter Glaube. Diese Reflexion ist freilich nicht abstrakt, sondern bezieht sich stets auf die Erfahrung. Es geht um eine Reflexion, die sich der lebenspraktischen Verifikation nicht entzieht, sondern auf diese hin und von dieser her entfaltet wird. Die lebenspraktische Relevanz des christlichen Glaubens und seiner Inhalte wird denkend nachvollzogen und nicht nur behauptet. Aus unterschiedlichen Gründen kam es seinerzeit freilich zu einer »Überdoktrinalisierung« (Lauster 2020, 329) und damit zu einer Auflösung des Zusammenhangs von theologischer Dogmatik und praktischem Christentum. Jedenfalls setzte hier die Kritik der pietistischen Bewegungen an.

3 Die Predigt als Mittel zur Kirchenreform im Pietismus

3.1 Die Reformbedürftigkeit der Kirche

Fragt man nach dem Zusammenhang von Homiletik und Kirchentheorie, dann ist die Predigt in den unterschiedlichen pietistischen Bewegungen hauptsächlich ein Mittel zur nötigen Kirchenreform.

Der Pietismus ist »die bedeutendste Frömmigkeitsbewegung des Protestantismus nach der Reformation« (Brecht 1993a, 1). Diese Bewegung ist in sich vielgestaltig und lässt sich mindestens über drei Zugänge erfassen: Einmal über zentrale Figuren – Philipp Jakob Spener (1635–1705), August Hermann Francke (1663–1727), Nikolaus Ludwig Graf von Zinzendorf (1700–1760) oder aus dem Kreis der sog. radikalen Pietisten z. B. Johanna Eleonora Petersen (1644–1724) (Quellensammlung: Albrecht-Birkner/ Breul/Jacob/Matthias/Schunka/Soboth 2017); zum zweiten über unterschiedliche lokale Ausprägungen – z. B. in Württemberg, den Wetterauer Grafschaften oder in Brandenburg-Preußen; und drittens über milieuspezifische Gruppierungen – in Adelskreisen oder bei Handwerkern. Gemeinsame Kennzeichen sind bestimmte Themen, z. B. die Bedeutung, die der Bekehrung, Wiedergeburt und Heiligung zugeschrieben wird. Diese Fokussierung hat einen gemeinsamen Ursprung – die Unzufriedenheit mit der bestehenden Kirche, mit deren Praxis und auch mit deren Predigt.[7] Diagnostiziert wurde eine »als Krise der Geistigkeit und Frömmigkeit erlebte[ ] Glaubwürdigkeitsproblematik der evangelischen Wortverkündigung« (Holzem 2015, 670). Die Inhalte der Predigten seien zu abstrakt und zu dogmatisch, die lebenspraktische Relevanz des Glaubens werde nicht erkennbar und den Predigten entspräche keine entschieden christliche Lebenspraxis. Im Ergebnis wurde ein allgemeiner Werte- und Sittenverfall beklagt. Für eine Verbesserung der Kirche wurde dem Pfarrberuf und der Predigt entscheidende Bedeutung zugeschrieben.

---

[7] Ausdrücklich ist darauf hinzuweisen, dass es auch innerhalb der Orthodoxie Reformprogramme gab und dass auch deshalb die pietistischen Abgrenzungsstrategien gegen die Orthodoxie historiographisch nicht einfach fortgeschrieben werden können.

3.2 Speners Reformschrift »Pia desideria«

Am besten kann man sich diesen Sachverhalt vergegenwärtigen anhand der Programmschrift von Philipp Spener »*Pia Desideria: oder Hertzliches Verlangen/Nach Gottgefälliger Besserung der wahren Evangelischen Kirchen/sampt einigen dahin einfältig abzweckenden Christlichen Vorschlagen*« (erstmals erschienen 1675, eigenständig dann 1676). Die »frommen Wünsche« richteten sich u. a. auch direkt an die Pfarrer und nicht, wie Reformforderungen von orthodoxer Seite, ausschließlich an die landesherrlichen Kirchenleitungen. Speners Schrift hat drei Teile: Zuerst beschreibt er die Krise einer erstarrten Kirche und eines dogmatisierten, lebenspraktisch aber kaum hilfreichen Christentums (Diagnose). Dabei blickt er besonders auf die drei Stände – Obrigkeit, Geistlichkeit und Laien. In einem zweiten Abschnitt entwickelt Spener die Idee einer göttlichen Hoffnung auf »einigen bessern zustand seiner Kirchen hier auff Erden« (Spener 1676/³1964, 43; Prognose). Diese Idee verdichtete sich zur Formel von der »Hoffnung besserer Zeiten« (Krauter-Dierolf 2005; Breul 2012). Daran schließen sich sechs »fromme Wünsche« an (Therapie), von denen wir ausgewählte näher betrachten.

Dem ersten Wunsch kommt programmatischer Charakter zu – es sei »das Wort GOttes reichlicher unter uns zu bringen« (Spener 1676/³1964, 53). »Reichlich« meint zunächst einmal, dass bei den Gläubigen die *ganze* Bibel zur Geltung kommen solle – »alle Schrifft ohne außnahm« (Spener 1676/³1964, 54). Für die Predigt lässt sich das als vorsichtige Kritik an Perikopenordnungen lesen – diese nämlich wählen aus, gewichten und schließen bestimmte Texte und Corpora von der Rezeption aus (vgl. II.2.3). Das Wort Gottes kommt freilich auch reichlicher zum Zug, wenn sich möglichst viele Menschen regelmäßig mit ihm beschäftigen und seine Auslegung nicht einzelnen wenigen Personen vorbehalten bleibt. In diesem Sinn betonte der zweite ›fromme Wunsch‹ das allgemeine Priestertum aller Getauften und brachte damit einen wesentlichen Gedanken Luthers in Erinnerung. Spener erwartete von »einer Wiederherstellung des allgemeinen geistlichen Priestertums [...] nicht weniger als die Erneuerung der Kirche« (Brecht 1993b, 298). Deshalb sind alle Christen zum eigenständigen Bibelstudium gehalten. Der Umgang mit der Bibel und ihre Auslegung ist nicht länger ausschließlich Sache der Geistlichen, sondern wird in die Hand der Laien – Männer wie auch Frauen – gegeben. Dadurch verschiebt sich sowohl der Inhalt der Auslegung wie sich auch deren Orte und Formen pluralisieren. Die Bibel dient nicht schwerpunktmäßig einer Grundlegung der theologischen Lehre. Vielmehr rückt ihre Bedeutung für das individuelle Leben noch prominenter ins Zentrum. Schriftauslegung zielt auf Schriftanwendung. Die Bibel ist im Alltag zu gebrauchen und mit konkreten Lebensaufgaben zu verbinden. Die individuellen Lebenserfahrungen, die persönlichen Kontingenzeinbrüche und offenen Zukunftsfragen werden durch Bibelworte gedeutet und notwendige biographische Entscheidungen durch die Bibel herbeigeführt (z. B. in der Herrnhuter Brüdergemeine durch Losverfahren). Der Heilige Geist erschließt einem wiedergeborenen Christen die Bedeutung der Schrift für das je eigene Leben.

In der Konsequenz privatisierte sich der Umgang mit der Bibel. Neben die gottesdienstliche Predigt traten das private Schriftstudium, die Hausandacht und die sog. collegia pietatis: Versammlungen, in denen neben Erbauungsliteratur v. a. die Bibel gelesen und gemeinsam besprochen wurde. Diese entwickelten sich zunehmend zu einer »spezifischen Vergesellschaftungsform[] im Gegenüber zu den evangelischen Territorialkirchen« (Holzem 2015, 670).

Für die soziale Wirksamkeit der Predigt wird im Pietismus der religiösen Disposition des Pfarrers entscheidende Bedeutung zugeschrieben. Der Pfarrer muss selbst gläubig sein, um die Bedeutung der Bibel für das Leben der Gläubigen predigen zu können. »Nur wer als Prediger durch eine ›wahrhafftige bekehrung‹ vom Heiligen Geist selbst ›affektiert‹ ist, kann den geistlichen Affekten des Predigttextes nachgehen, um ebendiese Affekte dann auch im Predigthörer zum Zwecke von dessen Bekehrung oder Erbauung ›erwecken‹ zu können« (Straßberger 2012, 269; vgl. auch Straßberger 2021 und III.1.4 und III.3.1.d). Das hat Folgen für das Theologiestudium. Die Theologie ist ein »habitus practicus« (Spener 1676/³1964, 69). In einen solchen Habitus einzuführen und nicht die wissenschaftliche Qualifikation, sei die wesentliche Aufgabe des Studiums und so seien Übungen in den Studienverlauf aufzunehmen, in denen »das gemüth zu den jenigen dingen/die zu der praxi und eigenen erbauung gehören/gewehnet und darinn geübet würde« (Spener 1676/³1964, 76). Gedacht ist an homiletische, katechetische und poimenische Praxisübungen.

Der abschließende sechste Reformvorschlag betont explizit den Beitrag der Predigt für die Reform der Kirche. Insgesamt also werden die Überlegungen zu einer Verbesserung der Predigt in ein pastoraltheologisch-ekklesiologisches Gesamtkonzept integriert, aber klar ist: Kirchenreform ohne Predigtreform geht am Selbstverständnis protestantischer Kirchen vorbei. Die Predigt ist und bleibt »das Göttliche mittel [...], die leute selig zu machen« (Spener 1676/³1964, 79).

Die Predigt wendet sich an den »innern oder neuen menschen« (Spener 1676/³1964, 79). Im Unterschied zu Luther genügt die Taufe freilich für den individuellen Glauben jedoch nicht. Eine Wiedergeburt des inneren Menschen, die entschiedene Ergriffenheit des Herzens muss dazutreten. Es sei ja »nicht gnug«, so Spener,

> daß wir das Wort mit dem äusserlichen ohr hören/sondern wie wirs auch in das hertz dringen müssen lassen/daß wir daselbs den Heiligen Geist reden hören/ das ist seine versiegelung und krafft des Worts mit lebendiger bewegung und trost fühlen: Also/daß es nicht gnug seye/getaufft seyn/sondern/daß unser innerlicher Mensch/darinnen wir Christum vermittels desselben angezogen/ihn auch müsse anbehalten/und dessen zeugnuß an dem äusserlichen leben zeigen (Spener 1676/³1964, 80).

3.3 Konkretionen

Damit all dies gelingt, sind zwei Voraussetzungen notwendig: Zum einen hat jede Predigt »die gantze Ordnung der wahren Bekehrung« (Francke 1725/1989, 5) zu zeigen. Sie soll nicht speziell, sondern allgemein sein (vgl. Drews 1903). Jeden Sonntag soll das gesamte göttliche Heilswerk thematisiert werden, damit die Hörer vernehmen können, »WIE sie zur gründlichen Erkäntniß ihres Seelen-Zustandes, und zu einer wahren Bekehrung gelangen, WIE sie aus ihrem Verderben errettet, und WIE sie in einen bessern Zustand gesetzet werden können, also, daß ein ieder aus einer ieglichen Predigt gleichsam eine gnugsame Antwort auf die Frage kriegt: *Wie soll ichs angreiffen/daß ich ein wahres Kind GOttes/und Erbe des ewigen Lebens werde?*« (Francke 1725/1989, 5, Hervorh. im Orig.). Zum andern hat sich die Darstellung am Hör- und Fassungsvermögen der Hörer zu orientieren. Theologische Gelehrsamkeit und übertriebener Formalismus auf der Kanzel sind deplatziert. Der oft als ›Sprache Kanaans‹ ironisierte Sprachstil ist der Versuch, durch eine Rückkehr zur apostolischen Sprache die Auswüchse barocker Rhetorik einzuhegen und den Unterschied zwischen Menschen- und Gotteswort so zu markieren, dass deutlich wird: Innere Wirkung vermag nur das Gotteswort zu erzeugen.

Blicken wir abschließend auf die Predigtpraxis in den pietistischen Bewegungen. Speners umfangreiches Predigtwerk unterscheidet sich nach Form und Gehalt kaum von Predigten aus dem Umfeld der späten Orthodoxie. Im Mittelpunkt stehen Lehre, Mahnung und Trost, das Ethos der Bekehrung und der Vervollkommnung. Im Umfeld radikaler Pietisten dagegen wird die Differenz zur kirchlichen Praxis stärker markiert. Oft übernahmen Laien- und Wanderprediger die Predigtaufgabe. Neue Methoden und Formen, die auf eine direkte Eingebung durch Gott rekurrierten, fanden Eingang in die religiösen Versammlungen, z. B. Zungenrede (Glossolalie), Visionen, Prophetie (vgl. Strom 2009, 194–199). In solchen Gruppen wanderte die Predigt aus der kirchlichen Öffentlichkeit in kleinere Hausversammlungen, in der Regel ohne Anspruch auf eine größere, die eigene Gruppe überschreitende Öffentlichkeit und in Teilen ohne staatlich-kirchliche Duldung. Hier etabliert sich ein Predigtverständnis, das dem religiössoziologischen Ideal der Sekte verbunden ist (vgl. I.2.2.b) und dessen Bedeutung für die Predigt in gegenwärtigen evangelikalen und pentekostalen Christentümern nicht hoch genug veranschlagt werden kann (s. III.1.3).

4 Die Predigt als Beitrag zur »Versöhnung von Christentum und Kultur« in der Aufklärung

4.1 Aufklärung als anthropologisches Konzept

Die Predigt der Aufklärung lässt sich, wenn auch mit anderen Akzenten, ebenfalls ausgehend von der Forderung nach einer Kirchenreform beschreiben. Jetzt richtete sich der Blick freilich stärker nach Außen. Die homiletischen Impulse zielten weniger auf eine binnenkirchliche Erneuerung, denn auf eine »*Versöhnung von Christentum und Kultur*« (Niebergall 1955, 313, Hervorh. im Orig.). Die Predigt sollte einen Beitrag leisten, um Religion und Kirche in einer dynamischen Transformationsgesellschaft weiterhin zu plausibilisieren. Denn die Rede von Aufklärung (Beutel 2006; Martus 2018; Stollberg-Rilinger [5]2021) steht weniger für eine spezifische Epoche als vielmehr für einen umfassenden Transformationsprozess und Mentalitätswandel, der Modelle philosophischer Welterschließungen ebenso umfasst wie alltagspraktische Haltungen und Wertesysteme.[8] Auf allen Gebieten des Lebens wurde »die Bestimmtheit durch ein religiös-dogmatisch gebundenes, supranaturalistisches Wirklichkeitsverständnis in Frage« gestellt und eine »legitimatorische Berufung politischer, ethischer, religiöser, theologischer und philosophischer Normen auf die Verbindlichkeit au-

---

8 Die in der Forschung übliche Unterscheidung unterschiedlicher Phasen der deutschsprachigen Aufklärung in Frühaufklärung bzw. Übergangstheologie, Neologie und Rationalismus kann hier hintenangestellt werden.

toritativer Traditionen« problematisiert (Beutel 2006, 157). Dafür stehen die bekannten Sätze Kants:

> *Aufklärung ist der Ausgang des Menschen aus seiner selbst verschuldeten Unmündigkeit.* Unmündigkeit ist das Unvermögen, sich seines Verstandes ohne Leitung eines anderen zu bedienen. *Selbstverschuldet* ist diese Unmündigkeit, wenn die Ursache derselben nicht am Mangel des Verstandes, sondern der Entschließung und des Mutes liegt, sich seiner ohne Leitung eines andern zu bedienen. Sapere aude! Habe Mut dich deines *eigenen* Verstandes zu bedienen! ist also der Wahlspruch der Aufklärung (Kant 1784/1983, 53, Hervorh. im Orig.).

Individuelle kritische Reflexion lautete das Gebot der Stunde. Das individuelle Urteil wurde zur entscheidenden Instanz. Der Glaube an die intellektuellen Fähigkeiten des Menschen (Anthropozentrik) sowie eine optimistische Orientierung am Fortschritt der Menschheit und der Vervollkommnung des Menschen prägten die Debatten. Die Evaluation des lebenspraktischen Nutzens theoretischer Reflexion (›Nutzbarkeit‹) war das Ziel der denkerischen Arbeit. So wurden auch für die Religion v. a. deren praktische Aspekte betont. Die ethische Dimension des Christentums wurde stärker akzentuiert.

4.2 Die Orientierung am empirischen Hörer

Über die Frage nach der Nutzbarkeit wurde die Orientierung am Hörer zu einer zentralen Aufgabe der Predigt. Bereits die pietistischen Bewegungen hatten das religiöse Individuum gegenüber der Institution in den Vordergrund gerückt. In den Debatten der Aufklärung trat vertiefend die Frage nach dem Fassungsvermögen der Hörer dazu. Wie können die Wahrheiten des christlichen Glaubens und die Vorstellungen von einem christlichen Leben so formuliert werden, dass sie den Hörern plausibel und als hilfreich (›nützlich‹) für ihr konkretes Leben erscheinen? Intensiver wurden nun die sozialen, biographischen, bildungsmäßigen etc. Unterschiede zwischen den Hörern thematisiert. Die Hörer wurden als empirische Subjekte wahrgenommen und von hier aus wurde die Popularisierung theologischer, philosophischer, aber auch medizinischer, ökonomischer und weiterer lebenspraktisch nützlicher Erkenntnisse für den sog. gemeinen Mann zum Kernbestand aufklärerischen Selbstverständnisses. Die Sprache der Predigt sollte sich deshalb um einen allgemeinverständlichen Gestus bemühen und auf kirchliche Binnensprache verzichten. Johann Joachim Spalding (1714–1804), einer der bedeutendsten Aufklärungstheologen, beschrieb diesen Gestus als »Sprache des gemeinen Verstandes, des vertraulichen Ernstes und einer gewissen liebenswürdigen Treuherzigkeit« (Spalding 1772/2002, 259; zu Spaldings Predigtlehre Beutel 2001).[9] Auch die Liturgie und die kirchlichen Gesänge wurden den zeitgenössischen Sprach- und Denkgewohnheiten angepasst, um »die Gottesdienstbesucher nicht länger den Zumutungen eines linguistischen Weltenwechsels« auszusetzen und um »die aufklärungstheologischen Errungenschaften gemeindepädagogisch zu popularisieren« (Beutel 2006, 362). Das Gleiche gilt auch für die homiletische Bibelhermeneutik. Zeitbedingte Vorstellungswelten der biblischen Texte wurden verstärkt in eine der eigenen Zeit angemessene Begrifflichkeit übersetzt, die biblischen Texte zunehmend historisch-kritisch ausgelegt.

Auch die Bewusstseinsdisposition der Hörer wurde berücksichtigt, intellektuelle und praktische Fähigkeiten des Menschen sollten gleichermaßen angesprochen werden. Johann Lorenz von Mosheim (1693–1755), ein früher Vertreter der Aufklärung, postulierte: Die Predigt gehe

> beide Kräfte der Seele an, den Verstand und den Willen. Die Wahrheiten der Gottseeligkeit gehören zusammen, und der Wille kann unmöglich gewonnen, wenn der Verstand nicht vorher ist erleuchtet worden. Hieraus folgt diese unwidersprechliche Regel: *Ein kluger Prediger muß seine Predigt auf eine solche Weise einrichten, daß so wohl der Verstand erleuchtet, als der Wille erweckt und gerühret werde.* Es ist also unrecht, ob es gleich gewöhnlich ist, daß einer dem Verstand allein oder dem Willen allein prediget (Mosheim 1763/1998, § 2, 114f. Hervorh. im Orig.; zu Mosheims Homiletik vgl. Dreesmann 2002; zu seinen Predigten Steiger 1997).

4.3 Der Prediger als Religionslehrer

In der Aufklärung wird der Pfarrer, insbesondere der Landpfarrer, zum Volks- und Religionslehrer. Früh wurde formuliert, »dass ein Dorfpfarrer« seine »Pfarrkinder die Ausübung der Religion« und »die wesentlichsten Pflichten lehren« möge und »ihnen die einfachsten Mittel, die auf dem Lande gewöhnlichen Krankheiten zu vermeiden und zu heilen, und ihr Feld

---

9 Dafür wurde Spalding oft kritisiert. Lauster identifizierte das damit verbundene, auch homiletische Problem: »Es ist das alte und immer wiederkehrende Problem: Der Verzicht auf den binnenkirchlichen Jargon wird als fehlende Christlichkeit attackiert« (Lauster 2020, 425).

besser zu bauen, zeigen« solle und damit »mehr zum Glück der Menschen« beitrage, »als alle Dorfpfarrer mit ihrem schlechten Latein, mit ihren scholastischen Grillen, und ihren theologischen Zänkereyen« (Louis-René Caradeuc de la Chalotais, zit. n. Siegert 1999, 63). Die Kirche wurde zum »Schulsaal für Erwachsene« und die Kanzel zum »Katheder der Aufklärung« (Schütz 1974, 143f.). Wie im Konzept der Popularisierung angelegt, gehen auch in pastoraltheologischer Perspektive Homiletik und Pädagogik eine enge Verbindung ein. So beschrieb Spalding den Prediger als »Lehrer der Weisheit und Tugend« (Spalding 1772/2002, 23). Die Notwendigkeit des Predigtamtes liegt in »dem grossen Zweck der Belehrung, der Besserung und der Glückseligkeit der Menschen« (Spalding 1772/2002, 25). Der Prediger habe die Hörer »gleichsam an der Hand zum Himmel zu leiten« (Spalding 1772/2002, 122) bzw. die Hörer sollten durch den Prediger, »vermittelst der Religion Jesu Christi, gebessert und zum Himmel tüchtig gemacht« werden (Spalding 1772/2002, 277).

Diese Aufgabe verlangt, dass der Prediger sich intensiv mit der Lebenswelt der Hörer auseinandersetzt, damit er am Ende nicht doch einer dogmatischen Hörerfiktion folgt, sondern der wirkliche Hörer »zum Himmel tüchtig gemacht« wird. Die Kenntnis des empirischen Hörers ist pastoraltheologisch und homiletisch eine conditio sine qua non:

> Soll die praktische Wahrheit den Gemüthern nahe genug gebracht werden, um etwas in ihnen zu wirken, so müssen wir über die herschende Denkungsart unserer Gemeinen, ihre Versuchungen, ihre Vorurtheile und Ausflüchte, studierte Beobachtungen anstellen, uns in ihre Begriffe hineindenken, die verschiedenen Seiten ihres Herzens ausforschen, an welchen wir ihnen mit unsern Vorstellungen am wirksamsten beykommen können […] (Spalding 1772/2002, 205f.).

4.4 Die Predigt in der entstehenden bürgerlichen Öffentlichkeit

Orientiert sich die Predigt an der Glückseligkeit des Einzelnen und fragt nach dem Nutzen der Religion für eben diesen Einzelnen und von dort aus nach dem für die Gesellschaft, bedeutet dies das Ende der aus Gründen der Gruppenidentität notwendigen konfessionellen Kontroverspredigt. Toleranz wird zu einem homiletischen Anliegen. Darin besteht ein weiterer Beitrag der Aufklärungspredigt zur Vermittlung von moderner Kultur und Christentum – die Predigt wurde zu einem Medium der entstehenden bürgerlichen Öffentlichkeit (Habermas 2009). Im Laufe des 18. Jahrhunderts lösten sich die Formen der Kommunikation aus den ständischen Beschränkungen und neue Formen entstanden. Zu denken ist an private Salons, an Kaffeehäuser, Lesegesellschaften, wissenschaftliche Akademien, freie Sozietäten, aber auch an den explodierenden Buch- und Zeitschriftenmarkt – moralische Wochenschriften, Lexika, Einführungswerke, Kompendien, Kalender, Ratgeber- und Unterhaltungsliteratur. Die Predigt war im Prozess der Ausbildung dieser Öffentlichkeit ein zentrales, aber nicht das wesentliche Medium. Vielmehr verlor sie zunehmend ihre Zentralstellung als Medium gesellschaftlicher Kommunikation und musste sich von da an und bis heute dem Kampf um öffentliche Aufmerksamkeit und Geltung stellen. Die programmatische Orientierung am Hörer ist eine der Strategien, sich in diesem kompetitiven Feld zu behaupten. Der Blick nach Außen soll verhindern, dass die kirchliche Predigt sich nur am Eigenen orientiert und so ins kulturelle gesellschaftliche Abseits rutscht. Dieses Anliegen ist bis in die Gegenwart nicht abgegolten. Denn die Gefahr, dass die kirchliche Kommunikation sich weitgehend nach Innen richtet, ist eine strukturelle und keine ausschließlich situative.

5 »Circulation des religiösen Bewusstseins« als Aufgabe der Predigt bei Friedrich D. E. Schleiermacher

Als um 1800 die Prägekraft der Aufklärungsbewegung nachließ, war es Friedrich D.E. Schleiermacher, der die unterschiedlichen Impulse in ein theologisches und homiletisches Gesamtkonzept zusammenführte. Auch hier lassen sich die Pointen des Predigtbegriffs im Ausgang vom Verständnis der Kirche entwickeln (zur enzyklopädischen Verortung der Homiletik bei Schleiermacher vgl. I.1.2.b, zum Überblick siehe Albrecht 2002; Conrad 2014, 22–87).

5.1 Die Kirche als Gemeinschaft der Frömmigkeitspflege

Dass die Zeit um 1800 eine Zeit großer gesellschaftlicher und religiöser Transformationen war, wurde bereits oben notiert (vgl. II.4.1). Der christliche Glaube und die Kirchen hatten ihre Selbstverständlichkeit eingebüßt. Religion wurde der Begründung bedürftig. In dieser Situation veröffentlichte Schleiermacher 1799 Reden »Über die Religion«, die im Untertitel »an die Gebildeten unter ihren Verächtern« adressiert waren (Schleiermacher 1799/2001). Hier wie in seinen späteren Werken[10] bietet Schleiermacher ein Religionskonzept, das auf die Herausforderungen der Moderne reagiert und dabei für Religion und Kirche einen Ort in der modernen Gesellschaft zu sichern sucht. Die Kirche gehört, neben Familie und Staat, zu den Grundlagen der Gesellschaft (von Scheliha 2023). Die Wesens- und Funktionsbeschreibung der Kirche obliegt also nicht nur der Theologie, sondern ist auch eine Aufgabe der (Sozial-)Ethik.

Schleiermacher entwickelte seine Sozialphilosophie des Christentums entlang der Unterscheidung von darstellendem bzw. symbolisierendem und wirksamem bzw. organisierendem Handeln. Während das wirksame Handeln auf eine Wirkung außerhalb des Handelns zielt, liegt der Zweck des darstellenden Handelns im Vollzug der Handlung selbst. Im wirksamen Handeln wirkt die Vernunft auf die Natur ein. Im darstellenden Handeln stellt sich die Vernunft »selbst in einem System von Zeichen und Symbolen« dar (Albrecht 2002, 105).

Diese Unterscheidung kreuzt Schleiermacher mit der Unterscheidung von Verschiedenheit (Individualität) und Gleichheit (Identität) des Handelns – manche Tätigkeiten werden von allen Menschen gleich vollzogen und andere sind stets individuell geprägt. Durch die Kreuzung der Unterscheidungen ergeben sich vier Felder des gesellschaftlichen und individuellen Handelns und damit können auch die Gemeinschaftsformen des menschlichen Lebens dargestellt werden.

- Das identische wirksame (organisierende) Handeln prägt die Felder von Wirtschaft, Recht und Staat.
- Das identische darstellende (symbolisierende) Handeln prägt die Felder von Sprache und Wissenschaft.
- Das individuelle wirksame (organisierende) Handeln prägt die Felder des Hauses (Familie) und der freien Geselligkeit.
- Das individuelle darstellende (symbolisierende) Handeln prägt die Sphären von Kunst und Religion (Kirche).

Die Kirche als eine Sozialform des überwiegend individuellen symbolisierenden Handelns ist im Grunde »lediglich die organisierte Gemeinschaft

---

10 Die Veränderungen im Werk Schleiermachers nachzuzeichnen, kann nicht Gegenstand dieser Einführung sein.

derer, die Religion ausüben« (Lehnerer 1987, 360). Sie ist diejenige Gemeinschaft, welche dem »Erhalten, Ordnen und Fördern der Frömmigkeit« (Schleiermacher 1830/31/2008, Christlicher Glaube [zitiert: CG²] § 3.1, I, 22) dient.

Diese Theorie entfaltet Schleiermacher hauptsächlich in der »Christlichen Sitte« (Schleiermacher, 1843/2009, zitiert: CS). Bei dieser handelt es sich wesentlich um eine »Sozialtheorie des Christentums« (von Scheliha 2023, 6). Das bedeutet: Das Christentum realisiert sich in allen oben genannten Sozialformen auf je besondere Weise. Religion, die sich hauptsächlich in der Sozialform Kirche organisiert und repräsentiert, manifestiert sich charakteristisch im Gottesdienst. Schleiermacher unterscheidet einen Gottesdienst im engeren Sinn, die sonntägliche Feier, und einen Gottesdienst im weiteren Sinn, nämlich eine Haltung aktiver Weltgestaltung im christlichen Glauben. Gottesdienst und Predigt gehören also nicht in einen Sonderbereich außerhalb oder gegenüber der Gesellschaft, sondern haben ihren Ort innerhalb der Gesellschaft. Im Gottesdienst hält die Kirche Religion, deren Deutungsangebote und Sinnressourcen, für die gesamte Gesellschaft vor, pflegt diese, macht sie zugänglich und kommuniziert sie (zur gegenwärtigen Diskussion s. III.3.2).

5.2 Die Predigt als darstellendes Handeln

Auch wenn Religion und Kirche insgesamt dem Bereich des individuellen symbolisierenden Handelns zugeordnet werden, gibt es innerhalb der Kirche auch Handlungsfelder, in denen das wirksame Handeln überwiegt: überall dort, wo ein äußerer Zweck vorliegt, also wenn z. B. ein ursprünglicher Zustand wiederhergestellt werden soll (Seelsorge) oder ein Zustand verändert, also z. B. der Glaube verbreitet werden soll (Mission). Dieses Handeln kommt freilich an sein Ende, sobald das zugrunde liegende Defizit behoben ist. Deshalb können und dürfen Gottesdienst und Predigt nicht dem Bereich des wirksamen Handelns zugeordnet werden. Dann würden sie irgendwann überflüssig. Die Predigt dient daher nicht dem Zweck der Mission oder der Belehrung.

Als symbolisierendes bzw. darstellendes Handeln geht es bei der Predigt vielmehr um die Darstellung des christlich-frommen Selbstbewusstseins, genauer um die Darstellung einer »innere[n] Bestimmtheit des Selbstbewußtseins« (CS, 51). Denn das ist Religion ihrem Wesen nach – eine Gestimmtheit des Gefühls. Religion ist weder Metaphysik noch Moral, d. h.

5 Die Predigt bei F. D. E. Schleiermacher

weder eine theoretisch-spekulative Welterklärung oder das Für-Wahr-Halten von Überzeugungen noch die Begründung oder Entfaltung von Moral. Gegenstand der Religion sind weder Lehrsätze noch Handlungsimperative (vgl. Gräb 1988, 175). Religion ist vielmehr eine unmittelbare Selbsterfahrung. Der Mensch wird sich seiner selbst ansichtig, der Bedingungen, denen das eigene Leben unterliegt und auf die man keinen Einfluss hat, wie die Endlichkeit und Kontingenz des Lebens. Religion ist eine bestimmte Haltung und Gestimmtheit gegenüber diesen Bedingungen. Die bekannten Formulierungen Schleiermachers hierfür sind »Anschauung und Gefühl«, »Sinn und Geschmack fürs Unendliche« (Schleiermacher 1799/2001, 79f.), später dann »eine Bestimmtheit des Gefühls oder des unmittelbaren Selbstbewußtseins« (CG² § 3, Leitsatz, 20), genauer, das Selbstbewusstsein, »schlechthin abhängig« zu sein, »oder, was dasselbe sagen will, als in Beziehung mit Gott bewußt« zu sein (CG² § 4, Leitsatz, 32). Im Fall des Christentums ist das religiöse Lebensgefühl durch den Bezug auf den Erlöser, auf Jesus Christus bestimmt (vgl. CG² § 11, Leitsatz, 93). Allein durch Jesus Christus erfährt der Christ sich als auf Gott bezogen und als in Gemeinschaft mit Gott. In der Christusfigur wird das eigentlich Undarstellbare, nämlich die Gemeinschaft des Menschen mit Gott, darstellbar – in den Geschichten über ihn, in seinen Gleichnissen und Reden.

Dieses Lebensgefühl kann weder gelehrt noch in eine Handlungsaufforderung überführt werden. Man kann nur darauf verweisen, es darstellen, sich gemeinschaftlich darauf besinnen. Denn auch wenn dieses Lebensgefühl zunächst stets ein individuelles ist, muss es doch immer auch gemeinschaftlich kommuniziert werden. Sonst droht es sich zu verflüchtigen. »Ist die Religion einmal, so muß sie nothwendig auch gesellig sein: es liegt in der Natur des Menschen« (Schleiermacher 1799/2001, 135). Der gleiche Sachverhalt in den Worten des späten Schleiermacher: »Das fromme Selbstbewußtsein wird wie jedes wesentliche Element der menschlichen Natur in seiner Entwicklung nothwendig auch Gemeinschaft« (CG² § 6, Leitsatz, 53). Eben deshalb muss Religion in Rede überführt werden (vgl. Sauer 2021, 35). Wir erkennen bei Schleiermacher das gleiche dynamische Wechselspiel von Individualität und Sozialität des Glaubens wie bei Luther. Dieses Wechselspiel zugunsten einer Seite aufzulösen oder vereindeutigen zu wollen, führt in der Regel zu Verunstaltungen des Religiösen.

Für Gottesdienst und Predigt ist der Glaube als verbindendes Element aller Anwesenden also vorauszusetzen. Daher ist die Predigt eine »darstellende Mittheilung und mittheilende Darstellung des *gemeinsam* christlichen Sinnes« (Schleiermacher 1850/1983, Praktische Theologie [zitiert: PT], 145,

Hervorh. RC). In Gottesdienst und Predigt geht es um die religiöse Kommunikation unter religiös gestimmten Menschen. Schleiermacher spricht von einer »Circulation« des Religiösen (PT, 65, im Orig. hervorgeh.). Die Predigt ist religiöse Rede, und mit der Vorstellung einer »Circulation« wird jede Hierarchie in religiösen Dingen vorsorglich eingehegt.

5.3 Inhalt und Darstellungsformen der Predigt

Der Gegenstand der Predigt ist die Darstellung des inneren Lebens, ihre Aufgabe die Sprachwerdung eines religiösen Gemützustandes. Die Inhalte der Predigt sollen die religiöse Grundiertheit des menschlichen Lebens, wie sie sich in alltäglichen Erfahrungen zeigt, erkennbar werden lassen. In diesem Sinn kann alles, was nicht spezifisch unchristlich ist, zum Gegenstand der Predigt werden. So mag nach Schleiermacher beispielsweise das Politische insofern Gegenstand der Predigt sein, als dass sich darin das Religiöse im Bürgerlichen zeigt (vgl. PT, 209f.), nicht aber zum Transport von Ideologien und politischen Privatmeinungen. Dogmatische Lehrstücke sind nur Gegenstand der Predigt, insofern sie zum christlichen Glauben gehören und sich im religiösen Bewusstsein abbilden (z. B. die Liebe Gottes, der Erlöser).

Wenn der in Predigt und Gottesdienst darzustellende Inhalt Religion ist, dann ist die Form der Darstellung nach Schleiermacher notwendigerweise Kunst. Denn Kunst ist jene Kulturform, die in besonderer Weise ein Lebensgefühl auszudrücken, zu bestärken und zu formen vermag. Kunst bringt die Unmittelbarkeit des religiösen Gefühls in eine mitteilbare Form, macht es verallgemeinerungsfähig.

Die Kirchen greifen in ihrem gottesdienstlichen Handeln auf bereits vorhandene Darstellungsmittel der Kunst zurück und kombinieren diese. Die konkrete Gottesdienst- und Predigtpraxis ist – was ihre Formen betrifft – also stets plural und historisch kontingent (vgl. KD^2 § 284). Die Predigt lässt sich als Rede-Kunst beschreiben bzw. als in die Form einer Rede gebrachte gedanklich-reflexive Fassung des religiösen Gemützustandes: »In so fern nun das religiöse Bewußtsein in mir *Gedanke* ist, und ich mir im Denken meiner bewußt bin: so kann ich es nur mittheilen durch die Rede« (PT, 81, Hervorh. im Orig.). Die Predigt ist demnach rhetorische Kunst im Modus der Reflexion. Sie ist Arbeit am Gedanken und hat zum Zweck der Erbauung die Form einer »zusammenhängende[n] Folge von Gedanken« (PT, 216). »Argumentation und Erbauung« gehören also zusammen (Stetter 2019).

Schleiermacher plädiert insbesondere für wortaffine Kunstformen – Lied, Gebet und Predigt. Reine Instrumentalmusik behandelt er eher marginal und in der bildenden Kunst erkennt er für den Gottesdienst nur ein »Beiwerk« (PT, 744; vgl. Erne 2022).

5.4 Die Predigt zwischen vorausgesetzter Religion und Säkularisierungserfahrung

Schleiermachers Predigt- und Gottesdienstverständnis setzt voraus, dass Menschen aufgrund einer religiösen Motivation zum Gottesdienst kommen und dass sie auf Religion ansprechbar sind. Sonst funktioniert die »Circulation« nicht. Ist das Wesen der Religion als »reflektiertes Endlichkeitsbewusstsein« (Danz 2013, 121) zu beschreiben, dann lebt die gemeinschaftliche Reflexion auf dieses Gefühl und die wechselseitige Mitteilung desselben schlicht davon, dass es bei allen vorausgesetzt werden kann. Freilich war – wie oben skizziert – schon um 1800 diese Allgemeinheit des Religiös-Christlichen strittig. Das folgende Kapitel wird zeigen, dass die Homiletik um 1900 dieser zunehmenden Säkularisierung im Sinne von Entkirchlichung Rechnung zu tragen suchte. Schleiermacher jedoch hielt im Blick auf die Predigt an der Voraussetzung fest, Religion als anthropologisches Kontinuum zu betrachten, auch um die Predigtaufgabe handhabbar zu machen. Die Voraussetzung der Predigt ist gerade nicht die Empirie, sondern die religiös-theologische Idee:

> Andern wird freilich Manches wunderlich vorkommen; zum Beispiel, daß ich immer so rede, als gäbe es noch Gemeinen der Gläubigen und eine christliche Kirche; als wäre die Religion noch ein Band, welches die Christen auf eine eigenthümliche Art vereinigt. Es sieht allerdings nicht aus, als verhielte es sich so: aber ich sehe nicht, wie wir umhin können, dies dennoch vorauszusezen. Sollen unsere religiösen Zusammenkünfte eine Missionsanstalt sein, um die Menschen erst zu Christen zu machen: so müßten wir ohnedies ganz anders zu Werke gehen. Soll aber von ihrem Verhältniß zum Christenthum gar nicht die Rede sein: so sehe ich nicht ein, warum vom Christenthum die Rede ist. Vielleicht kommt auch die Sache dadurch wieder zu Stande, daß man sie voraussezt; wenigstens giebt es nichts verderblicheres für unsere religiösen Vorträge, als das Schwanken zwischen jenen beiden Ansichten, ob wir als zu Christen reden sollen, oder als zu Nichtchristen (Schleiermacher 1801/2013, 8f., Var. nach der 3. Auflage 1816).

6 Der Streit um die Kirche als Streit um die Predigt um 1900

6.1 Soziokulturelle, gesellschaftliche und religiöse Dynamiken um die Jahrhundertwende

In der zweiten Hälfte des 19. Jahrhunderts gewannen die sozio-kulturellen und gesellschaftlichen Veränderungen erkennbar an Dynamik. Für die Kirche und ihre Predigt besonders relevant wurde ein starkes Bevölkerungswachstum, v. a. in den Städten, denn wachsende Parochien erschwerten die bisherige kirchliche Arbeit. Hatte Berlin um 1816 200.000 Einwohner, so waren es um 1900 bereits etwa 2 Millionen und 1920 ca. 4 Millionen. Die Städte wurden »zum Signum der Epoche«, denn hier »bildete sich das soziale Profil der deutschen Gesellschaft neu heraus« (Herbert 2017, 36). Ein veränderter, urbaner Lebensstil etablierte sich (Simmel 1903/2008). Perspektivisch entwickelten sich die Lebensstile und Sozialstrukturen im städtischen und ländlichen Bereich auseinander, doch auch innerhalb dieser Gebiete fragmentierte sich die Gesellschaft stark, oft auch entlang ökonomischer Unterschiede.

Dazu kam eine zunehmende weltanschauliche Pluralität. Hier ist v. a. an die sozialdemokratischen und kommunistischen Bewegungen zu denken. Das christliche Gesellschaftsbild, insbesondere die Vorstellungen von Ehe und Familie, waren für diese Bewegungen obsolet und antikirchliche Propaganda nicht länger verboten. Die verfassten Kirchen verloren endgültig ihre gesellschaftliche Dominanzstellung und ihr Deutungsmonopol bei zentralen Lebensfragen. Das zeigte sich exemplarisch, als durch die Einführung der Zivilehe (1874) die Trau- und Taufquote signifikant zurückging. Bei anderen Kasualien erwuchs dem traditionellen kirchlichen Ritualangebot Konkurrenz, so z. B. durch die Verbreitung der Jugendweihe als einer ›Confirmationsersatzfeier‹ in der Arbeiterbewegung oder durch die Zulassung der Feuerbestattung. Als das sog. Dissidentengesetz (1873) den Kirchenaustritt erleichterte, führte dies zu einem seitdem ungebrochenen stetigen Anstieg der Austrittszahlen (vgl. Nowak 1995, 187). Hier liegt der Beginn einer eigenständigen Praxis von Konfessionslosigkeit (Domsgen/Evers 2014).

Anhand der weltanschaulich-religiösen Differenzen wurden in der Forschung sog. »sozialmoralische Milieus« (Lepsius 1973) unterschieden – Katholizismus, Sozialdemokratie und ein in sich stark fragmentierter Protestantismus, nämlich in konservative und liberal-bürgerliche, sowie antikirchliche, freireligiöse Gruppen. Dazu kommen große jüdische Gemeinden (vgl. hierzu insgesamt und sehr instruktiv Nipperdey 1998, 428–530). Für die zeitgenössische Stimmungslage ist entscheidend, dass diese Unterschiede sehr viel stärker als Gegensätze denn als anregende Vielfalt wahrgenommen wurden. Die Rede vom ›Kulturkampf‹ mag dafür als Beleg dienen.

Dazu traten neue Organisations- und Kommunikationsformen des Religiösen. Zahlreiche freie christliche Gruppierungen etablierten sich neben den verfassten Kirchen und konnten mit unkonventionellen Formen aufwarten. Man denke an die Arbeitsformen des CVJM (Gründung in Berlin 1883) oder der Heilsarmee, die Gründung des Deutschen Evangelisationsvereins, aber auch im freireligiösen Bereich die Gründung des ›Monistenbundes‹ durch Ernst Haeckel 1906 in Jena.

Der Umgang mit diesen Entwicklungen war innerhalb von Kirche und Theologie höchst umstritten.[11] Dieser Streit prägte auch die Diskussion um die Frage, wie angesichts dieses Modernisierungsschubs die Aufgabe der Predigt zu bestimmen sei (Conrad 2021a). Zwei Fragen sind hier bedeutsam: zum einen, ob die sonntägliche Predigt angesichts der gesellschaftlich-religiösen Situation stärker missionarischen Charakter haben solle oder eher die Gemeinde als bereits christliche Gemeinde zu erbauen habe, und zum andern, wie die Wirkung der Predigt mit Mitteln empirischer Forschung womöglich signifikant gesteigert werden könne.

6.2 Ziel der Predigt: Erbauung der Gemeinde oder Bekehrung des Einzelnen

Die Diskussion, wie sich die Predigt in der gesellschaftlichen Moderne zu positionieren habe, wurde im Verlauf des 19. Jahrhunderts entlang der Unterscheidung von darstellendem und wirksamem Handeln geführt, wie Schleiermacher sie vorgenommen hatte (s. II.5.2). Die Rezeptionsgeschichte zeigt, dass diese Unterscheidung auf zwei grundlegend verschiedene Formen der Weltdeutung und Weltgestaltung abhebt.

---

11 Für den Katholizismus um 1900 hat Nowak konstatiert, dieser habe »im deutschen Kaiserreich in einer dialektischen Spannung zwischen Fremdausgrenzungen durch die nicht-katholische Mehrheit und Selbstausgrenzung durch das religiöse und kulturelle Selbstverständnis« existiert (Nowak 1995, 150).

Vertreter einer homiletischen Theorie des darstellenden Handelns (›Predigt als Kultuspredigt‹) verstanden Gottesdienst und Predigt im Anschluss an Schleiermacher als ein Handeln der Gemeinde. Die Predigt biete, so Christian Palmer (1811–1875), das »Heil, das der Menschheit in Christi Person und Werk erschienen und für sie vorhanden ist, durch lebendiges Zeugniß zur Annahme« dar (Palmer ²1845, 1). Palmers Homiletik gehörte im Verlauf des 19. Jahrhunderts zu den wirkmächtigsten. Er betonte, dass die Predigt die Hörer nicht ermahnen, belehren oder erziehen solle. Stattdessen solle sie die Hörer verstehen als »eine Gemeinde, die bereits dem Herrn angehört, die ihren Glauben im Gottesdienste, in Gebet, Gesang, Sakramentsfeier etc. bereits bekennt« (Palmer ⁴1857, 364). Der Gottesdienst insgesamt ist eine Feier der *christlichen* Gemeinde, daher kann auch die Predigt keine religiösen Unterschiede unter den Hörern setzen. Ihr Ziel kann es nicht sein, den Glauben oder eine als angemessen deklarierte religiöse Haltung allererst zu schaffen.

Aber noch ein zweites wird für die Predigt vorausgesetzt. Palmer traut der evangelischen Lehre zu, dass es ihr gelingen würde, »sich im Geiste des Hörers Geltung und Folgeleistung zu verschaffen«. Deshalb ist sie in der Predigt schlicht und »ruhig in ihrem innern Zusammenhange« darzustellen (Palmer 1842, 3). Die Kanzel ist nicht der Ort von Hysterie, von Appellen und von Exaltiertem. Den Gegenständen des christlichen Glaubens wird vielmehr zugetraut, dass sie eine Selbstevidenz haben – auch weil sie der menschlichen Erfahrung entsprechen.

Demgegenüber betonten Vertreter einer homiletischen Theorie des wirksamen Handelns (oft unter dem Stichwort ›Missionspredigt‹ zusammengefasst) die Unterschiede innerhalb der Gottesdienstgemeinde. Es gebe erweckte Christen und ›bloße‹ Traditionschristen, Bekehrte und Unbekehrte, wahre Christen und innerlich Distanzierte. Die Entchristlichung mache auch vor der Kirche nicht Halt. Die Predigt kann und darf die Hörer nicht auf etwas ansprechen, was entweder nicht oder nur in Gestalt eines traditionellen, persönlich nicht angeeigneten ›Kirchenglaubens‹ vorhanden sei. Unterstellt wurde also, dass der Glaube der meisten Gottesdienstbesucher nicht ernsthaft genug sei. Die Predigt müsse deshalb explizit das Ziel verfolgen, den wahren Glauben im Einzelnen zu wecken. Ihr Ziel müsse die »Erweckung eines neuen geistigen Sinnes und Lebens in den Zuhörern« sein (Stier ²1844, 187f.). Die soziale Wirksamkeit der Predigt besteht in der Bildung ›wahrer‹ Christen. Deren Sammlung würde helfen, den gesellschaftlichen und kulturellen Verfallsentwicklungen zu trotzen.

Solche Denkfiguren bringen die Vorstellung, dass die sichtbare Kirche ein *corpus permixtum* (Confessio Augustana Art. VIII) sei, negativ in Anschlag und zielen darauf, die sichtbare und unsichtbare Kirche im Bereich des Sichtbaren deckungsgleich zu machen. Die Empirie orientiert das Kirchenbild. Dieses Konzept der nach Innen gerichteten Missionspredigt korrespondiert der nach Außen gerichteten, kolonialen Missionspredigt. Der christliche Glaube sollte »im Gegensatz zur eigenen Epoche zum Ausdruck« gebracht werden (Weeber 2002, 144). Man könnte zugespitzt sagen: Die Predigt des Sektentypus gewann jetzt auch innerhalb der Kirche an Bedeutung (vgl. Strahm 2016).

Nicht umsonst fand dieser Predigttypus seine Vorbilder bei den rhetorisch-religiösen Idealen des Pietismus und im angelsächsischen Raum (Puritaner, Methodisten, Baptisten etc.). Dort übernahmen, wie bereits erwähnt (II.3.3) auch Laien die Predigt, die entscheidungs- und konversionsorientiert war, und es wurden neue Predigtorte, außerhalb der Kirchgebäude, an säkularen Orten entdeckt. Prominente Vorbilder waren u.a. John Wesley (1703–1791), der Begründer der methodistischen Bewegung, und zeitgenössisch der Londoner Baptist Charles Haddon Spurgeon (1834–1892), dessen Predigten auch umfassend medialisiert wurden – durch wöchentliche Stenogramme und den Abdruck in Zeitschriften, Traktaten und Büchern. Diese Medialisierungspraxis und Verbreitungskultur fand auch im deutschsprachigen Raum Anklang, u.a. durch Missionare, durch Verlage wie z.B. den Oncken Verlag, in welchem die Predigten und Schriften von Spurgeon in Übersetzung erschienen.

Zur Wirkungsgeschichte dieses Predigttypus gehören auch Modelle einer ›sozialen Predigt‹, in welchen – in Konkurrenz und im Widerspruch zu sozialdemokratischen Bewegungen – die Herausforderungen der sog. sozialen Frage nicht politisch, sondern religiös bearbeitet wurden (vgl. Conrad 2021b). Nur eine Bekehrung der Massen sei in der Lage, die sozialen Missstände dauerhaft zu überwinden. Denn der christliche Glaube helfe soziale Ungerechtigkeit zu ertragen und zugleich ein moralisch gutes Leben zu führen, was wiederum sozialen Aufstieg und damit eine positive Veränderung der Gesellschaft ermögliche.

6.3 Die (Neu-)Entdeckung der Empirie für die Predigt

Luther hatte den Erfahrungsbezug der Predigt sowohl theologisch begründet wie praktisch angemahnt (vgl. II.1.1.b). In der Aufklärung wurde unter der Leitidee der Popularisierung betont, dass der Prediger sich auf die Welt der Hörer zu beziehen habe (II.4.2). Um 1900 diagnostizierten erneut zahlreiche Praktische Theologen, dass die Predigt aufgrund der fehlenden Wirklichkeitskenntnis wirkungslos bleibe. Die Predigt leide, wie die (Praktische) Theologie insgesamt, an einem Wirklichkeits- und daher Wirksamkeitsdefizit. Exemplarisch ist die Kritik, die der Marburger Praktische Theologe Friedrich Niebergall (1866–1932) formuliert: In den Predigten würden

> häufig kluge und treue Menschen auf Kirchenbesucher ein[reden], die in Wahrheit einmal in der Vergangenheit zu finden waren, gegenwärtig aber nur in der konstruierenden Phantasie der Herrn Pfarrer vorhanden sind. Sie antworten auf Fragen, die niemand stellt, und auf die Fragen, die jeder stellt, antworten sie nicht (Niebergall 1905, 203).

Um diesem Missstand abzuhelfen, wurde eine grundlegende Wendung des theologischen Denkens gefordert – von der Deduktion hin zur Induktion, vom Begriff zur (Lebens-) Wirklichkeit. Paul Drews hat dieses programmatische Umdenken im Eröffnungsbeitrag der 1901 begründeten »Monatsschrift für die kirchliche Praxis« folgendermaßen zusammengefasst:

> Nach unserer Auffassung muss die praktische Theologie mehr descriptiv-induktiv als systematisch-deduktiv betrieben werden. Die Voraussetzung einer besonnenen und wirksamen Beeinflussung des kirchlichen Lebens und der kirchlichen wie nicht kirchlichen Kreise ist eine wirkliche *Kenntnis des gegenwärtigen religiösen Lebens innerhalb und ausserhalb der Landeskirchen*. Das erfordert eine beschreibende Darstellung des religiösen Lebens der Gegenwart im Zusammenhang mit seinem geschichtlichen Werden auf Grund einer eindringenden psychologischen Analyse des Volkscharakters wie der Gruppen- und individuellen Typen, mit denen der Geistliche zu rechnen hat (Drews 1901/2016, 121, Hervorh. im Orig.).

Programmatisch wurden zu diesem Zweck empirisch orientierte Subdisziplinen in den Kanon der Praktischen Theologie aufgenommen – Religionspsychologie, religiöse Volkskunde und evangelische Kirchenkunde.

In der Folge wurden empirische Perspektiven auch in den Prozess der Predigtproduktion integriert. So sollte die Vielfalt von Lebenswirklichkeiten in den Blick kommen, damit sich die Predigt nicht ausschließlich an den inneren Kern der Gemeinde, bestehend aus Angehörigen des bürgerlichen Mittelstandes und des Kleinbürgertums, wende. Das Programm der sog. »modernen Predigt« – die Formulierung geht zurück auf Niebergall (Niebergall 1929; vgl. Steck 1974; Conrad 2012, 354–363) – zielte darauf, die Kirche und ihre Predigt aus selbstgewählten Beschränkungen herauszuführen. Damit wollte man der zunehmenden gesellschaftlichen Bedeutungslosigkeit der Predigt entgegenwirken. Die Predigt sollte sich jeweils an der konkreten Situation und an den jeweils konkreten Hörern orientieren. Eine Normalpredigt, die überallhin passt, gibt es demnach nicht. Deshalb hat die Predigt stets ›speziell‹ zu sein (Drews 1903; vgl. unten III.1.1.b). Um die jeweils spezielle und konkrete Situation der Hörer zu kennen, muss der Pfarrer am alltäglichen Leben der Gemeinde partizipieren. Das empirische Verfahren zur Erkundung der lokalen Lebenswirklichkeit ist das der Partizipation. Indem der Pfarrer »sich eifrig mit seinen Leuten die liebe lange Woche hindurch in Verbindung hält« (Niebergall ³1909, 153), erschließen sich ihm die sozialen und kulturellen Lebensbedingungen seiner Hörer ebenso wie deren Frömmigkeitsmentalitäten.

Das Programm der ›modernen Predigt‹ mit seiner expliziten Hinwendung zum Hörer geriet mit dem Aufkommen der sog. Wort-Gottes-Theologie in den Verruf, vom Menschen statt von Gott zu reden und damit den Auftrag der Predigt zu verdunkeln. Resigniert notierte Niebergall 1929, dass überall dort, wo man jetzt »für die Verkündigung des Wortes Gottes eintritt«, man »seltsam fremdartige Töne« anschlägt und nicht danach frage, »ob eine Gemeinde da ist, die sie versteht« (Niebergall 1929, 1). »›Gott‹ heißt es nun immer, und mit Vorliebe wird das Wort gesperrt oder gar fett gedruckt« (Niebergall 1929, 55).

Die bleibenden Impulse der hier vorgestellten Diskussionen liegen daher auch in der Frage, mit welchem Anliegen jeweils Kirchenreformen gefordert werden: Geht es um die Sammlung der – mit welchem Kriterium auch immer – als ›wahre‹ Christen bestimmten Menschen oder um die Pflege der jeweils vorfindlichen Religion in Bezug auf die Symbolbestände des Christentums? Für die Predigt also – an welchen Gruppen und Menschen richtet sich der Wille zur sozialen Wirksamkeit aus? Und wie wird das Verhältnis dieser Gruppe zur Gesellschaft gedacht?

7 Die Predigt als Einspruch gegen die Welt: der Beitrag der Wort-Gottes-Theologie

7.1 Die veränderte gesellschaftliche Stellung der Kirche nach 1918 und von 1933 an

Wie das Kaiserreich von einem nationalen Protestantismus getragen und unterstützt wurde, so war auch der Erste Weltkrieg von der Kirche weitgehend euphorisch begrüßt und zumindest zunächst theologisch legitimiert worden. Davon zeugen nicht zuletzt zahlreiche Kriegspredigten (u. a. Arnold/Dingel 2017; Dobberahn 2021, 452–470).

Das Ende des Kriegs und der Monarchie hatten unmittelbaren Einfluss auf die Stellung der Kirche in der Gesellschaft. Denn die Weimarer Reichsverfassung von 1919 beendete das landesherrliche Kirchenregiment und damit den Zustand einer Staatskirche (WRV 1919, Art. 137, Abs. 1). Die Kirche wurde in die Selbständigkeit einer »Körperschaft des öffentlichen Rechts« entlassen (WRV 1919, Art. 137, Abs. 5).[12] Der Staat, die parlamentarische Demokratie erklärte sich für weltanschaulich neutral. War im Kaiserreich die mittlerweile prekäre Situation der Kirche in der Gesellschaft durch das Staatskirchentum verdeckt geblieben, so trat die weltanschauliche Konkurrenzsituation nun offen zu Tage. Eine »in konkurrierende Weltanschauungsansprüche entlassene Gesellschaft bedeutete das Ende kulturhegemonialer christlicher Ansprüche« (Nowak 1995, 207). In der Kirche lebte das Leitbild einer christlichen Gesellschaft dennoch fort wie auch die Überzeugung, dass sie selbst und das in ihr gepflegte christliche Werte- und Kultursystem die Grundlage dieser Gesellschaft bilde. Das erschwerte es, sich konstruktiv auf den weltanschaulich-religiösen Pluralismus einzustellen. Eine wirkmächtige Homiletik der Demokratie entstand nach 1918 nicht. Vielmehr schrieb sich die Erfahrung, einer ›Zeitenwende‹ beizuwohnen, in die Homiletik ein und prägte die Predigtpraxis für viele Jahrzehnte. Dafür stehen v. a. die frühen homiletischen Texte von Karl Barth (1886–1968).

Die bis in die Gegenwart reichende Wirkmächtigkeit des homiletischen Programms der sog. ›dialektischen Theologie‹ bzw. der ›Wort-Gottes-Theologie‹ lässt sich darüber hinaus auch mit ihrer Bedeutung für die ›Bekennende Kirche‹ von 1934 an erklären. Anfänglich standen nicht wenige kirchenleitende Personen dem Nationalsozialismus aufgeschlossen gegenüber, da zunächst der Eindruck vorherrschte, als ob sich die christlich-nationalen Traditionen hier noch einmal revitalisieren ließen. Der unmittelbar einsetzenden Verfolgung politisch Andersdenkender (z. B. Sozialdemokraten) zum Zwecke der ›Gleichschaltung‹ widersprachen nur wenige Pfarrer, ebenso dem von Anfang an erkennbaren Antisemitismus und Militarismus. Es waren eher die Eingriffe in die Selbständigkeit der Organisationsform der Kirche und der schrille, stark völkische Gestus der »Glaubensbewegung Deutsche Christen«, die in Teilen der Kirche Widerstände auslösten.

---

12 Diese Regelungen gelten nach Art. 140 GG bis heute.

7 Die Predigt als Einspruch gegen die Welt

Die Barmer Theologische Erklärung (BThE) vom 31. Mai 1934 gilt als das maßgebliche Dokument, mittels dessen Teile der Kirche und der Theologie ihre Stellung gegenüber dem Nationalsozialismus zu klären suchten. Die BThE bietet weitgehend eine Besinnung der Kirche auf ihre Grundlagen und keine politische Auseinandersetzung mit dem Nationalsozialismus. Stark geprägt ist sie durch Karl Barth und damit durch die reformierte Theologietradition (vgl. Slenczka 2020, 613–640). Betont wurde die Distanz zwischen Staat und Kirche und der Herrschaftsanspruch Christi gegenüber der Welt (vgl. II.1.2). Außerhalb der Offenbarung Gottes in Christus gibt es keine Offenbarung. So formuliert es prominent und mit nachhaltigem Einfluss für die Praxis und Theorie der Predigt die erste These der BThE:

> Jesus Christus, wie er uns in der Heiligen Schrift bezeugt ist, ist das eine Wort Gottes, das wir zu hören, dem wir im Leben und Sterben zu vertrauen und zu gehorchen haben. *Wir verwerfen die falsche Lehre, als könne und müsse die Kirche als Quelle ihrer Verkündigung außer und neben diesem einen Worte Gottes auch noch andere Ereignisse und Mächte, Gestalten und Wahrheiten als Gottes Offenbarung anerkennen* (BThE 1934/⁷2009, 37, Hervorh. im Orig.).

7.2 Die Predigt als Gottes Wort

Im theologisch-homiletischen Hintergrund der BThE stehen Barths frühe Texte zur Predigt vom Beginn der 1920er. Diese nahmen ihren Ausgang, bei aller Zuspitzung auf das Theologisch-Normative, bei der konkreten Erfahrung Barths im Gemeindepfarramt (vgl. Gräb 1988). Der ekklesiologische Horizont des homiletischen Programms ist die Gemeinde. Die Predigt des Pfarrers in und für ›seine‹ Gemeinde – das ist die strittig gewordene Aufgabe, die es zu klären gilt. Das theologische Problem der ›Zeitenwende‹ verdichtet sich auf der Kanzel (vgl. Barth 1922a/1990; 1922b/1990; 1924/1990; vgl. die Darstellung bei Voigt 2002). Die Krise der Moderne (II.4.1 und 6.1) macht die prinzipielle Bedrängnis der christlichen Verkündigung sichtbar – der Mensch muss von Gott reden, kann aber nicht von Gott reden:

> Wir sollen als Theologen von Gott reden. Wir sind aber Menschen und können als solche nicht von Gott reden. Wir sollen Beides, unser Sollen und unser Nicht-Können, wissen und eben damit Gott die Ehre geben. Das ist unsre Bedrängnis. Alles Andre ist daneben Kinderspiel (Barth 1922b/1990, 151, im Orig. teilw. hervorgeh.).

Der Predigt ist eine grundsätzlich unmögliche Aufgabe übertragen. Sie steht in einem unauflösbaren ›Dazwischen‹. Vom Menschen, von seinen

Erfahrungen, seinen Lebensversuchen darf sie nicht sprechen (auch wenn das in der konkreten Praxis auch bei Barth in Teilen anders war). Sie muss von Gott reden, was aber nur möglich ist, weil Gott gesprochen hat. Von »Gott reden würde heißen Gottes Wort reden, das Wort, das nur von ihm kommen kann, das Wort, *daß Gott Mensch wird*« (Barth 1922b/1990, 160, Hervorh. im Orig.). Damit ist zweierlei gesagt: Zum ersten versteht die Predigt den Menschen und dessen Selbstdeutungsversuche gleichsam besser als dieser sich selbst, denn sie erkennt ihn als einen, der nach Gott sucht und auf Gott ansprechbar ist. Nicht der empirische Mensch, sondern das theologische Menschenbild orientiert die Predigt. Zweitens: In der Predigt spricht Gott selbst. Die Predigt ist ein »Ereignis« (vgl. Nicol/Deeg ²2013, 14–20), in dem Gott sich selbst bestimmt. »Wir können nur *Menschen*worte reden, und das ist in Ordnung so. Wir sollen Menschenworte reden als solche, die Gottes Wort gehört haben und wissen, daß Gott selber wieder und weiter sein Wort sprechen will. Damit ist die Grenze und die Aufgabe unsres Dienstes gegeben« (Barth 1924/1990, 442f., Hervorh. im Orig.). Die zentrale homiletische Frage lautet also nicht, wie man Predigen ›macht‹ (Methoden anwenden, empirische Kenntnisse umsetzen, Inhalte festlegen etc.), sondern grundlegender: »[W]ie *kann* man das?« überhaupt (Barth 1922a/1990, 72, Hervorh im Orig.).

Diese prekäre Situation wurde zur Aufgabe der gesamten Theologie. ›Verkündigung‹ wurde zur umfassenden Bestimmung der Theologie. Da diese aber in den frühen Texten weitgehend als Unmöglichkeit beschrieben wurde, rückte das Negative ins Zentrum auch der Homiletik. »Die Negation war stets schneller formuliert als die Position. Die Position stand unter dem Druck, das Unanschauliche, Gott, anschaulich machen zu sollen, doch im Prinzip gar nichts über Gott sagen zu können« (Nowak 1995, 214). Die Metaphern, mit denen die Predigtaufgabe in diesen Texten beschrieben wurden, sind entsprechend herb: Predigen sei »Ausdruck [einer] ausweglosen Lage« (Barth 1922a/1990, 71), Handeln im »Gedränge« (Barth 1924/1990, 443) und Wandeln auf einem »messerscharfen Gratweg« (Barth 1922b/1990, 152).

Später hat Barth die positive Bedeutung der Christologie für die Predigt stärker markiert. Die Predigt wird zur Bezeugung der Selbstmitteilung Gottes in Jesus Christus (vgl. v.a Barth 1959), der Prediger zum Zeugen. Exemplarisch hierfür steht bei Barth Johannes der Täufer, wie er von Matthias Grünewald im Isenheimer Altar (Colmar) in der rechten Bildhälfte in Szene gesetzt wurde. In der linken Hand hält dieser die Bibel, mit dem ausgestreckten Zeigefinger der rechten Hand verweist er auf den gekreuzigten

Christus. Eine solche auf den Täufer als Zeugen fokussierte Rezeption unterschlägt freilich die linke Bildhälfte. Dort tröstet der Lieblingsjünger Johannes die Mutter Jesu und Maria von Magdala. Der Schmerz der Trauernden, ihre Lebenserfahrungen sind genauso im Bild des Christus präsent wie der Zeuge. Die Predigt zog es in dieser historischen Situation vor, auf Christus zu deuten und sich mit dem Täufer zu identifizieren, anstatt die Menschen ins Bild zu rücken. Für diese Konzentration auf das Christuszeugnis gab es zeitgeschichtlich nachvollziehbare Gründe, doch wirkungsgeschichtlich erzeugte die Vernachlässigung der Menschen und ihrer Lebenserfahrungen erhebliche Probleme (vgl. Conrad/Mawick 2021).

7.3 Wirkungsgeschichte

Zwei Probleme der Wirkungsgeschichte seien kurz benannt. Erstens führte das hierarchische Theologiemodell, das hinter Barths Predigtverständnis steht, in der Homiletik wie der Predigtpraxis zu einer Dominanz der Textpredigt. Die »Predigt ist *Schriftauslegung*« (Barth 1966, 59, Hervorh. im Orig.). Den exegetischen Fächern kommt – nach der Heiligen Schrift – der wichtigste Platz zu. Die darauf aufbauenden historischen Wissenschaften und Dogmatik wie Ethik reflektieren die Bedeutung des Biblischen für die Gegenwart und gewährleisten seine bleibende kirchliche Gestalt. Die Praktische Theologie allerdings wird unter der Hand zu einer Anwendungswissenschaft. Anzuwenden hat sie, was Exegese und Dogmatik als Wahrheitsgehalte des Glaubens festlegen. Die Aufwertung der Exegese für die Predigt hat den empirischen Hörer zunehmend aus der Predigtproduktion verschwinden lassen. Hier setzte der Einspruch der folgenden Generation an. In den 1960ern wurden verstärkt Stimmen laut, die beklagten, »daß bei aller biblisch-kirchlichen Korrektheit ›durch die P[redigt]en auf deutschen Kanzeln nicht selten ein Hauch gespenstischer Monotonie‹ weht (M. Doerne). Den damit drohenden Gefahren sucht man kirchlicherseits durch *neue Formen der Verkündigung* zu begegnen« (Niebergall 1961, 527, Hervorh. im Orig.). Freilich können neue Formen nicht Probleme bei der religiös-theologischen Konzeption der Predigt und ihrer Inhalte beheben. Auf Seiten der Theologie suchte man durch eine Entmythologisierung und existentiale Interpretation der biblischen Texte deren Gehalte für die Moderne anschlussfähig zu machen. Dafür steht das Werk von Rudolf Bultmann (1884–1974) und von Ernst Fuchs (1903–1983).

Zweitens hat das Predigtmodell der Wort-Gottes-Theologie eine starke Tendenz, den christlichen Glauben als Gegenwelt zur Gesellschaft zu inszenieren. Die Betonung der Schrift als normatives Zeugnis von Offenbarung und die dogmatische Fixierung der Kirche bzw. Gemeinde als einzige Sozialform des Christlichen ermöglichen immer auch eine Distanz zur Geschichte, eine Selbstpositionierung auf einer ›sicheren‹, weil durch die Offenbarung sanktionierte Seite. Kirche und Theologie werden zum Gegenmodell der Gesellschaft. Das erklärt womöglich die starke Breitenwirkung dieses Theologieprogramms in der kirchlichen Praxis, auch auf dem Gebiet der ehemaligen DDR. Die zentrale Stellung des Verkündigungsbegriffs, der über den Offenbarungsbegriff abgesichert wird, macht die Wort-Gottes-Theologie zu einer Theologie für Pfarramt, Gemeinde und Kirche. Eine kultur- und religionshermeneutisch argumentierende Theologie kann hier nur schwer entwickelt werden, und es besteht immer die Gefahr, die Hörenden wie die Gesellschaft insgesamt nur als zu belehrendes Gegenüber zu sehen und den Kontakt mit den realen Hörern zu verlieren. Spätestens in der zweiten Hälfte der 1960er-Jahre wurde dieses Problem in der Homiletik wie überhaupt in der Praktischen Theologie offensiv(er) diskutiert. Behoben ist es bis heute nicht (vgl. II.6.2; III.3.2).

8 Predigt und Kirchenreformbewegung der 1968er

8.1 Kirche als »Institution im Übergang«

In den 1960ern entwickelte sich die kirchliche Situation heterogen. So gab es einerseits bereits seit den 1950ern und gleichsam als weltanschaulich motivierte Reaktion auf den Nationalsozialismus eine starke theologisch-kirchliche Restaurationsbewegung, v. a. innerhalb des Luthertums. Hier war man bemüht, den Nationalsozialismus und den Zweiten Weltkrieg als Folgen einer De-Christianisierung zu markieren und ein kirchliches Re-Christianisierungsprogramm aufzulegen. So leitete die 1954 aufgelegte Agende I der Vereinigten Evangelisch-Lutherischen Kirchen in Deutschland die Ordnung des Gottesdienstes direkt aus der Reformationstheologie ab und erklärte die Aufklärungsepoche zum Einfallstor der Säkularisierung und als verantwortlich für die »Auflösung der gottesdienstlichen Formen und Sitten« (VELKD 1955, 9). Die gottesdienstliche Liturgie wurde zu einem Anwendungsfall reformatorisch-dogmatischer Theologie. Referenzen auf menschliche Erfahrungen und Bedürfnisse wurden abgelehnt. So heißt es im Blick auf die Predigt: »Die Predigt ist nicht menschliche Rede über ein religiöses Thema, sondern Bezeugung des göttlichen Wortes in der Kraft des Heiligen Geistes für die versammelte Gemeinde. Durch sie spricht Jesus Christus selbst zu uns wie in seinen Erdentagen, er warnt und straft, er stärkt und tröstet uns« (VELKD 1955, 31). Der Hamburger Liturgiewissenschaftler Peter Cornehl hat die Agende I daher einmal als »die umfassendste liturgische Restauration, die es in der Geschichte des evangelischen Gottesdienstes in Deutschland je gegeben hat«, bezeichnet (Cornehl 1985, 77). Auch die in den 1950ern in den unterschiedlichen Landeskirchen eingeführten Evangelischen Kirchengesangbücher (EKG) spiegeln diese Tendenz. Lieder, die im Verdacht des ›Volkstümlichen‹ und einer zu wenig anspruchsvollen Theologie standen, wurden nicht aufgenommen (z.B. O du fröhliche; Stille Nacht, heilige Nacht). Etwas polemisch formuliert: Das Vorgehen der Kirche in liturgischen und homiletischen Fragen spiegelt das Wahl-Programm der CDU von 1957 wider. Diese trat damals mit Konrad Adenauer (1876–1967) unter dem Slogan »Keine Experimente« an.

Zugleich aber entstanden in der Kirche, und zwar spätestens von den frühen 1960ern an, abseits und jenseits der Agende zahlreiche neue Gottesdienstformen, wie Familiengottesdienste oder das »Politische Nachtgebet« in Köln (Sölle/Steffensky ⁴1970). Auch neue Lieder erfreuen sich in den Gemeinden wachsender Beliebtheit. Insbesondere die Evangelischen Kirchentage, die Akademien und die zunehmenden ökumenischen Kontakte wurden zu Motoren für Veränderungsdynamiken innerhalb der Kirche. Diese zielten zum einen auf Veränderungen im Kirchenbild und im kirchlichen Selbstverständnis. Kirche sollte weniger hierarchisch, stärker partizipativ strukturiert werden. Zum andern nahm man Korrekturen im Amtsverständnis vor – man denke an die verstärkte Diskussion und zunehmende kirchenrechtliche Ermöglichung der Frauenordination. Zum dritten suchte man die Kirche innerhalb der Gesellschaft neu zu verorten. Neben der Beheimatung im konservativen Milieu setzte sich eine Affinität zu liberalen, eher ›linken‹ Positionen durch. Ebenfalls zugespitzt könnte man sagen: Unterhalb der kirchlichen Leitungsebenen setzten Gruppen, Bewegungen und Akteure auf das Wahlprogramm der SPD von 1969, wollten in Anlehnung an Willy Brandt (1913–1992) »Mehr Demokratie wagen« und verliehen damit einer (teil-)gesellschaftlichen Stimmung Ausdruck.

Diese hier nur sehr knapp skizzierte Heterogenität der kirchlichen Entwicklung zeigt: Die Kirche war eine »Institution im Übergang« (Marsch

1970), eingespannt zwischen Tradition und Reform, zwischen theologischem Selbstbild und sozialer Entwicklung.[13] Auf vielen Ebenen spiegelt die kirchliche Entwicklung ein ›einerseits – andererseits‹. Einerseits gab es deutlich restaurative Tendenzen, andererseits starke Öffnungs- und damit Pluralisierungsbestrebungen, um angesichts der zunehmenden Demokratisierung der Gesellschaft ›von unten‹ nicht marginalisiert zu werden. Einerseits profitierte die Kirche erheblich vom ›Wirtschaftswunder‹ und war stark in die Entwicklung des westlichen Kapitalismus eingebunden. Andererseits aber wurde (und wird) die damit verbundene Durchsetzung eines individualisierten Konsum- und Freizeitgesellschaftstyps theologisch-kirchlich weitgehend kritisch bewertet. Gerade hier kam es zu einer Entfremdung zwischen Kirche und Teilen der Konsum- und Freizeitgesellschaft. Dass sich das Theologieprogramm Barths als allgemeines Paradigma weitgehend durchsetzte und es v. a. durch die Arbeiten von Jürgen Moltmann zu einer Politisierung des Barthianismus kam – die »Theologie der Hoffnung« zielt auf eine innerweltliche Realisierung des Reiches Gottes (Moltmann 1964) –, mag die kirchliche Entfremdung zum volkskirchlichen Teil dieser Konsum- und Freizeitgesellschaft befördert haben. An deren Werte und kulturelle Muster religiös-theologisch und performativ anzuschließen, gelang den evangelikalen Bewegungen sehr viel besser (u. a. Balbier 2022). Diese Bewegungen wurden in Deutschland zunehmend sichtbarer und organisierten auf unterschiedlichen Ebenen Parallelstrukturen (Bauer 2012).

Es ist wesentlich das Verdienst des Berliner Theologen Ernst Lange, die Folgen der hier nur knapp skizzierten kirchlichen Entwicklungen für die Predigt reflektiert zu haben.

8.2 Die Bedeutung der Predigt in einer »Kirche für andere«

Ernst Lange (1927–1974) rezipierte in seinen homiletischen Überlegungen neben kirchenreformerischen Impulsen auch zeitgenössische wissenschaftliche und gesellschaftliche Entwicklungen und suchte diese für die Predigt

---

13 Marsch bezeichnet die Kirche als ein »gutes Beispiel für eine ›dialektische Interaktion‹ von Human- und Sozialwissenschaften einerseits und historisch-theologischen Erkenntnissen andererseits« (Marsch 1970, 18f.).

fruchtbar zu machen. Denn er sah die Kirche und ihr Handeln als Teil dieser Entwicklungen an. Wesentliche Momente seines Predigtverständnisses spiegeln daher diese gesellschaftlichen und wissenschaftlichen Entwicklungen und Diskurse (vgl. Conrad 2018b). Drei Aspekte machen diese Verbindung anschaulich, aber auch die Grenzen seines Konzeptes sichtbar (zentrale Texte: Lange 1967/1982; Lange 1968/1982).

Lange verstand die Predigt als Teil eines umfassenden Wirkungs- und Problemzusammenhangs, den er als »Kommunikation des Evangeliums« (Lange 1967/1982, 13) beschrieb. Dieser umfasst neben Predigt und Gottesdienst alle Formen religiöser Bildung (Katechumenat), die Seelsorge (unter Verweis auf Luthers Rede vom »mutuum colloquium fratrum«; vgl. I.2.2.a) und den Gottesdienst im Alltag (Berufsarbeit). Die Predigt wird so in den Bereich der zwischenmenschlichen (religiösen) Kommunikation eingebunden und erfolgt, wie jede Kommunikation, im Rahmen bestimmter Möglichkeiten und Bedingungen. Die kommunikative Sonderstellung, die das Verkündigungsparadigma der Predigt eingeräumt hatte, wurde damit behutsam zurückgenommen. Die Predigt ist ein Vorgang interpersonaler Kommunikation, genauer: ein Gespräch.

> Predigen heißt: Ich rede mit dem Hörer über sein Leben. Ich rede mit ihm über seine Erfahrungen und Anschauungen, seine Hoffnungen und Enttäuschungen, seine Erfolge und sein Versagen, seine Aufgaben und sein Schicksal. Ich rede mit ihm über seine Welt und seine Verantwortung in dieser Welt, über die Bedrohungen und Chancen seines Daseins. Er, der Hörer, ist mein Thema, nichts anderes; freilich: er, der Hörer vor Gott (Lange 1968/1982, 58).

Das Gespräch ist nicht nur das Modell der Predigt, sondern prägt auch deren Kontexte. So soll die Predigt nach Lange durch Predigtvor- und -nachbereitungsgespräche flankiert werden.

Dieses kommunikative und vernetzte Predigtverständnis fügte sich gut in die damals einsetzende Etablierung neuer, kleinerer, ebenfalls am Gespräch und nicht am Vortrag orientierter Kommunikationsformen wie z. B. dem studentischen Seminar oder des Kommune-Gesprächs (vgl. Scharloth 2011, 173–210). All diese Formen zielten auf die Überwindung autoritär-hierarchischer Sozialformen.

Hier legt sich eine Frage nahe: Worauf zielt eine Predigt, die als Kommunikation, genauer als Gespräch der Predigtperson mit den Hörenden konzipiert ist? Was ist ihre Intention? Kommunikationstheoretisch zielt jede Kommunikation auf »Einverständnis durch Verständigung« (Lange 1965/1982, 111). Dass Einverständnis gelingt, bleibt unverfügbar (vgl. oben I.2.2.a zum heilstheologischen Vorbehalt der Predigt nach CA V). »Aber die Verständigung, die zum Einverständnis hinführt, ist prinzipiell verfügbar«. Die Aufgabe, eine solche Verständigung herbeizuführen, ist »in die gemeinsame Verantwortung der Kommunizierenden gegeben« (Lange 1965/1982, 111).

Worüber soll nun Verständigung erzielt und um Einverständnis geworben werden? An dieser Stelle kommt das Kirchenverständnis von Lange ins Spiel. Zunächst einmal ist es natürlich das Evangelium. Das Evangelium hat für Lange einen »kritischen«, »deformierenden und daseinserneuernden«, »richtenden und rettenden«, »den Status quo aufbrechenden, verändernden und auf den Aufbruch, die Veränderung verpflichtenden« Charakter. Es dient weniger der Erbauung, Bestätigung oder der »Rechtfertigung des Status quo«, sondern zielt auf dessen »Aufhebung« (Lange 1967/1982, 11). Deshalb geht es in der Predigt um eine »reale Veränderung der Situation« (Lange 1967/1982, 26). Die Situation, auf die sich der Veränderungswille der Predigt bezieht, bezeichnet Lange als »Situation der Anfechtung« (sog. homiletische Situation; Lange 1967/1982, 25). Anfechtung, weil sich der »Anspruch der Wirklichkeit« als »stärker denn der Anspruch Gottes« erweist (Lange 1967/1982, 26). Die Bedeutung der Verheißung und die Relevanz des Evangeliums für die Wirklichkeit werden durch die Wirklichkeit nämlich immer schon und immer wieder angefochten, z. B. in Erfahrungen »praktizierter Unchristlichkeit, in verbreiteter Entkirchlichung, in der Erstarrung von gesellschaftlichen Strukturen, in allgemeiner Reformträgheit und in der Unfähigkeit zu konstruktiver Konfliktüberwindung, in ideologischer Borniertheit oder in provinzieller Beschränktheit« (Drehsen 2002, 228). Zur »Befreiung« (Lange 1967/1982, 26) aus dieser Anfechtung sind Wirklichkeit und Verheißung stets neu miteinander zu »versprechen« (Lange 1967/1982, 27). So wird der einzelne Gläubige orientiert und die Kirche übernimmt als »Kirche für andere« bzw. »Kirche für die Welt« (vgl. Lange 1981) Verantwortung für die Gestaltung der Gegenwart. Hier greift Lange auf ekklesiologische Denkfiguren von Dietrich Bonhoeffer zurück.

Diesen für eine Reform der Kirche zentralen Zusammenhang von Aufgabenprofil der Kirche einerseits und Funktion der Predigt andererseits spitzt Lange unter Rückgriff auf Troeltsch (s. I.2.2.b) folgendermaßen zu:

> [E]ine Kirche, die ihren Auftrag, Verheißung und Wirklichkeit beieinander zu halten, unter den heutigen gesellschaftlichen Bedingungen wahrzunehmen versucht, wird gezwungen sein, in ihrer Verkündigung und ihrer Liturgie, in ihrer Ordnung und ihrer Gestalt elastisch, ›flüssig‹ zu werden. Ihr Auftrag nötigt sie, sich nicht in den Erfahrungen von gestern einzurichten und zu befestigen, son-

dern der Situation heute und morgen gehorsam nachzukommen. Einer Gesellschaft im ›Übergang‹ entspricht eine Kirche ›im Übergang‹, wobei die Gebundenheit an die biblische Tradition die Kirche davor bewahrt, sich in den Verwandlungen der gesellschaftlichen Situation zu verlieren, obgleich es andererseits eben die Gebundenheit an diese Tradition ist, die die Christen in den Wandel der Zeiten einweist (Lange 1965/1984, 55f.).

Aufgabe und Ziel der Predigt wurden von Lange anhand einer an Zwängen und Defiziten orientierten Beschreibung der Wirklichkeit erhoben, von deren Veränderungsbedürftigkeit, aber eben auch Veränderungsfähigkeit er fest überzeugt war. Im Grunde sei die Predigt »ein sozialpädagogisches Instrument ersten Ranges«. Sie wirke »klimaverändernd« (Lange 1967/1982, 17). Auch dies lässt sich in den sozial- und erziehungswissenschaftlichen Diskurs der Zeit kontextualisieren. In den 1960ern wurde die Sozialpädagogik im Kanon der universitären Wissenschaften zunehmend wichtiger, das Fach kam an den Universitäten an. Durch die einsetzenden Bildungsreformen wurde es enorm aufgewertet und gewann den Ruf, zur Veränderung reaktionärer und destruktiver gesellschaftlicher Strukturen beitragen zu können. An den evangelisch-theologischen Fakultäten etablierten sich verstärkt eigenständige Institute mit religions- und kirchensoziologischen Schwerpunkten (Münster, Tübingen, Berlin-West; vgl. Conrad 2019). Dieser Diskurshorizont bildet sich in Langes Beschreibung der Predigt als »sozialpädagogisches Instrument ersten Ranges« ab.

Wie aber kann die Verständigungsbemühung der Predigt konkret Gestalt gewinnen? Auch wenn das Einverständnis unverfügbar bleibt, ist die Verständigungsbemühung methodisch operationalisierbar. Lange gibt hier konkrete Hinweise. Zum einen ist die Predigt nicht ausschließlich als Auslegung eines biblischen Textes zu verstehen. Die Situation der Hörenden, also die Erfahrungen, die der Verheißung gegenübertreten und die Predigt herausfordern, wird wieder als konstitutiver Bestandteil der Predigt(vorbereitung) gewürdigt. Der Prediger ist gleichermaßen »Anwalt der Überlieferung« und »Anwalt der Hörergemeinde« (Lange 1967/1982, 30). Die Predigt entsteht im dynamischen Prozess zwischen Tradition (Text) und Situation (Hörer). Damit dies gelingt und sich eine Predigtidee (inventio) einstellt, die Tradition und Situation verbindet, muss der Prediger nicht nur exegetisch und dogmatisch geschult sein, sondern eine differenzierte Kenntnis von der Lebenswelt der Gemeinde haben. Diese Kenntnis ist

> teils Frage seiner Menschenkenntnis, teils seiner psychologischen und soziologischen Ausbildung auf der Universität und der Weiterbildung in diesen Dingen durch Lektüre und Tagungen, teils und vor allem eine Frage seiner Partizipation,

seines Interesses, seines Engagements gegenüber den Menschen, für die er da ist (Lange 1967/1982, 37).

Das entscheidende Stichwort ist auch hier »Partizipation« (vgl. oben II.6.3). Die Pfarrperson muss längerfristig und kontinuierlich am Leben der parochialen wie kommunalen Gemeinde teilnehmen, es mit Interesse und Engagement begleiten, gleichzeitig aber immer auch Distanz wahren. Denn Partizipation ist nicht Identität. Der Pfarrer ist gleichsam ein »professioneller Nachbar« (Lange 1972/1982, 165). Die Person des Predigers ist unvertretbar und nur durch ein aufwändiges Verfahren und durch hohen persönlichen Einsatz kann der Pfarrer »Kenntnis des besonderen Hörerkreises« und »Kenntnis des gesellschaftlichen Kraft- und Beziehungsfeldes, in dem der Hörerkreis steht« erwerben (Lange 1967/1982, 37). Entsprechend dem Motto ›global denken, lokal handeln‹ verbindet der Pfarrer in seiner Person die »homiletische Großwetterlage« mit der »Lage vor Ort« (Lange 1967/1982, 38). Partizipation ist ein konsequent personen- und situationsbezogenes Verfahren und damit notwendig lokal.

Methodisch rezipierte Lange hier ein Verfahren, das in der zeitgenössischen Ethnologie zunehmend wichtiger wurde, nämlich die ›teilnehmende Beobachtung‹ im Rahmen langfristiger Aufenthalte vor Ort. Auch die Ethnologie suchte in den 1960ern Anschluss an soziologische Fragestellungen. Insbesondere die britische *Social Anthropology* und die amerikanische *Cultural Anthropology* gewannen in Deutschland an Einfluss. In eben dem Zeitfenster, in welchem die universitäre Ethnologie das Verfahren der teilnehmenden Beobachtung in die Curricula integrierte und sich Gegenwartskulturen zuwandte, übernahm Lange teilnehmende Beobachtung und Gegenwartsorientierung unter dem pastoraltheologischen Fokus der ›Partizipation‹ in das homiletische Verfahren. Dem Pfarrer werden im Blick auf die Predigt mehrere Rollen zugeschrieben – Sozialpädagoge, professioneller Nachbar und Ethnograph der Lebenswelt Gemeinde.

8.3 Einordnungen und Rückfragen

Langes Programm ist, so geschmeidig es sich auf den ersten Blick erschließt, nicht frei von Ambivalenzen. Einerseits zeigt sich Lange bemüht, die Hörer als empirische Subjekte wahrzunehmen und ihre Perspektiven und Erfahrungen in den Prozess der Predigtvorbereitung zu integrieren. Andererseits aber gibt Lange eine grundsätzlich theologische Deutung der Lebenswirklichkeit vor – sie ist, auch wenn sie unter der Verheißung steht, eine »Situation der Anfechtung« (Lange 1967/1982, 25). Das aus der Wort-Gottes-Theologie bekannte Modell der Gegenüberstellung von Christengemeinde und Bürgergemeinde wird hier, trotz aller Anschlüsse an gesellschaftliche und (sozial-)wissenschaftliche Entwicklungen, theologisch beibehalten. Langes Predigtverständnis gehört, zumindest in Teilen, zur homiletischen Wirkungsgeschichte von Karl Barth und der ekklesiologischen Wirkungsgeschichte von Dietrich Bonhoeffer. Um es einmal zuzuspitzen: Das Predigtverständnis von Lange ist rhetorisch und methodisch innovativer als die theologische Beschreibung des Predigtinhalts.

Diesem Phänomen – methodischer Innovationsgestus bei gleichzeitigem theologischem Traditionalismus – begegnen wir in der unmittelbaren Gegenwart noch einmal, wenn wir uns der Predigt unter den Bedingungen medialer, v. a. digitaler Transformationen zuwenden.

9 Die Predigt der ›digitalen Kirche‹ zwischen Transformation und Kontinuität

9.1 Predigtgeschichte als Mediengeschichte

Predigtgeschichte ist immer auch Mediengeschichte und Predigtpraxis ist immer auch Medienpraxis. Denn religiöse Praxis ist stets auf Medien angewiesen. Religion und Religiöses materialisiert sich immer schon in Architektur, Bildern, Masken, heiligen Mahlzeiten, Kleidern, Reliquien oder Büchern (Kohl 2003; vgl. I.1.1.b). All diese Medien kommunizieren und tradieren Religion. Deshalb ist Religion stets medial vermittelt und materialiter verfasst. »All religion is material religion. All religion has to be understood in relation to the media of its materiality" (Engelke 2012, 209; zur Materialität religiöser Praxis u. a. Morgan 2008; für die Praktische Theologie Roth/Gilly 2021). Religions(kultur)geschichte ist deshalb stets auch Mediengeschichte und umgekehrt (Gräb 2002, 133–242; Gräb 2022; Krüger 2012; zur Mediengeschichte u. a. Schönhagen/Meißner 2021) und die Predigt ist stets Teil dieses Zusammenhanges von Medien-, Kultur- und Religionsgeschichte.

Auf der Ebene der persönlichen Erfahrung kann die Predigt zwar als zeitloses, ewiges Wort Gottes und Ansprache des Ewigen gehört und gedeutet werden. Auf der Ebene des praktischen Vollzugs aber ist sie Teil einer religiös-kulturellen Praxis, die materialiter und medial vermittelt ist. So war und ist die Predigtpraxis selbst mit Objekten verbunden – dem Kirchenraum, der Kanzel, dem Lesepult, Büchern (Bibel, Agenden), anlassbezogenen Objekten (z. B. bei Wallfahrtspredigten), Gewändern (Talar) etc. Zugleich präsentiert sich die Predigt selbst in medialer Form.[14] Die von Werner Faulstich eingeführte Unterscheidung von primären, sekundären, tertiären und digitalen Medien (Faulstich 1996. 1997. 1998. 2002. 2004. 2012) ist auch in Bezug auf die Predigt hilfreich, Transformationen transparent zu machen und zugleich – unter Berücksichtigung des oben Gesagten – Kontinuitäten freizulegen.

Erfolgt die menschliche Kommunikation ohne technische Vermittlung, spricht Faulstich von ›primären Medien‹. Dies waren zunächst die Medien von kleinen Gruppen, klassischerweise Mythos und Kult bzw. Ritual. Die Entwicklung von Schriftsystemen ermöglichte eine Intellektualisierung des Rituals, die für das Christentum und seine gottesdienstliche Praxis bedeutsam werden wird (Lang 2009). Die Zeit der ›sekundären Medien‹ setzt mit der Erfindung des Buchdrucks mit beweglichen Lettern ein (seit den 1480ern: Übergang zur ›Massenproduktion‹). Nun wurden auf der Seite der Produzenten technische Geräte benötigt. Diese Medien und deren Verbreitung – gedruckte Bücher, Flug- und Gelegenheitsschriften, auf katholischer Seite auch Ablassbriefe, päpstliche Bullen, Instruktionen etc. – waren für die Etablierung der reformatorischen Ideen und die einsetzenden konfessionellen Kontroversen von großer Bedeutung (vgl. Kaufmann 2019. 2022). Die reformatorische Predigt war von Beginn an in diese Mediengeschichte einverwoben. Die hohe Bedeutung, die die Reformatoren dem mündlichen Wort der Predigt (»viva vox [evangelii]«, WA 5, 537, 14; s. II.1.1.a) zuwiesen, steht im Kontext dieser ›Medienrevolution‹. Luther begrüßte diese und schrieb ihr gar heilsgeschichtliche Bedeutung zu, war doch das Evangelium als mündliches Wort immer auch an Buch und Schrift gebunden: »Denn so das Euangelion und allerley kunst soll bleyben, muss es yhe ynn bücher und schrifft verfasset und angebunden seyn« (WA 15, 49, 14f.). In der Verbreitung volkssprachlicher religiöser Literatur, wozu auch gedruckte Predigten gehörten, erkannten die Reformatoren eine Chance zur Verbreitung evangelischer Anliegen – wenngleich neue Medien immer auch skeptisch

---

14 Die Frage, inwiefern Medien als Religion bzw. Religionsersatz oder -äquivalent fungieren, also das Phänomen der sog. Medienreligion kann hier nicht berücksichtigt werden.

beäugt wurden und werden. Neue Medien waren stets Anlass für Begeisterung, aber auch für Skepsis.

Im Rahmen der Medienrevolution, für die der Buchdruck steht, wurde die Predigt integrativer Teil der sich herausbildenden bürgerlichen Öffentlichkeit (vgl. II.4.4). Sie war eingebunden in die funktionale Ausdifferenzierung der Gesellschaft und des Wissens, das die Gesellschaft von sich selbst hat. Zunächst waren die sekundären Medien Individualmedien. Durch die fortschreitende Technisierung des Buchdrucks und die Ausbreitung der Lesekenntnisse wurden sie zu Massenmedien (sog. ›Leserevolution‹; vgl. Wittmann ^{4}2019, 186–217). Diese Entwicklung führte zu einer Vervielfältigung der Formen der Predigt und erhöhte ihre Reichweite. Predigten finden sich jetzt in Zeitungen und Zeitschriften, in Sammelbänden, Andachtsbüchern und in Romanen (vgl. z.B. das seit der Aufklärung populäre Genre der Pfarrromane).

Die ›tertiären Medien‹ setzen im Unterschied zu den ›sekundären Medien‹ nicht nur beim Produzenten, sondern auch beim Rezipienten technische Instrumente voraus. Hierunter fallen sämtliche audiovisuelle Medien, die im 20. Jahrhundert ihren Siegeszug antraten – also Film, Funk, Fernsehen. Es handelt sich um Massenmedien, die allgemein und öffentlich zugänglich sind. Die Massenmedien entwickelten sich zunehmend zu einem eigenständigen Teilsystem der funktional differenzierten Gesellschaft, so dass Niklas Luhmann sagen konnte: »Was wir über unsere Gesellschaft, ja über die Welt, in der wir leben, wissen, wissen wir durch die Massenmedien« (Luhmann 1996/^{5}2017, 9). Im Radio wurden von 1923 an evangelische Morgenfeiern übertragen, der erste Fernsehgottesdienst fand im Jahr 1948 statt. Regelmäßige Fernsehgottesdienste gibt es seit 1952 (evangelisch) bzw. 1953 (katholisch). Daneben entstanden eigenständige religiöse Formate wie z.B. das »Wort zum Sonntag« (erstmals 1954 ausgestrahlt; zur Radio- und Fernsehpredigt s. Haberer 2004. 2006) oder – häufig in nicht-öffentlich-rechtlichen Sendern – religiöse Talkshows oder Bildungssendungen.

Wie bei jeder neuen medialen Entwicklungsstufe gab es auch jetzt Diskussionen um mögliche Akzeptanz, erhoffte Chancen, aber auch drohende Gefahren für die religiös-kirchliche Kommunikation (Überblicke u.a. bei Schieder 1995). Diskutiert wurden die Frage nach der notwendigen körperlichen Co-Präsenz für die Beschreibung einer Gottesdienstgemeinde, die womöglich problematische Positionierung des Religiösen im Bereich der ›Unterhaltungsmedien‹ und, im Blick auf Fernsehübertragungen, die Frage, wie sich gehörtes Wort und (bewegtes) Bild zueinander verhalten (zur kirchlichen Positionierung s. die Stellungnahmen der EKD 1979. 1997a. 1997b).

Im US-amerikanischen Raum wurden die ›tertiären Medien‹ von Anfang an auch im religiösen Bereich offensiver eingesetzt, galten sie doch als missions- und massentauglich. Zu den Pionieren beim Einsatz des Rundfunks gehörte u. a. der umstrittene katholische Priester Father Charles Coughlin (1891–1979), dessen wöchentliche Radiopredigten in der ersten Hälfte der 1930er Jahre von geschätzt 45 Mio. Hörern verfolgt wurden (Warren 1996). Seine Predigten waren stark politisch, teilweise auch antisemitisch, zugleich zeitweilig enorm einflussreich. Auch für Frauen, denen der Zugang zum Predigtamt in vielen religiösen Gemeinschaften lange versperrt blieb, eröffneten die Massenmedien im US-amerikanischen und englischen Bereich erhebliche Möglichkeiten. Hier entstanden Räume, in denen sie predigen und öffentlich reden konnten. Zu erwähnen ist z. B. Aimee Semple McPherson (1890–1944), Gründerin der pentekostalen Foursquare Gospel Church und eine sehr erfolgreiche Radiopredigerin.

Die Entwicklung in den USA war durch zwei Tendenzen von der Entwicklung im deutschsprachigen Raum unterschieden. Zum einen spielte die Personalisierung religiöser Kommunikation eine deutlich stärkere Rolle. Zum anderen war die Verbindung mit der Sphäre des Ökonomischen und Kommerziellen sehr viel offensiver. Insbesondere das Phänomen des ›Televangelism‹ prägte die US-amerikanische Religionskultur seit den 1950ern (u. a. Bruce 1990/2019; Schultze 1991). Von dort aus hat es sich globalisiert und findet sich mittlerweile auch in nicht-christlichen Religionskulturen (u. a. Thomas/Lee 2012). Oft gründen die Prediger eigene Sender und eine Medienanstalt, die unterschiedliche Medienformate entwickeln und entsprechend finanzkräftige Unternehmen sind. In Europa fanden diese Phänomene bislang weniger Verbreitung. Diese Verbindung von Konsum bzw. Ökonomie und Predigt wird meist in Bezug auf den Inhalt (»health and wealth gospel«; »prosperity gospel«) diskutiert (z. B. Freudenberg 2024). Die strukturelle Frage der – auch historisch zu evaluierenden – Kommerzialisierung von Predigtkulturen ist aber nur zurückhaltend erforscht.

Seit dem Ende des 20. Jahrhunderts verbreiten sich die ›Quartiär‹- oder digitalen Medien. Im Unterschied zu den tertiären Medien funktionieren sie dezentral, vernetzt und ermöglichen interaktive Individualnutzung wie globale Kommunikationsbeziehungen. Predigten können nun im Internet gestreamt (Nembach 2013) oder als online-Predigten bzw. online-Gottesdienste zur Verfügung gestellt werden. Sie sind jederzeit und überall abrufbar, lösen sich also von ihrer Bindung an konkrete Räume, gemeinsame Zeiten und ggf. auch von einer rituellen Situierung. Das Teilnahme- und Rezeptionsverhalten wird individualisiert, privatisiert und volatil. Die Konstitution religiöser Vergemeinschaftung wird fluider und personaler, translokaler und dezentraler. Für die in diesem Band verfolgte These, dass zwischen der Form religiöser Vergemeinschaftung und der Praxis der Predigt ein konstitutiver Zusammenhang besteht, ist besonders das Phänomen des sog. Christfluencing interessant.

9.2 »Insta als Kanzel«[15]

Für die digitale religiöse Kommunikation (zu digital religion bzw. networked religion vgl. u. a. Campbell/Tsuria ²2022; Campbell/Bellar 2023) gilt, was auch schon im Kontext der tertiären Medien galt: Technologien sind in die Interaktion von Personen eingeschaltet. Die direkte Kommunikation zwischen leibhaft Anwesenden (face-to-face) ist unterbrochen. In der digitalen Kommunikation verändert sich zusätzlich die Zeitwahrnehmung – die Erfahrung der Gleichzeitigkeit des Ungleichzeitigen und einer Beschleunigung imprägnieren die Welt- und Selbstwahrnehmung. Denn die Kommunikation kann ohne zeitliche Verzögerung erfolgen. Außerdem ist die Kommunikation im digitalen Raum geprägt durch (scheinbar) flache Hierarchien – jeder kann sich jederzeit und überall zu allem äußern. Zuweilen wird hier eine »neue Form des Theologisierens« identifiziert: diskursiv, partizipativ, existentiell, individuell (Müller 2022a, 215; Schlag/Müller 2022).

Der Hinweis auf die partizipativen Möglichkeiten erinnert daran, dass die digitalen Medien – wie frühere mediale Innovationen – Ermöglichungsräume öffnen, in denen sich Personen ohne religiös-kirchliches Amt an der religiösen Rede beteiligen. Bei dieser Form religiöser Rede stand und steht meist das individuelle Zeugnis, die persönliche Erfahrung im Zentrum, die die Rede und die redende Person legitimiert (»storied identity«, Campbell/Bellar 2023, 99–115; Lövheim/Lundmark ²2022; s. III.2.1.c). Stabilisiert wird die eigene religiöse Autorität durch gezielte narrative Strategien (Campell 2007. 2021): durch Fokussierung auf die eigene Biographie und den persönlichen Lebens- und Glaubensstil, teilweise

---

15 Die Formulierung und viele Einsichten zum Thema verdanke ich Claudia Jetter.

durch Inszenierung von Gender-Stereotypen wie einer vermeintlich ›biblischen Weiblichkeit‹ oder aber durch Anbindung an die queer-Bewegung. Oft wird auch eine außerordentliche, existentielle, spirituelle Erfahrung, die sich einer Krise verdankt, kommuniziert. Religiöse Selbstfindung wird als kontinuierlicher Prozess inszeniert. Man befindet sich gleichsam auf einer spirituellen Reise (zur Figur des ›spirituellen Wanderers‹ s. Engelbrecht 2009), zu der auch die Nutzer eingeladen werden und bei welcher der Influencer bzw. die Influencerin die ›exemplarische‹ Führung (vgl. ›exemplarische Prophetie‹ bei Weber [5]1980, 273; vgl. III.2.b) übernimmt. An der eigenen Person werden Möglichkeiten des christlichen Empowerments aufgezeigt (u. a. Neumaier 2022; Jetter 2023). So übernehmen Influencer und Influencerinnen eine dem Predigtamt vergleichbare Funktion und inszenieren einen fluiden Übergang zwischen Predigt, religiöser Ansprache, persönlichem Bekenntnis und Coaching. Die Sprache ist erfahrungsbezogen, emotional, am Mündlichen orientiert und auf eine dialogische Kommunikation ausgerichtet. Bei Influencerinnen ohne Amt ist eine institutionelle oder konfessionelle Erkennbarkeit für die Legitimierung nicht notwendig. Für kirchlich gebundene Influencer und Influencerinnen zeigen sich durch Wort-Bild-Verbindungen hybride Präsenz- und Repräsentanzfiguren in der Verbindung von Amt und Person (Schlag 2022).

Zusätzlich gestützt wird die eigene Autorität durch die Präsenz in unterschiedlichen medialen Räumen (cross-mediale Kommunikation): soziale Medien wie Instagram, X (ehemals Twitter), TikTok etc. werden oft um Buchpublikationen ergänzt. Eine Website dient bei professionellen Influencern der Vermarktung von Kursen und dem Angebot von Merchandise-Artikeln, hinzu kommen Podcasts, Blogs etc.

Hier aber ist kritisch zu fragen, ob die angenommene Abwesenheit von Hierarchie und die starke Betonung der partizipativen Möglichkeiten nicht immer schon durch die betonte Inszenierung der eigenen Person und ihrer biographischen Leistungsfähigkeit unterlaufen wird und damit die demokratisierende Qualität der Interaktivität (Kommentieren, Liken, Teilen) womöglich überbewertet wird.

Zwei Formen religiöser Rede können im digitalen Raum unterschieden werden: Einmal die Rede, die der eigenen Spiritualität und religiösen Lebenspraxis Ausdruck verleihen möchte. Zum anderen solche Redeformen, die das spirituelle Leben Anderer anregen wollen, wie digitale Andachten, Gebete, Posts mit religiösem Inhalt etc. In beiden Fällen aber zielen Influencer und Influencerinnen auf eine Vergemeinschaftung (Follower). Die hier entstehenden Vergemeinschaftungsformen sind den sog. Event-Gemeinschaften (z. B. Love-Parade, Wave-Gothic-Treffen etc.) bzw. den sog. »posttraditionalen Gemeinschaften« (Hitzler/Honer/Pfadenhauer 2008) vergleichbar: Sie sind anlassbezogen, situativ, punktuell, bilden sich entlang geteilter Werte und gemeinsamer ästhetischer Muster, für deren Übernahme man sich individuell entscheidet und die man jederzeit ablegen und wechseln kann. Soziale Homogenität ist hier kein hervorgehobenes Merkmal. Arnulf von Scheliha spricht in Bezug auf solche religiöse Vergemeinschaftungen daher von »Sozialformen auf der Basis schwacher Institutionalisierung«, die »Übergänge ermöglichen, vorübergehende oder subsidiäre Sozialformen des Christentums darstellen oder auch nur die Grenzen der klassischen Sozialformen kenntlich machen« (von Scheliha 2023, 33).

Evangelikale und (neo-)pentekostal geprägte Personen nutzen die Möglichkeiten des Digitalen intensiver, mit stärkerer Reichweite und mit größerem Erfolg (gemessen z. B. an den Followerzahlen). Hier erfolgt eine aktive Vernetzung und es entstehen neue digitale Communities. Die verfassten Kirchen versuchen durch eine eigene Vernetzungsstrategie wie z. B. das evangelische Contentnetzwerk Yeet (EKD; https://yeet.evangelisch.de/) an diese Entwicklung anzuschließen. Die Reichweite bleibt aber begrenzt. Für »Gemeinschaften mit festen institutionalisierten Strukturen, wie die evangelische Kirche mit ihren ordinierten Pfarrerinnen und Pfarrern stellt die Art der Führung durch persönliches Beispiel, die in den sozialen Medien erfolgreich praktiziert wird, eine Herausforderung« dar (Jetter 2023, 169; s. a. Weyel 2021a). Der gleiche Sachverhalt positiv formuliert: Die personale Begegnung könnte bis auf Weiteres die strategisch wichtigste Kommunikationsform der verfassten Kirchen sein. Wenn aus Gründen der gesamtgesellschaftlichen sozialen Kohäsion die digitale Kommunikation auf Rückkopplungen an offline-Strukturen und damit auf face-to-face-Kommunikation angewiesen ist und beide sich ergänzen – Campbell spricht von »multisite reality« (2012, 80–83) – dann könnte im traditionellen Gemeindepfarramt und dessen Einbindung in lokale Kontexte gerade eine Chance liegen. Diese Sozialraumverortung offensiv zu nutzen und zu gestalten setzt aber voraus, dass das ›kirchlich Normale‹ auch innerhalb der Kirche und speziell von den kirchlich gebundenen Influencern und Influencerinnen wie auch innerhalb der Praktischen Theologie nicht als das Veraltete kommuniziert und entsprechend distanziert behandelt wird. Zugleich scheint es dringend geboten, die Verortung der christlichen Predigt und der religiösen Kommunikation im Raum des digitalen Kapitalismus auch einer kritisch(eren) Betrachtung zu unterziehen, wurde doch z. B.

seitens der Kulturwissenschaften zuletzt immer wieder auf die problematischen, demokratiegefährdeten und menschenverachtenden Seiten des digitalen Kapitalismus hingewiesen (Vogl ³2021). Damit aber geraten künftige Konstellationen des Verhältnisses von Predigt und religiöser Sozialform, von Kirchenbild und Predigtideal und die damit verbundenen Herausforderungen in den Blick.

III Systematische Perspektiven, konfessionskulturelle Konstellationen und gegenwartsinteressierte Positionierungsversuche

Die folgenden Vertiefungen diskutieren das Wechselverhältnis von religiöser Vergemeinschaftungsform und Predigt, von Kirchenbild und Predigtideal in drei Perspektiven, die sich aus dem bis hierher Entwickelten ableiten: Konstitutiv für das evangelische Kirchenverständnis und das Verständnis wie die Praxis der Predigt ist das dynamische Wechselverhältnis von Individualität und Sozialität, von Individuellem und Allgemeinem.

Geht man diesem Wechselverhältnis im Ausgang vom Allgemeinen nach, dann tritt die *liturgisch-rituelle Situierung* der Predigt ins Blickfeld. Was bedeutet es, dass die Predigt Teil einer gemeinschaftlichen religiös-rituellen Praxis ist und wie verbinden sich hier Individuelles und Allgemeines? Die These ist, dass in der Liturgie das Individuelle durch etwas Allgemeines emotional angesprochen ist. Im Modus des Emotionalen spricht die Liturgie als Allgemeines zum Einzelnen.

Geht man demselben Wechselverhältnis im Ausgang vom Individuellen nach, dann rückt die Predigtperson, also die *pastoraltheologische Dimension* der Predigt in den Fokus. Die Verbindung von Individuellem und Allgemeinem erfordert eine spezifische homiletische Tugend – das ist die These in diesem Abschnitt.

Fragt man nach dem Ort der Vermittlung von Individuellem und Allgemeinen, dann gelangt man zur Intention der Predigt und damit zu ihrem *Inhalt*. In der Art und Weise, wie der Inhalt der Predigt bestimmt und entfaltet wird, zeigt sich, wie jeweils konkret Individuelles und Allgemeines, Erfahrung und Überlieferung in Beziehung gesetzt werden.

Die drei Abschnitte dieses Kapitels thematisieren also drei für die Predigt zentrale Korrelationen: Liturgie und Emotion, Person und Tugend, Absicht und Inhalt.

Wie diese drei Korrelationen konkret werden, obliegt der einzelnen Predigtperson. Von dieser Aufgabe kann keine Homiletik entbinden. Sie kann auch nicht in Form von Anleitungen und Rezepten vermittelt werden. Gerade der im Folgenden stark gemachten Idee einer homiletischen Tugend als conditio sine qua non liefe ein Übergang ins Anleitungshafte zuwider.

Die Entfaltung dieser drei Korrelation ist nicht als ausformuliertes Konzept angelegt, sondern will als Denkversuch im Blick auf die künftige Gestaltung der protestantischen Predigtpraxis gelesen werden. Hier werden meine eigenen Akzente und Interessen in der Homiletik und für die Predigtpraxis erkennbar – die Frage nach dem emotionalen Gehalt von Gottesdienst und Predigt, die religiöse Ansprechbarkeit der Predigtperson sowie Nachdenklichkeit und Menschenfreundlichkeit als Absicht einer Predigt, die sich inhaltlich als religiöse Rede und nicht als Rede über Religion versteht.

In die Darstellung dieser drei Konstellationen sind zudem konfessionskulturelle Konstellationen und Differenzen eingespielt. Dagegen könnte man einwenden, dass die Kirchen und die religiöse Gestimmtheit der Gesellschaft in einem Zeitalter der Postkonfessionalität angekommen seien und sich traditionelle Religions- und Konfessionskulturen längst hybridisiert hätten. Dennoch ist m. E. die Rekonstruktion konfessionskultureller Differenzen geeignet, Spezifisches im Pluralen und Heterogenen zu zeigen, um so Eigenes wie Fremdes wertschätzen und unterscheiden zu können.

1 Die Predigt im Gottesdienst – die Liturgie als Horizont der sozialen Wirksamkeit der Predigt

Homiletische Diskussionen beziehen sich meist auf die Predigt im sonntäglichen Gemeindegottesdienst. Dieser ist jedoch weder historisch noch gegenwärtig der »Normalfall« (Fechtner/Friedrichs 2008). Man denke z. B. an kasuell veranlasste Predigten wie öffentliche Bußpredigten im Mittelalter, die Verbreitung der Bestattungspredigt in der frühen Neuzeit, Missions- und Evangelisationspredigten im 19. Jahrhundert, Radio- und Fernsehpredigten etc. (vgl. oben I.1.1.b). Aber auch wenn die Predigt im sonntäglichen Gemeindegottesdienst weder als Normalfall noch als Norm gelten kann, lassen sich die konfessionskulturellen Besonderheiten des Zusammenspiels von Liturgie und Predigt besonders gut mit Blick auf eben diesen beschreiben (vgl. Etzelmüller 2010; Jeggle-Merz/Kranemann 2013). Die konfessionellen Differenzen in der rituellen Gestaltung der sozialen Dimension der

1.1 Die Predigt im evangelischen Gottesdienst

a. Die Predigt als Teil der Liturgie

Über die theologische Grundlegung des evangelischen Gottesdienstes, seine innerkonfessionelle Ausdifferenzierung (lutherisch und reformiert) und die Folgen für die Beschreibung der Predigtaufgabe haben wir uns oben einen Überblick verschafft (II.1; zur weiteren Entwicklung Meyer-Blanck ²2020, 135–183; Deeg/Plüss 2021, 109–160; Quellentexte bei Meyer-Blanck ²2009). Erstmals zusammengeführt wurden lutherische, reformierte und unierte Liturgietraditionen in dem 1999 eingeführten Gottesdienstbuch, das ein Gemeinschaftswerk von VELKD und UEK darstellt (Evangelisches Gottesdienstbuch 1999/2020, 15–21). Das Gottesdienstbuch sieht zwei liturgische Grundformen vor: Grundform I orientiert sich am Messgottesdienst (mit Abendmahl; ›Mess-Typ‹), Grundform II am Predigtgottesdienst (mit und ohne Abendmahl; Evangelisches Gottesdienstbuch 1999/2020, 26 und 38–59). Zudem bemüht sich das Gottesdienstbuch, Impulse der Ökumene zu rezipieren und die liturgische »Verbundenheit mit der universalen Kirche« (Evangelisches Gottesdienstbuch 1999/2020, 20) abzubilden und bietet dazu alternative Formen, z. B. Taizé-Andachten. Um bei aller Vielfalt eine grundsätzliche Wiedererkennbarkeit gottesdienstlicher Formen zu gewährleisten, wurde eine vierteilige ›Grundstruktur‹ entwickelt: Eröffnung und Anrufung – Schriftlesung und Verkündigung – Mahlfeier – Sendung und Segen. Die Predigt wird so in eine liturgische Gesamtkomposition eingebunden, die als »spannungsvolle[s] Zusammenspiel von ritueller und rhetorischer Kommunikation« bezeichnet wurde (Meyer-Blanck ²2020, 12), oder auch als »Netz innerer Beziehungen zwischen einzelnen Teilen des Gottesdienstes« (Hertzsch 2006, 329). Predigen ist also »Reden im Kontext« (Stetter 2011) bzw. die Liturgie die »Rahmenbedingung rhetorischen Handelns« (Weyel 2021b, 391).

b. Der kasuelle Charakter des Sonntagsgottesdienstes

Die Predigttexte für den sonntäglichen Gottesdienst werden über die Perikopenordnung vorgegeben, um so die Wiedererkennbarkeit des evangelischen, besonders lutherischen Gottesdienstes, die Allgemeinheit des christlichen Glaubens und die Vielfalt biblischer Texte zu stützen (zur Textbindung evangelischer Predigt vgl. Greifenstein 2021; Keller/Merle 2022, zur Perikopenordnung u. a. Grethlein 2013; Raschzok 2020, 125–164). Im Rahmen der Revision von 2017 wurde innerhalb der sechs Reihen der Anteil alttestamentlicher Texte (vgl. Deeg/Schüle ^{5}2021) erhöht und Perikopen aus bislang unterrepräsentierten biblischen Büchern integriert (z. B. Psalmen, weisheitliche Literatur). Die homiletisch naheliegende Unterscheidung von Lesungs- und Predigttexten wurde leider nicht eingeführt. Behutsam angepasst wurden auch die sonntäglichen Proprien, in die sich die Wahl der Predigtperikopen einfügt. Das theologisch-dogmatisch stark voraussetzungsreiche Verweissystem von Wochenlied, Wochenspruch, Wochen- bzw. Tagespsalm und Perikopen, aus dem sich das Proprium konfiguriert, wurde unter Beibehaltung der überlieferten Struktur des Kirchenjahrs nur geringfügig modifiziert. Eine grundlegende Revision, die die Struktur des Kirchenjahres mit modernen Lebenserfahrungen und -formen verbindet, steht bislang noch aus. So hat z. B. Kristian Fechtner vorgeschlagen, das Kirchenjahr in vier Zeiten zu strukturieren: »Anfänglich leben« – Advent, Weihnachten und Jahreswechsel; »Aus dem Tod heraus« – Karneval, Passion und Ostern; »Aufbruch ins Leben« – Himmelfahrt, Pfingsten, Urlaub, und »Im Glauben reifen« – Erntedank, Reformationsfest, Halloween, Buß- und Bettag, Totensonntag (Fechtner 2007, 5–7). Damit wäre einerseits die oft als festlos bezeichnete Zeit nach Trinitatis aufgewertet und andererseits wären die Feste des Kirchenjahres stärker mit der Lebenserfahrung der Menschen verbunden. Denn nicht immer gehen die Deutungen, die Menschen diesen Festen zuschreiben und die sie in der gesellschaftlichen Öffentlichkeit erfahren, mit den kirchlich-dogmatischen Zuschreibungen parallel. Am Beispiel des sog. »Weihnachtschristentums« (Morgenroth 2002; Wahle 2015) lässt sich dies gut studieren.

In ihrem Wechsel erinnern die sonntäglichen Proprien, trotz ihrer stark binnenkirchlichen und heilsgeschichtlich-dogmatischen Konstruktion, an den immer auch kasuellen Charakter des sonntäglichen Gottesdienstes. Jeder Gottesdienst hat einen spezifischen inhaltlichen Akzent. Religion ist nicht mono-thematisch. Auch das Christentum nicht. Zwar ist nicht jede Lebensfrage eine religiöse Frage, aber die religiöse Lebensdeutung hat mehr Bezüge als z. B. nur den Aspekt der Rechtfertigung. Daher ist jede Predigt anlassbezogen und speziell (Drews 1903). Die Herausforderung besteht darin, das jeweilige Proprium mit der Lebenswelt und den Erfahrungen der Menschen in Beziehung zu bringen. So gesehen ist die Kasualpredigt, die sich stets auf eine Lebenserfahrung bezieht (klassisch z. B. Hochzeit, Bestattung) auch das Paradigma der Predigt im sonntäglichen Gemeindegottesdienst (Gräb 2008; Roth 2001). Die gegenwärtige Aufgabe besteht sowohl in einer Re-Kasualisierung der Kasualpraxis (Roth 2023), wie auch in einer Re-Kasualisierung des sonntäglichen Gottesdienstes.

c. Die Musik im Gottesdienst

Zur gottesdienstlichen Liturgie gehört neben Predigt, Gebeten und Lesungen auch die Musik, und zwar sowohl Instrumental- wie Vokalmusik (Gemeindegesang). Die Hochschätzung der Musik im Protestantismus geht wesentlich auf Luther zurück. Im Unterschied zu den anderen Reformatoren sah Luther in der Musik »ein Geschenk Gottes«. Musik hat im Leben wie im Gottesdienst ihren Ort, weil »sie die Seelen fröhlich macht, [...] den Teufel verjagt, [...] sie unschuldige Freude weckt. Darüber vergehen die Zornanwandlungen, die Begierden, der Hochmut«. Daher habe die »Musik den ersten Platz nach der Theologie« (WA 30 II, 696, übers. und zit. nach Söhngen 1961, 69f.). Das Evangelium selbst ist eine Botschaft auch des Klanges, ein »gutt geschrey, dauon man singet, saget und frolich ist« (WA.DB 6, 2, 24f.). Deshalb ist die Musik selbst Predigt: »Deus praedicavit euangelium etiam per musicam« (WA.TR 2, 11, 26). Luther führte, wie zuvor bereits die Böhmischen Brüder, den Gemeindegesang als verbindliches Element in den Gottesdienst ein und dichtete Liedtexte. Im Gemeindegesang erkannte er eine Weise, in der die Gemeinde in den Dialog mit Gott eintritt (zur ›Torgauer Formel‹ als Hintergrund s. II.1.1.c).

Johann Sebastian Bach (1685–1750) führte in seinen Kantaten, Passionen und Oratorien diese »protestantische Tradition der Musik als Textauslegung« (Lauster 2020, 394) zur absoluten Meisterschaft. In der Gegenwart ist die Musik im Gottesdienst innerkirchlich durchaus Anlass für Diskussionen. Denn einerseits lösen entsprechende Aufführungen und Konzerte immer noch eine vergleichsweise hohe Resonanz aus (vgl. KMU 6, 2023c, 38). Die Tradition der evangelischen Kirchenmusik gilt es also zu wertzuschätzen, zu bewahren und zu pflegen. Andererseits aber wird diese Musik oft dafür verantwortlich gemacht, dass der Gottesdienst ein hochkulturelles Milieuprojekt geworden sei. Aufgrund des hohen emotionalen Impacts der Musik ist die Frage, welche Musik wann und wie und warum im Gottesdienst erklingt, alles andere als nebensächlich (vgl. III.1.1.c).

1.2 Die Predigt in der römisch-katholischen Messe

a. Die Stellung der Predigt in der tridentinischen Messe

Die heutige Liturgie der römisch-katholischen Messe ist das Ergebnis eines jahrhundertelangen Wachstumsprozesses, in welchen vielfältige Traditionen aus unterschiedlichen Regionen und Kontexten eingeflossen sind.[1] So entstand eine kulturell einzigartige, freilich nicht überzeitliche oder gar mit besonderer Sakralität versehene liturgische Form (vgl. u. a. Meyer 1989; Bieritz 2004, 371–445; Bärsch/Kranemann 2018). Als Reaktion auf die Anfragen der Reformatoren an Theologie und Praxis der zeitgenössischen Messe fixierte Papst Pius V. im Rahmen des Tridentinischen Konzils (1545–1563) durch das *Missale Romanum ex decreto Sacrosancti Concilii Tridentini restitutum* (1570) die lateinischsprachige Messe als liturgische Norm.

Der Ablauf der tridentinischen Messe folgt einer erkennbar auf Steigerung angelegten Dramaturgie: Zunächst werden eröffnende Riten wie Introitus, Kyrie- und Gloriagesänge und Tagesgebet vollzogen. Es schließen sich Lektionen, also Lesungen mit begleitenden Riten (z. B. Prozessionen), Zwischengesängen, eine (mögliche) Auslegung (Homilie) und Credo an. Dieser Teil wird gelegentlich auch als Wortgottesdienst bezeichnet. Die Aufgabe zu predigen oblag ursprünglich weitgehend den Bischöfen. Ungeeignete oder ungebildete Priester sollten hier nicht zum Zuge kommen (s. III.2.1.a). Wert gelegt wurde auf eine gewisse Regelmäßigkeit der Wortverkündigung – in jeder Gemeinde sollte wenigstens an jedem Sonn- und Feiertag das Wort ausgelegt werden. Die anschließende Gabenbereitung zielt auf das Herzstück und den Höhepunkt der Liturgie, nämlich das Eucharistische Hochgebet (Canon Missae) und die Wandlung der Gaben. Hinter der Vorstellung einer substanziellen Wandlung der Gaben von Brot und Wein (Transsubstantiation) steht das Bemühen, den Einsetzungsworten Jesu im Handeln der Kirche zu entsprechen. Die Eucharistie ist die aufgetragene, freilich unblutige Wiederholung des Opfers Christi. Abgeschlossen wird die Messliturgie durch die Kommunion (u. a. mit Vaterunser, Agnus Dei) und Schlussriten. Eine Teilnahme der Gemeinde an der Kommunion war nicht zwingend vorgesehen. Was Kirche ist, vollzieht und realisiert sich hier im opfernden Handeln des Priesters: Die »Kirche, repräsentiert

---

1 Zu den liturgischen Entwicklungen in den vielfältigen orthodoxen Kirchen siehe u. a. Bieritz 2004, 336–370.

durch den Priester, nicht aber durch die feiernde Gemeinde, bringt den kraft der Konsekration gegenwärtigen Leib und das Blut Christi als ihr Opfer dem Vater dar« (Meyer 1977, 285). Eine derart klerikalisierte Liturgie inszeniert eine Kirche, die sich als irdische, hierarchisch geordnete und gegliederte Gesellschaft versteht. Der Predigt kommt sowohl in der Praxis wie in der theologischen Konzeption nur nachgeordnete Bedeutung zu.

b. Die Bedeutung der Predigt im Anschluss an das Zweite Vatikanische Konzil

Das im Tridentinum entwickelte lateinische Formular des eucharistischen Hochgebets blieb bis zum Zweiten Vatikanischen Konzil das wesentlich gültige, entsprechend dem Grundsatz der Unveränderlichkeit – »daß diesem Unserem jüngst herausgegebenen Meßbuch niemals etwas hinzugefügt, daraus etwas weggenommen oder an ihm verändert werde« (Promulgationsschreiben v. Pius V.; zit. n. Bärsch 2015, 105). Mit der Liturgiekonstitution *Sacrosanctum Concilium*, verabschiedet am 4. Dezember 1963 unter Papst Paul VI., traten erstmals tiefgreifende, wenn auch nicht grunderschütternde liturgische Änderungen in Kraft. Neu definiert wird die Rolle der Gläubigen, wird doch jetzt ihre »volle[], bewusste und tätige[] Teilnahme an den liturgischen Feiern« (SC 14,1; ›participatio actuosa‹) betont. Die bis dahin priesterliche Messe wird durch eine gemeindliche, de facto volkssprachliche Liturgie abgelöst. Die Kirche in ihrer Vollgestalt und nicht in ihren priesterlichen und bischöflichen Repräsentanten ist Trägerin der liturgischen Vollzüge. Die Liturgie soll als »Quelle« der Kirche wiederentdeckt werden, »aus der all ihre Kraft strömt« (SC 10,1). Sie ist gleichermaßen Dienst des Menschen für Gott und Dienst Gottes an den Menschen. Das Dokument greift in Teilen auf reformatorisches Gedankengut zurück (vgl. ›Torgauer Formel‹, II.1.1.c). Dass diese Änderungen aber nicht grunderschütternd waren, zeigt sich darin, dass das liturgische Rollengefüge, wie es in der hierarchischen Ordnung der Kirche begründet ist, nicht verändert wurde (SC 28). Die Eucharistie blieb in der Hand des geweihten, männlichen Klerus und die Abstufung zwischen Predigt (Wortauslegung) und Eucharistie wird fortgesetzt. Zwar betont die Konstitution, dass »Liturgie des Wortes und eucharistische Liturgie [...] so eng miteinander verbunden [sind], dass sie einen einzigen Kultakt ausmachen« (SC 56), auch wird die Notwendigkeit der Predigt und deren katechetische Funktion betont (SC 52) und die Einführung eines festen Ambos empfohlen. Andererseits aber bleiben Hochgebet und Wandlung konstitutiv: Die Predigt kann aus einem »schwerwiegenden Grund« (SC 52) ausfallen, während eine Messe ohne Wandlung undenkbar ist.

Im Hintergrund dieser liturgischen Entscheidungen steht eine grundlegend andere Konzeption des theologischen Amtes, als der Protestantismus sie entwickelt und ausdifferenziert hat (vgl. II.2.1.b). Die daraus resultierenden Probleme für eine ökumenische Gottesdienstpraxis, insbesondere das gemeinsame Abendmahl, sind ohne tiefgreifende Änderungen im dogmatischen Grundbestand der katholischen Kirche kaum lösbar. Solche Änderungen scheinen auf katholischer Seite derzeit eher in weite Ferne zu rücken. Umgekehrt ist für den Protestantismus weder das römisch-katholische Amtsverständnis noch die damit verbundene Nachordnung der Predigt gegenüber dem Abendmahl theologisch anschlussfähig.

c. Die katholische Predigt in Geschichte und Gegenwart

Dessen ungeachtet hat der Katholizismus einen großen eigenständigen Beitrag zur Kulturgeschichte der Predigt und zur homiletischen Wissensgeschichte geleistet (vgl. Garhammer/Roth/Schöttler 2006). Einige Beispiele seien hier genannt. Für das Mittelalter (u. a. Schneyer 1968; Mertens/Schiewer/Schiewer/Schneider-Lastin 2013), in dem sich schon zahlreiche volkssprachliche Predigten finden, ist an die wirkmächtigen Predigten der Bettelorden zu erinnern, insbesondere bei den nach 1200 gegründeten Dominikanern (vgl. deren Eigenname »Ordo Praedicatorum«, Predigerorden) und Franziskanern. Hier traten so bedeutende Redner wie Berthold von Regensburg (1210/20–1272, Franziskaner), Meister Eckhart (um 1260–vor 1328) und Johannes Tauler (ca. 1300–1361) in Erscheinung. Eckhart und Tauler waren beide Dominikaner und werden oft mit dem Stichwort der ›mystischen Predigt‹ verbunden. Im Spätmittelalter traten öffentlichkeitswirksame und einflussreiche Bußprediger wie Girolamo Savonarola (1452–1498, Florenz) oder Johann Geyler von Kaysersberg (1445–1510) auf. Letzterer hielt im Jahr 1508 Fastenpredigten, die die dunkle Seite der Predigt zeigen – sie waren von einem tiefen Hexenwahn erfüllt. Zu erinnern ist auch an den italienischen Franziskaner Johannes Kapistran (1386–1456), der von 1451 bis 1456 auch eine Predigtreise durch das Deutsch Reich unternahm. Seine wirkungsvolle Predigttätigkeit verband er mit Heilungswundern und zugleich bemühte er sich um eine Ordensreform. Die Predigt galt ihm als wirkungsvolles Medium der Kirchenreform. Kirchenreform aber ist immer auch Kirchenpolitik. So kämpfte Johannes Kapistran gegen

Juden und Hussiten und war Mitorganisator eines Feldzugs gegen die Türken. Die Tradition der sog. politischen Predigt – nichts anderes nämlich ist die Kriegs- und Kreuzzugspredigt – gehört in ihrer ganzen Ambivalenz zur Kulturgeschichte der Predigt. Die religiöse Rhetorik des Politischen wie die politische Rhetorik des Religiösen erweisen sich oft als die zwei Seiten ein und derselben Medaille.

Mit der Reformation und den Beschlüssen des Tridentinums brach die Geschichte der katholischen Predigt nicht ab. Vielmehr erlebte sie wenig später, im Barock, eine Blütezeit (vgl. Pock 2021). Sie diente oft der Bekämpfung reformatorischen Gedankengutes (sog. Kontroverspredigt). Um wirksam werden zu können, sollte sie möglichst anschaulich sein. Schwänke, Fabeln, Sprichwörter fanden als rhetorische Stilmittel weite Verbreitung (Herzog 1991; Moser-Rath 1991). Im deutschsprachigen Raum erlangten besonders Petrus Canisius (1521–1597, Jesuit) und Abraham a Sancta Clara (1644–1709, Augustiner-Barfüßer) Berühmtheit. In Frankreich orientierten sich die großen Prediger dieser Zeit weniger an den breiten Volksschichten als vielmehr an der gebildeten Schicht und am königlichen Hof. Bekannt wurden hier z. B. Jacques-Bénigne Bossuet (1627–1704), Jean-Baptiste Massillon (1663–1742) und François de Salignac de la Mothe-Fénelon (1651–1715; vgl. Schütz 1972, 137–145).

In der Epoche der Aufklärung (vgl. u. a. Bock 2018. 2023) erlangte Johann Michael Sailer (1751–1832) Popularität und nachhaltigen Einfluss. Als ehemaliger Jesuit – der Orden war 1773 aufgehoben worden – verfügte er über eine enorme Bildung. Er gilt als einer der Begründer der modernen katholischen Pastoraltheologie. In seinen Predigten zeigte er sich weniger als Kritiker der Aufklärung, denn als ein katholischer Aufklärer im Wortsinn: Er regte zu einer kritischen Auseinandersetzung mit der eigenen Zeit an und empfahl die katholischen Heilslehren, um die negativen Auswirkungen der neuen Zeit einzuhegen. Seine Predigtpraxis stand ganz im Horizont der zeitgenössischen Debatte um die Popularität der Predigt (s. II.4.2). Er forderte von der Predigt »Leichtverständlichkeit«, »Eindringlichkeit«, »Leichtbehältlichkeit« und »Anwendbarkeit« (zit. nach Witt 2013, 192). Die Predigten sollten Verstand und Herz ansprechen und auf praktische Anwendbarkeit zielen.

Im 19. Jahrhundert trat der Münsteraner Bischof Wilhelm Emmanuel von Ketteler (1811–1877) als wirkmächtiger Anwalt der neu entstehenden Arbeiterschaft auf. Seine Adventspredigten aus dem Jahr 1848, in dem er auch Mitglied der Nationalversammlung der Frankfurter Paulskirche war, betonen die Gemeinwohlorientierung von Eigentum und stellen einen gewichtigen Beitrag zur sog. sozialen Predigt dar (von Ketteler 1848–1866/ 1977; vgl. Collinet 2015).

Clemens August Graf von Galen (1878–1946), von 1933 an ebenfalls Bischof in Münster, wandte sich 1941 in drei Predigten öffentlich gegen die nationalsozialistische Politik, u. a. gegen die Euthanasieprogramme. Diese Predigten wurden gedruckt, verbreitet und zeigen, dass die Predigt auch in Zeiten eingeschränkter Redefreiheit ein Instrument der öffentlichen Willensbildung sein kann.

In der zweiten Hälfte des 20. Jahrhunderts wurde die katholische Predigtgeschichte u. a. durch die großen Befreiungstheologen wie Óscar Romero (1917–1980), Dom Hélder Câmara (1909–1999) oder Ernesto Cardenal (1925–2020) bereichert. Auch manche öffentliche Stellungnahme von Päpsten folgen dem Stil einer Predigt und zeugen für die soziale Wirksamkeit des Wortes.

Diese knappe Skizze zeigt, dass trotz der theologischen Differenzen »die katholische und evangelische Predigt an einer gemeinsamen Kulturgeschichte Anteil haben« (Meyer-Blanck [2]2020, 301). Die Integration der Predigtgeschichte und Predigtforschung in die Homiletik erweist sich hier als besonders instruktiv (vgl. I.1.1.c).

Während für den evangelischen Gottesdienst Predigt und Liturgie einen wechselseitigen Auslegungszusammenhang bilden, wobei der Orientierung am Wort die zentrale Funktion zukommt, wird das Wesen der katholischen Messe durch die Eucharistie bestimmt. Die Predigt hat eher vorbereitenden Charakter. Gemeinsam ist beiden Modellen die agendarische und kirchenrechtliche Festlegung der gottesdienstlichen Ordnung. Ein drittes Modell des Verhältnisses von Predigt und Liturgie findet sich demgegenüber in zahlreichen Freikirchen, insbesondere im evangelikal-(neo-)pentekostalen Kontext. Hier ist die Liturgie meist kaum an agendarische Formulare gebunden, neben der Predigt stehen weitere Redebeiträge und Musik im Zentrum des Gottesdienstes bzw. der gottesdienstlichen Veranstaltung. Dieses Modell der liturgisch-rituellen Situierung der Predigt soll im Folgenden in sehr knappen und eher allgemeinen Zügen dargestellt werden, um konfessionskulturelle Muster erkennbar zu machen und den religionskulturellen Beitrag dieses Predigttypus in den Blick zu bekommen.

1.3 Die Predigt in evangelikalen und (neo-)pentekostalen Gottesdiensten

a. Der Gottesdienst als partizipative Versammlung

Sowohl im Zeitalter des Pietismus (II.3.2 und 3.3) wie auch im 19. Jahrhundert (II.6.1 und 6.2) entstanden in Deutschland religiöse Gemeinschaften und Gruppen außerhalb der verfassten evangelischen Landeskirchen. Diese zielten auf eine Sammlung der wahrhaft Gläubigen (ecclesiola in ecclesia). Sichtbare und unsichtbare Kirche sollten einander entsprechen, denn die Gemeinschaft der Gläubigen könne kein ›corpus permixtum‹ sein, wie es die Confessio Augustana in ihrem achten Artikel zugestanden hatte. Sie speisten sich aus mehreren, nicht einfach zu verbindenden Quellen, die teilweise auch in Spannung zueinander standen: Erstens aus den religiöstheologischen Idealen der eigenen Denomination; zweitens aus der Distanz insbesondere gegenüber den staatsnahen evangelischen Landeskirchen; drittens aus der Abgrenzung gegenüber dem obrigkeitlichen Staat selbst (daher die Rede von ›Dissentern‹, vgl. Strahm 2016) und viertens auch aus internationalen Impulsen. Die neu entstehenden Gruppen waren international vernetzt und transnational aktiv. Konfessionelle Grenzziehungen verflüssigten sich.

Als sich am Beginn des 20. Jahrhunderts im globalen Christentum die pentekostale Bewegung zu formieren begann, kamen auch hier unterschiedliche Einflüsse zusammen (Dayton 1987). So flossen im US-amerikanischen Kontext Impulse aus afro-amerikanischen Christentumstraditionen (z. B. Spirituals), Denkfiguren und Praktiken aus dem Methodismus und der Heiligungsbewegung (Perfektionierungsstreben; Holthaus [2]2016), der evangelikalen Bewegung (Bibelgläubigkeit) und auch Momente einer katholischen Frömmigkeit zusammen. In mehreren Wellen entwickelte sich der Pentekostalismus im 20. Jahrhundert zu einer globalen Bewegung, die mittlerweile eine der größten und (auch politisch) wirkmächtigsten Formen des Christentums darstellt.[2] Allerdings ist diese Bewegung weder in

---

[2] Neben den Aufbrüchen im US-amerikanischen bzw. englischsprachigen Bereich gab es zeitgleich Aufbrüche im asiatischen, afrikanischen und südamerikanischen Bereich, die gleichermaßen zur Ausbreitung der (neo-) pentekostalen und charismatischen Bewegungen beitrugen (vgl. Haustein/Maltese 2014).

der Lehre noch in den Praktiken einheitlich (als Überblick und Einführung u. a. Hollenweger 1997; Jenkins 2011).

Das Verhältnis zwischen evangelikalen und pentekostalen Gruppen ist schwer zu beschreiben und im Detail zu definieren. Es gibt Berührungspunkte, Überschneidungen, teilweise auch Differenzen. Gemeinsam ist beiden Bewegungen eine überwiegend kongregationalistische, lokalistische Struktur bei gleichzeitiger transnationaler Vernetzung. Für den Zusammenhang von Kirchenbild und Predigtideal ist diese Verbindung nicht unwesentlich (zur Bedeutung der Gemeinsamkeiten wie Differenzen für die Predigt vgl. Hochgeschwender 2017; Cross 2014; Dietz 2022, 128–169).

Von lutherischen oder römisch-katholischen Liturgien unterscheiden sich charismatische und evangelikale Gottesdienste markant (vgl. schon die Berichte bei Hollenweger 1997, 20–29; 302f. und Cox 1994/2001, 84–86). Auch wenn die Gottesdienste meist eine auf Wiederholung angelegte Struktur haben und Elemente traditioneller Liturgien wie Sündenbekenntnis, Glaubensbekenntnis, Segen etc. identifizierbar bleiben, folgen sie meist keinem agendarischen und kirchenrechtlich fixierten Formular. Dies stünde, insbesondere bei charismatischen Gottesdiensten, der erhofften und erwarteten spontanen Wirkung des Geistes entgegen. Daher sind diese Gottesdienste stark an der mündlichen (oralen) Kultur orientiert (Ong 1987/ ^{2}2016). Zentral sind mündlich-präsentische Ausdrucksformen (Coleman 2011). So spielen Musik und Gemeindegesang eine zentrale Rolle. Die Musik integriert neben jeweils lokalen Traditionen auch popkulturelle Formen, ist stark rhythmisiert, lädt zum Tanzen, Klatschen, Swingen ein und dient dem Lobpreis und der Anbetung Gottes (worship). Zudem haben im Gottesdienst spontane, freie und dem Inhalt nach oft auch persönlich-private Gebete sowie Bekehrungs- und Glaubenszeugnisse (›testimony‹) einen zentralen Ort.

> Conversion narratives are used to describe the self to other Christians but also as a means of witnessing to the unsaved, and are frequently topped up by testimonies of more recent miracles that may have occurred. Thus the use of autobiography – and self-objectification as a character in such narratives – illustrates the ideal of a personal relationship with God but is also deployed as a mode of persuasive discourse (Coleman 2000, 119).

Dazu kommen prophetische Rede, Weissagungen und Zungenrede (Glossolalie), die als Ausweis der Geisttaufe bzw. Gabe des Geistes gelten. Der Gottesdienst ist insgesamt stärker auf Interaktion und Partizipation angelegt. Er zielt auf eine Gemeinschaftserfahrung und das Erleben Gottes. Zur

Evozierung dieser Erfahrungen verbindet er sich mit lokal-regionalen und kulturellen Mustern (Lindhardt 2011; für hiesige Freikirchen vgl. Schweyer 2020).

b. Form und Inhalt evangelikaler und pentekostaler Predigten

Auch die Predigt ist stärker auf Interaktion, auf Dialog und Response angelegt. Die meist frei gehaltenen Predigten können durch die Hörer kommentiert werden (z. B. durch »Amen« oder »Halleluja«; sog. ›Call and Response‹; Crawford 1995). Dabei geht es nicht nur um individuelle, lokale Zustimmung, sondern auch um die Einbindung in einen translokalen und übergeschichtlichen Kontext (Coleman 2000, 124f.). Auch am Ende der Predigt kann vielfältig Zustimmung ausgedrückt werden: durch eine öffentliche Bekehrung (›altar call‹), durch die Inanspruchnahme eines Segens oder durch ein persönliches Fürbittgebet. Dabei kommt besonders der Bitte um Heilung wichtige Bedeutung zu. Heilungswunder haben sich gleichsam als neues Sakrament etabliert (zum konfessionskulturellen Vergleich s. Brown 2011; Conrad 2018c).

Die Hörer werden in der Predigt in verschiedener Hinsicht angesprochen: Einmal sollen Ungläubige oder Unzureichend-Gläubige zu einem wahren Glauben erweckt werden. Dieses Anliegen wurde auch für landeskirchliche Predigten rezipiert (vgl. oben II.6.2). Zum andern sollen Gläubige im Glauben bestärkt und auf dem als richtigen Weg gehalten werden. Die Predigt ist also einerseits Erweckungs- und Bekehrungspredigt und andererseits immer auch Erbauungs- und Moralpredigt. Oft sind die Predigten an Alltagsfragen orientiert und praktisch ausgerichtet, weil der Glaube auf lebenspraktische Anwendung zielt. Es geht um den gottgefälligen Umgang mit Geld, mit Sexualität, um eine christliche Gestaltung des Familienlebens etc. (Hoberg 2017; Conrad 2024). Die Bezüge auf biblische Texte erfolgen nicht im Rahmen von Perikopen- oder Leseordnungen, die immer auch die Funktion haben, die eigene lokale Gemeinschaft in einen übergreifenden Horizont zu stellen. Vielmehr greifen die Predigten anlass-, themen-, also alltagsbezogen auf ausgewählte biblische Texte zurück, die sie zur Bekräftigung und Veranschaulichung des jeweiligen thematischen Anliegens heranziehen.

Klassisch evangelikale Predigten rücken den Kreuzestod Christi ins Zentrum und argumentieren überwiegend biblizistisch. »Weder der übernatürliche Charakter der Heiligen Schrift, noch die Möglichkeit von Wundern oder eines direkten Eingreifens Gottes in die Geschichte oder den individuellen Alltag« stehen zur Disposition (Hochgeschwender 2017, 26). Häufig lassen sich die Predigtinhalte als Ausdruck eines ›prosperity gospel‹ bzw. ›health and wealth gospel‹ (Bowler 2013) lesen (z. B. Joyce Meyer oder Joel Osteen; Freudenberg 2024). Ohne mögliche problematische Aspekte in Abrede stellen zu wollen, sind homiletisch drei Dinge von Interesse: Die Predigt eines ›prosperity‹ bzw. eines ›health and wealth and gospel‹ stellt erstens immer auch den Versuch dar, das Wort zu materialisieren: »[W]ords are objectified in their complex relations to physical media, whether these are human bodies, mass media, or even aspects of the built environment« (Coleman 2006, 165; s. oben II.9). Zweitens betonen solche Konzepte die Handlungsfähigkeit des Menschen – der Glaube trägt konkret zur Verbesserung des alltäglichen Lebens bei und jeder Einzelne kann hierfür etwas tun. Entsprechend kommunizieren diese Predigten drittens ein grundsätzliches Zutrauen in eine positive, bessere Zukunft, welches zwar auch auf die menschliche Handlungskompetenz setzt, die aber eine von Gott gewährte ist. Das Vertrauen in eine bessere Zukunft hängt an der vorausgesetzten Wirkmächtigkeit des göttlichen Wortes. Harvey Cox hat die anhaltende Dynamik der pentekostalen Bewegungen daher auf drei Gründe zurückgeführt: »[T]he recovery of primal speech (ecstatic utterance), primal piety (mystical experience, trance, and healing), and primal hope (the unshakable expectation of a better future)« (Cox 1994/2001, 83). In den vielfältigen evangelikalen und pentekostalen Predigtkulturen (die weitgehend noch der Erforschung harren) verdichten sich diese Dynamiken.

Oben hatten wir gezeigt, dass Troeltsch die unterschiedlichen religiösen Sozialformen mit unterschiedlichen christologischen Konfigurationen korreliert hat (I.2.2.b). In evangelikalen und pentekostalen Predigtkulturen verschieben sich die Akzente teilweise vom gekreuzigten Christus hin zum auferstandenen und erhöhten Christus, der zugleich als ethisch wirkmächtiges Vorbild beschrieben wird. Betont wird die gegenwärtig durch den Geist wirkende Macht Christi, an der der einzelne Gläubige partizipiert. Liturgie und Predigt dienen der Inszenierung und Darstellung dieser Macht.

1.4 Die Emotionalität von Gottesdienst und Predigt

Die sonntägliche Gemeindepredigt erfolgt in einem rituell-liturgischen Setting, welches kulturell und konfessionell imprägniert und daher historisch kontingent und grundsätzlich veränderbar ist. Diese Wandlungen unterliegen zahlreichen, oft nur schwer evaluierbaren Einflüssen. Dabei stehen die theologisch-liturgischen Ansprüche, wie sie in der Binnenlogik von Liturgik und Dogmatik formuliert werden, und die religiös-ästhetische Erwartungen der Rezipientinnen in einer gewissen Spannung. Nimmt man z. B. die gegenwärtigen Erwartungen an Gottesdienst und Predigt, wie sie in der aktuellen, sechsten Kirchenmitgliedschaftsuntersuchung präsentiert werden, so ergibt sich ein interessanter Befund, der womöglich auch geeignet ist, die theologischen Konfessionsdifferenzen in den konkreten Vollzügen behutsam einzuhegen (die Angaben im Folgenden nach KMU 6, 2023a): Unter den Gründen für einen Gottesdienstbesuch hat das ästhetisch ansprechende Erleben »des Kirchenraums, der Musik, der ganzen Atmosphäre« die höchste Zustimmung (81%), gefolgt von der Erwartung einer guten Predigt (70 %), danach, freilich mit Abstand, die Möglichkeit, dass »ich für mich sein und meinen Gedanken nachhängen kann« (59 %) und dass der Gottesdienst »meinen Glauben stärkt« (54 %). Die hohe Zustimmung zur gottesdienstlichen Erfahrung als einer ästhetischen Erfahrung verbindet evangelische, katholische und konfessionslose Befragte (vgl. KMU 6, 2023c, Frage 91, 37). Für vorliegenden Zusammenhang scheint mir dieser Befund weiterführend. Es ist der Kontext der Predigt, der wertgeschätzt wird, also die Liturgie, der Raum, die Atmosphäre, die die besondere, spezifische Erlebnisqualität des Gottesdienstes ausmachen und ihn vom Alltag abheben. Es geht um eine »affektive Betroffenheit durch das Wahrgenommene« (Böhme 1995/⁴2019, 47). Hierfür hat Böhme die Kategorie der ›Atmosphäre‹ in den kulturwissenschaftlichen Diskurs eingeführt. Durch die Erzeugung von Atmosphäre kann eine religiöse Erfahrung evoziert werden. So sind Kirchenräume auch gegenwärtig solche »hybride[n] Räume der Transzendenz« (Erne 2017). Auch die Musik als Resonanzraum religiös imprägnierter Atmosphäre wird in der evangelischen Liturgik traditionell mit großem Wohlwollen betrachtet (Korsch/Röhring/Herten 2011; Gräb 2018, 281–285; Krummacher 2020).

Homiletisch ist die Erwartung einer guten Predigt mit dieser hohen Zustimmung zur ästhetischen Erlebnisqualität des Gottesdienstes in Beziehung zu setzen. Zugleich ist sie m. E. mit einer anderen Einsicht der KMU 6 zu verbinden. Neben der Häufigkeit der Gottesdienstbesuche wird dort nämlich auch nach den Anlässen für solche Besuche gefragt (vgl. KMU 6, 2023b, Frage 89, 19). Als mögliche Anlässe werden vorgeschlagen: Heiligabend/Weihnachten, Karfreitag, Ostersonntag bzw. Ostermontag, Toten- bzw. Ewigkeitssonntag, im Urlaub, zu familiären Anlässen (z. B. Taufe, Konfirmation, Hochzeit oder Beerdigung), Familiengottesdienste, Gottesdienste mit klassischer (alternativ: moderner) Musik, Lobpreisgottesdienste, Segnungsgottesdienste, Gottesdienste zu besonderen Themen (z. B. Ökologie, Frieden, Gerechtigkeit) oder andere alternative Formen. Vorweg sei gesagt, dass die Auswahl etwas überrascht, nicht, weil diese sich stark am Kirchenjahr orientiert, sondern weil sie im Horizont von (teilweise veralteten) binnenkirchlichen Diskursen bleibt, wie z. B. das alternativlose Gegenüber von klassischer und moderner Musik, aber auch die Nennung von Lobpreis- und Segnungsgottesdiensten oder der Verweis auf die Trias von ›Ökologie, Frieden, Gerechtigkeit‹ zeigen. Auch fehlen Gottesdienste mit hoher Erlebnisqualität, die sich zuletzt erheblichen Zuspruchs erfreuten, wie z. B. die Feier der Osternacht oder Einschulungsgottesdienste. Dieses Desiderat der Befragung wirkt umso schwerer, als dass die angegebenen Präferenzen sehr eindeutig sind: Die bevorzugten Anlässe sind familiärer Natur (ev.: 91%; kath.: 94%; konfessionslos: 73%), gefolgt von Weihnachten (ev.: 84%; kath.: 81% und konfessionslos: 71%; KMU 6, 2023c, Frage 89, 34f.). Es ist der konkrete biographische und lebensweltliche Bezug, der den Gottesdienstbesuch veranlasst und ihn bedeutsam werden lässt. Der Gottesdienst wird kasualisiert. Wenn der Anlass es nahelegt, etwa weil er den Einzelnen oder die familiäre Gruppe unmittelbar betrifft und eine Resonanz im eigenen Leben hat – dann wird dem Gottesdienstbesuch Bedeutung zugeschrieben.

In der Zusammenschau dieser beiden Ergebnisse – der Gottesdienst muss eine Erlebnisqualität haben und mit einem Anlass verbunden sein – lässt sich die Bedeutung der Liturgie für die soziale Dimension der Predigt mit der gebotenen Vorsicht näher beschreiben: Die Hochschätzung der Ästhetik des Gottesdienstes korreliert mit dessen lebensweltlicher Situierung. Raum, Musik, kurz die Atmosphäre ist bedeutsam wie eben auch der individuell-biographische, familiär-kasuelle oder der festbezogene Anlass. Ästhetik und Lebensweltbezug, Erlebnis und Deutung gehören aus Sicht der Menschen, die einen Gottesdienst besuchen (wollen), zusammen.

Versuchsweise sollen diese beiden Perspektiven hier im Begriff der ›Emotion‹ verbunden und nach der Emotionalität von Gottesdienst und Predigt gefragt werden (zu »Gottesdienstgefühlen« vgl. Roth 2013; zur theologischen Rezeption des Emotionen-Diskurses u. a. Barth/Zarnow 2017). Besonders das kulturwissenschaftliche Konzept von Emotionen als sozialer Praxis, wie Monique Scheer es entwickelt hat, erweist sich m. E. als hilfreich (u. a. Scheer 2016. 2019; mit Bezug auf die Stimme und den Raum der Predigt rezipiert bei Stetter 2022). Emotionen sind insofern eine soziale Praxis als dass sie ein »habitualisiertes Verhalten« (Scheer 2019, 353) darstellen. In ihnen verbinden sich Physiologie und soziales Verhalten. »Emotion ist kul-

1 Die Predigt im Gottesdienst

turelle Praxis, weil sie ein kulturell geprägtes, eingeübtes Tun ist, und weil Menschen dieses Tun aufgreifen, um es zu verfeinern und mit weiteren Bedeutungsebenen zu verknüpfen, um ›hochkulturelle‹ oder künstlerische Formen zu schaffen« (Scheer 2019, 352). In diesem Konzept lassen sich Individualität und Sozialität, Innerlichkeit und Äußerlichkeit, Spontaneität und Ritual, Aktivität und Passivität, Ergriffensein und Ausdrucksgestalt etc. verbinden. Denn gerade im Blick auf die Deutung des liturgisch-rituellen Geschehens ist entscheidend, dass Praktiken immer als Praxiskomplexe auftreten. »Wahrnehmen, Denken, Fühlen, Körperteile bewegen oder stillhalten: das alles wird gleichzeitig vollzogen und ist miteinander verbunden« (Scheer 2019, 356f.). Das gilt auch für Emotionen, »denn wie alle Praktiken sind sie mit Sprache, Gesten, Erinnerungen, dem Hantieren mit Artefakten, dem Wahrnehmen von Räumen, Gerüchen und Klängen, und vor allem den Praktiken anderer Akteure verbunden« (Scheer 2019, 357). Scheer evaluiert vier »Emotionspraktiken« (Scheer 2019, 357; im Orig. hervorgeh.): mobilisierende, benennende, kommunizierende und regulierende Praktiken.

Mobilisierende Praktiken zielen auf die Evokation von Emotionen. Hierzu zählen laut Scheer alle »Arten des rituellen Handelns«, also auch »Hochzeitszeremonien und Beerdigungen, Gottesdienste und Gebet« (Scheer 2019, 357). Mobilisiert werden können Gefühle durch Körperpraktiken, durch Geselligkeit, durch Musik, aber auch durch Räume, und besonders gut, wenn Menschen »habituell darauf vorbereitet sind und deshalb eine gewisse Bereitschaft, Disposition oder Willigkeit mitbringen« (Scheer 2019, 357). Für unseren Zusammenhang: Die emotionale Wirksamkeit der Liturgie ist auch davon abhängig, dass die jeweilige rituelle Form emotional anschlussfähig ist, weil sie bekannt, verständlich, nachvollziehbar ist. Die vergleichsweise starke Resonanz, die die Atmosphären und der kasuelle Bezug von Gottesdiensten auszulösen vermögen, verstärken diese Lesart. Umgekehrt ist zu fragen, ob die Mobilisierung von Emotionen im Gottesdienst gelingen kann, wenn die Form nicht nur fremd, sondern unverständlich ist und »Disposition oder Willigkeit« ins Leere laufen.

Benennende Emotionspraktiken erinnern an die Bedeutung von sprachlichen Äußerungen. Sie lassen sich z. B. im Rahmen von Buß- und Dankgebeten ausmachen.

Bei kommunizierenden Emotionspraktiken geht es um den wechselseitigen Austausch von Emotionen. Da viele dieser Praktiken »der Rhetorik als Überzeugungskunst zugeordnet« (Scheer 2019, 358) seien, verweist Scheer in diesem Zusammenhang explizit auch auf die Predigt. Für die Predigt kann ergänzend auch an Luther erinnert werden. Luther bevorzugte nämlich aus eben diesem Grund Quintilians *Institutio oratoria* gegenüber Ciceros *De oratore*. Quintilian rückt in Fragen der Überzeugungskraft der Rede die Fähigkeit des Redners, Gefühle zu erregen, ins Zentrum und eben nicht die Ratio. »Geist und Lebensatem« der rhetorischen Aufgabe liege »in den Gefühlswirkungen« (»adeo velut spiritus operis huius atque animus est in adfectibus«, Quintilianus, Institutio, VI, 2, 7). Luther vertrat zudem, wie auch Quintilian, die Überzeugung, dass die Gefühle, die die redende Person erzeugen wolle, auch bei ihr selbst vorhanden sein müssten. Im Blick auf die Predigt heißt das, dass die persönliche, von religiöser Erfahrung geprägte Gefühlsbeteiligung des Redners notwendig ist, um andere für eine religiöse Sicht zu gewinnen (vgl. unten III.2.3). Herz und Gewissen müssen für Luther berührt sein, »denn niemand kann richtig über die Heilige Schrift sprechen, noch sie als Hörer richtig aufnehmen, wenn sein Gefühl damit nicht übereinstimmt, so daß er in seinem Inneren fühlt, was er äußerlich hört bzw. spricht, und sagt: ›Ja, wahrhaftig, so ist es‹« (WA 3, 549, 33–35; Übersetzung von Stolt 2000, 56). Auf die gleiche Pointe zielt auch der oft zitierte Satz Luthers: »Sola experientia facit theologum« (WA.TR 1, 13, 16; vgl. Stolt 55). Auch in dem oben vorgestellten Lehrbuch von Carpzov finden sich immer wieder Hinweise darauf, wie mittels Tropen, Figuren und folgerichtigen Argumenten Gefühle, Vorstellungen und der praktische Wille beeinflusst werden können (vgl. II.2.3). Auch die Predigtidee, wie Spener sie vertrat, hat eine wesentliche Pointe in der Kommunikation von Gefühlen. »Nur wer als Prediger durch eine ›wahrhaftige bekehrung‹ vom Heiligen Geist selbst ›affektiert‹ ist, kann den geistlichen Affekten des Predigttextes nachgehen, um ebendiese Affekte dann auch im Predigthörer zum Zwecke von dessen Bekehrung oder Erbauung ›erwecken‹ zu können« (Straßberger 2012, 269; vgl. auch Straßberger 2021 und II.3.2). Diese Linie ließe sich durch die Geschichte der Predigt und Homiletik weiterverfolgen.

Der vierte von Scheer angeführte Aspekt, nämlich der der Regulierung von und durch Emotionspraktiken, erinnert an die Wechselwirkung von Emotionen und sozialer Ordnung, also an die Normierung, Kontrolle, Manipulation, »Dämpfung und Lenkung« (Scheer 2019, 359) von Emotionen. Auch hier legen sich unmittelbar Rückschlüsse für den Gottesdienst nahe: Verhaltensnormen wie Knien, Stehen, Schweigen, Sitzen in Schulbänken oder eben Klatschen, Tanzen, Dazwischenrufen, Weinen, Lachen etc. bringen kulturelle Differenzen emotionaler Praktiken zur Darstellung. Zugleich öffnet sich ein weites Feld von möglichem Fehlverhalten (Fuchs [2]2022). Für die Predigtpraxis wie -forschung lassen sich aufschlussreiche Fragen ableiten: Welche Emotionen wollen sie hervorrufen? Welche gerade nicht? Welche sollen womöglich unterdrückt, reguliert, aber auch zensiert oder manipuliert werden? Wie lässt sich die unscharfe Grenze zwischen religiöser Rede und religiös imprägnierter Propaganda beschreiben?

Predigt und Liturgie lassen sich also in vielerlei Hinsicht als Emotionspraktiken lesen (für die Predigt s. Grözinger 2013; Pock/Roth/Spielberg 2022). Womöglich lassen sich darüber die wünschenswerte ästhetische Erfahrung in einem Gottesdienst, seine lebensweltliche Anschlussfähigkeit und die Erwartungen an die Qualität einer Predigt verbinden. Dann treten Predigt und Liturgie in einen wechselseitigen, konstitutiven Verweiszusammenhang.

Nota bene: Die Emotionalität von Gottesdienst und Predigt macht diese gerade nicht zum Ort von rein individueller Befindlichkeitskommunikation. Auch wenn die Predigtperson von den religiösen Gehalten affiziert sein muss, diese gleichsam durch sie hindurchgegangen sein müssen, kann die Person in den jeweiligen Einzelvollzügen nicht ständig unmittelbar zu sich selbst sein. Vielmehr zielt der emotionale Gehalt von Gottesdienst und Predigt auf die Vermittlung von Individuellem und Sozialem. Um es mit Albrecht Grözinger zu formulieren:

> Predigt soll Religion als *Anschauung und Gefühl* stärken, in dem [sic] sie den *Sinn und Geschmack für das Unendliche* ausbildet. [...] Anschauung und Gefühl sowie Sinn und Geschmack können immer nur individuell ausgebildet werden. Damit steht die Predigt in einer gewissen Spannung. Sie ist öffentliche Rede vor der versammelten Gemeinde und zielt doch auf das, was nur als höchst Individuelles leben kann. Diese Spannung zu gestalten, darin besteht [...] die homiletische Herausforderung. [...]. Die Predigt dient der Vergemeinschaftlichung des Gefühls, ohne dessen Individualität zu verletzen (Grözinger 2013, 318, Hervorh. i. Orig.).

In Liturgie und Predigt geht es also nicht um die Predigtperson, um ihre Gefühle, ihre Befindlichkeiten, ihre Anliegen, auch wenn es ohne diese Person nicht geht. Es geht nicht ohne die Person, aber nicht um sie.

2 Die Predigtperson – die Vermittlung zwischen Individualität und Sozialität der Predigt

Auch die Entscheidungen und Regularien, mittels derer eine religiöse Gemeinschaft den Zugang zum Predigtamt organisiert, sind Teil des Zusammenhangs von Kirchenbild und Predigtideal und beleuchten Dimensionen der sozialen Wirksamkeit der Predigt. Den drei vorgestellten, konfessionskulturell unterschiedlichen Figurationen des Verhältnisses von Predigt und Liturgie korrespondieren drei unterschiedliche Autorisierungs- und Legitimierungsstrategien der Predigtperson.

2.1 Konfessionskulturelle Differenzen der Legitimierung und Autorisierung von Predigtpersonen

a. Das katholische Priesteramt

Die Predigt in der römisch-katholischen Messe (Eucharistiefeier) fällt als Teil der Liturgie in den Aufgabenbereich des Bischofs und kann von da aus nur geweihten Priestern übertragen werden. So heißt es im Codex Iuris Canonici: »Im Hinblick auf die ganze Kirche ist die Aufgabe, das Evangelium zu verkündigen, vornehmlich dem Papst und dem Bischofskollegium anvertraut« (Can. 756, § 1). Und: »Es ist eigene Aufgabe der Priester, die ja Mitarbeiter der Bischöfe sind, das Evangelium Gottes zu verkündigen; vor allem sind dazu verpflichtet, im Hinblick auf das ihnen anvertraute Volk, die Pfarrer und andere, denen Seelsorge übertragen ist« (Can. 757). Die römisch-katholische Kirche leitet das Priesteramt über das Apostelamt aus dem Bischofsamt ab und bestimmt es über die Feier der Eucharistie. Daher eignet dem Priesteramt eine eigenständige Würde. Es ist eine Weihefunktion (vgl. Can. 129, § 1). Für Frauen und verheiratete Männer ist es nicht zugänglich. Unterschieden werden also zwei Gruppen von Christen: »Kraft göttlicher Weisung gibt es in der Kirche unter den Gläubigen geistliche Amtsträger, die im Recht auch Kleriker genannt werden, die übrigen dagegen heißen auch Laien« (Can. 207, § 1). In bestimmtem Umfang können Laien »zur Mitarbeit mit dem Bischof und den Priestern bei der Ausübung des Dienstes am Wort berufen werden« (Can. 759). Für die Messe gilt jedoch das Predigtverbot für Laien, und damit auch für Frauen bis auf den heutigen Tag (Verbot der Laienpredigt auf der Synode von Verona 1184; DH 761; vgl. Hallermann 2017).

Es werden also unterschiedliche Formen der Wortverkündigung unterschieden. Zum einen gibt es die Homilie, also die Predigt in der Messe, »die Teil der Liturgie selbst ist und dem Priester oder dem Diakon vorbehalten wird« (Can. 767). Daneben gibt es die Predigt in anderen Gottesdiensten, die unter Umständen auch Laien möglich ist. Diese Feiern haben aber für das Selbstverständnis der Kirche nicht die gleiche Bedeutung wie die Eucharistie.

b. Das evangelische Predigtamt

Das *Luthertum* hat durch die Ableitung des Amtes aus dem Gedanken des ›Priestertums aller Getauften‹ einen entschieden anderen Akzent gesetzt (zu den Entwicklungen des ev. Amtsverständnisses kompakt Pohl-Patalong 2007). Das Amt ist eine Funktion der Kirche und nicht die Kirche eine Funktion des Amtes. Das Amt hat dienenden Charakter, denn konstituierend für die Kirche ist das Wort. Als Dienst aber stellt es für Luther eine Grundordnung der Kirche dar. Die inhaltliche Beschreibung des Amtes ergibt sich aus dem Verständnis der Predigt als der Vergegenwärtigung des Wortes. Das Amt ist wesentlich und zuallererst Predigtamt. Der Person, die es versieht, eignet kein besonderer, eigenständiger Status. Zwischen Ordinierten und Nicht-Ordinierten gibt es in religiöser Hinsicht keinen Unterschied. Jeder Christ ist beauftragt, im Alltag das Evangelium zu bezeugen und zu ›predigen‹. Für die öffentliche Predigt ist freilich eine Ordnung notwendig, die die Allgemeinheit, die Dauerhaftigkeit und die Transparenz garantiert. Dafür steht das öffentliche Predigtamt, das zunächst einmal dem eines »amptman« vergleichbar ist. Man wird in das Amt berufen, kann es aber auch wieder verlassen (vgl. WA 6, 408, 19–21). Das Recht, in das Amt zu berufen, obliegt der Gemeinde, was bei Luther freilich nicht im Sinne einer demokratischen Wahl gedacht ist. Weil die Gemeinde für den Allgemeinheitsanspruch des Amtes steht (»rite vocatus«, Confessio Augustana Art. XIV), sind Selbstberufungen ausgeschlossen. »Die Berufung erhält ihre Legitimation dadurch, daß sie einerseits im allgemeinen Interesse erfolgt, daß sie aber andererseits durch eine nach göttlicher Ordnung autorisierte Instanz vollzogen wird« (Rössler [2]1994, 339).

Die sich allmählich durchsetzende Ordination bündelt diese unterschiedlichen Perspektiven in einem liturgischen Akt. Traditionell setzt die Ordination eine akademische und berufspraktische Ausbildung (Weyel 2006) und die Übernahme eines Pfarramtes voraus. Im Sinne kritischer Regulative werden Qualitäts- und Ausbildungsstandards formuliert, stetig weiterentwickelt und von Bewerbern eingefordert. Daneben gab es schon immer sog. alternative Zugänge zum Pfarrberuf. In Zeiten rückläufiger Studierendenzahlen gewinnen diese Alternativen auch gegenwärtig verstärkt an Bedeutung. Das Theologiestudium mit seinem aus dem 19. Jahrhundert erwachsenen Fächerkanon (s. I.1.2.b) gerät dabei zunehmend unter Legitimierungs- und Reformdruck.

Die *reformierten Kirchen* haben gegenüber dem Luthertum von Beginn an stärker die innere, persönliche Berufung (vocatio interna) betont und eine ausschließliche Fokussierung auf das Predigtamt durch dessen Einbettung in ein Netz von Ämtern eingehegt. So kennt die Genfer Kirchenordnung neben den Pastoren, denen die Verkündigung und Sakramentsverwaltung obliegt, die sog. Doktoren, zuständig für weitere Formen öffentlicher Schriftauslegung und Katechese, die Diakone, die sich um die sozialen Belange des Gemeinwesens kümmern sollen, und die Ältesten, die Kontroll- und Aufsichtsfunktionen wahrnehmen (Genfer Kirchenordnung 1541/61/2023; vgl. auch Calvin, Institutio, IV, 3, 1–3; 16). Das Predigtamt ist hier in eine ethische Praxis des religiösen Gemeinwesens eingebunden.

c. Legitimierung durch Berufung, Charisma und Erfahrung

Noch einmal anders erfolgt die Legitimierung zur Predigt in zahlreichen Freikirchen und evangelikal-pentekostalen Gruppen. Meist kommt hier der persönlichen Berufung durch Gott, dem individuellen Charisma und der eigenen religiösen Erfahrung die entscheidende Bedeutung zu. Die damit angezeigte Spannung von (allgemeinem) Amt und (persönlichem) Charisma gehört freilich von Beginn an zum Christentum (vgl. Theissen 2004). In allen Jahrhunderten traten Prediger ohne formale Legitimation auf, die zu Umkehr und Kirchenreform aufriefen. Dieser Impuls findet sich in der Predigtpraxis charismabegabter Wanderprediger und -predigerinnen z.B. im Pietismus oder auch in freien christlichen Gruppen des 19. Jahrhunderts.

Die Rede vom ›Charisma‹ steht für eine Legitimierungs- und Autorisierungsstrategie, die die persönliche, durch Gott selbst erfolgte Berufung zum Predigtamt und die persönlichen Glaubenserfahrungen betont (vgl. oben II.2.9.2). Im Anschluss an Max Weber lässt sich diese Legitimation zur Predigt als in der Tradition der Propheten stehend beschreiben, denn »die Verkündigung einer religiösen Heilswahrheit kraft persönlicher Offenbarung« sei das »entscheidende Merkmal des Propheten« und unterscheide diesen vom Priester, aber auch vom Mystagogen, Lehrer oder Zauberer (Weber ^{5}1980, 272). Weber unterscheidet zudem zwischen ethischer und exemplarischer Prophetie. Der exemplarische Prophet zeigt »an seinem eigenen Beispiel den Weg zum religiösen Heil«, während der ethische Prophet »kraft des Auftrags Gehorsam als ethische Pflicht fordert« (Weber ⁵1980, 273).

Während v. a. für die Legitimierung der sog. politischen Predigt von kirchlichen Amtsträgern nicht selten der Typus des ethischen Propheten herangezogen wird (vgl. unten III.3.2.a zum ›prophetischen Wächteramt‹), lässt sich das Legitimierungsmodell zahlreicher pentekostal-evangelikaler Prediger mit dem Muster der exemplarischen Prophetie deuten. Die Überzeugungskraft und soziale Wirksamkeit der Predigt werden eng mit der religiösen und persönlichen Glaubwürdigkeit verknüpft. Die Biographie, der Lebenswandel, die religiösen Erfahrungen, die Begabung und das religiöse wie rhetorische Talent der einzelnen Predigtperson sind entscheidend. Während die verfassten Kirchen den Zugang zum Amt regulieren und damit die Predigt zugleich sozial einbetten, um sie für eine größtmögliche Allgemeinheit und Pluralität anschlussfähig zu machen, werden Amt und Predigt in pentekostal-evangelikalen Gemeinden individualisiert, damit aber auch die Gruppe der Hörer stärker homogenisiert. Hier zeigt sich die homiletische Erschließungskraft der Troeltschen Unterscheidung, denn das Konzept der Sekte wird unmittelbar bedeutsam für das Verständnis des Predigt- und Predigerideals (vgl. oben I.2.2.b).

Die Erwartungen, die an die Form und Intensität der Berufung sowie an den Lebenswandel gerichtet werden, unterscheiden sich historisch und kulturell erheblich, bilden aber bis in die Gegenwart hinein oft das Berufs- und Persönlichkeitsideal des jeweiligen Hörermilieus ab bzw. prägen dieses (vgl. z. B. Freudenberg 2024). Teilweise stehen Ideale wie Reichtum, Schönheit, erfolgreiche Familie im Zentrum, dann aber auch das genaue Gegenteil – Ideale von Armut und Askese. In jedem Fall wird die individuelle Glaubensgeschichte und die persönliche, religiös motivierte (und inszenierte) Lebensführung zur Modellbiographie (›story telling‹; ›storied identity‹). Diese Legitimationsstrategien und die damit verbundenen Ideale sind umstandsfreier an die Bedingungen und Ideale digitaler religiöser Kommunikation anschließbar (vgl. II.9.2; zum Wandel des pastoralen Dienstes in Freikirchen vgl. Haubeck/Heinrichs/Wagner 2023).

Die unterschiedlichen Legitimations- und Autorisierungsstrategien bilden im ökumenischen Gespräch das entscheidende Hemmnis, das letztlich ohne grundlegende Änderungen der dogmatischen Bestände und ohne tiefgreifende Eingriffe in das jeweilige ekklesiologische Selbstverständnis nicht aufzuheben ist. Ein Verständnis der Predigt als Ausdrucksgestalt ekklesiologischer Entscheidungen führt daher ins Zentrum bleibender und theologisch weithin unhintergehbarer konfessionskultureller Differenzen.

2.2 Frauen und die Predigt

Ein eigenständiges Thema ist der Zusammenhang von Gender und Predigt bzw. die Schwierigkeit von Frauen, sich für die öffentliche Predigt zu legitimieren. Aufgrund der dominanten Stellung der verfassten Kirchen in Deutschland und deren regulierten Verfahren blieb Frauen der Zugang zu einer akademischen Ausbildung und damit zur Ordination und den vollen pfarramtlichen Rechten und Pflichten über Jahrhunderte hinweg verwehrt. Trotz der reformatorischen Vorstellung vom ›Priestertum aller Getauften‹ wurde das Predigtverbot für Frauen unter Rückgriff auf exegetische (1Kor 14, 33–36; 1Tim2, 8–15; Tit 2, 3–5; 1Petr 3, 1–2; Eph 5, 21–33) und dogmatische bzw. dogmatisierende Denkfiguren argumentativ lange stabil gehalten. In Zeiten kirchlicher Auf- und Umbrüche haben Frauen jedoch immer wieder die kurzzeitig entstehenden Freiräume für Predigtaktivitäten genutzt, so z. B. in den Anfängen des Pietismus bei der Herrnhuter Brüdergemeine und in den sog. radikalen Gruppen (vgl. die Quellensammlung bei Albrecht-Birkner/Breul/Jacob/Matthias/Schunka/Soboth 2017, 288ff.). Mit der schrittweisen Zulassung von Frauen zum Studium wurden Frauen von ca. 1900 an auch in der Theologie präsenter (in Preußen von 1896 an als Gasthörerinnen, von 1908 an mit allgemeiner Erlaubnis). Ihr langer Weg ins Pfarramt begann. Doch auch wenn sie früh Gemeindeaufgaben übernehmen konnten, wurden sie lange Zeit nicht zum vollumfänglichen geistlichen Amt ordiniert. So vertraten sie z. B. während des Zweiten Weltkriegs v. a. im Kontext der Bekennenden Kirche die abwesenden Pfarrer vollumfänglich. Das aber galt als Notmaßnahme (vgl. Herbrecht/Härter/Erhart 1997). Auch die Ordination der Vikarinnen Ilse Härter (1912–2012) und Hannelotte Reiffen (1906–1985) durch Präses Kurt Scharf (1902–1990) 1943 in Sachsenhausen (Brandenburg) änderte nichts daran, dass den Frauen nach 1945 meist wieder nur die Aufgaben einer Diakonin oder Lehrerin übertragen wurden. Auf dem Gebiet der DDR erhielten Frauen im EKU-Bereich Ost 1962 die volle Gleichstellung. Als Ende der 1960er in den westdeutschen Kirchen der Pfarrermangel signifikant wurde, setzte sich bis 1978 in allen Gliedkirchen der EKD außer Schaumburg-Lippe (hier erst 1991) die volle Gleichstellung der Frauen im Pfarramt durch. Verbunden blieb die Übernahme eines Pfarramts für Frauen lange mit der Auflage der

Ehelosigkeit (vgl. »Darum wagt es Schwestern ...« 1994; Herbrecht/Härter/Erhart 1997; Herbrecht 2000; Banhardt/Gräßel-Farnbauer/Israel 2023).

Ob und wie Frauen den Pfarrberuf und auch das Predigtamt verändert haben bzw. verändern (z. B. Mantei/Sommer/Wagner-Rau 2013; kritisch Graf 2011, 104ff.) wird ebenso diskutiert wie Überlegungen, ob nicht einer feministischen Homiletik im Horizont postkolonialer Konzepte das Potential zur Kirchenerneuerung eigne (Müller 2022b; Müller/Suhner 2023). Unabhängig von einer theologischen und homiletischen Positionierung ist jedoch festzuhalten, dass der Beitrag von Frauen zur (deutschsprachigen) Predigtgeschichte bislang nur unzureichend erforscht und gewürdigt ist.

Aber auch in christlichen Religionskulturen im nicht-deutschsprachigen Raum ist der Beitrag von Frauen für die öffentliche Predigtkultur nur unzureichend rezipiert, gerade auch für das Selbstverständnis der jeweiligen Religionsgemeinschaft. Gerade im englischsprachigen Raum und im US-amerikanischen Kontext, genauer im Methodismus (Lenton/Norris/Ryan 2020), bei den Quäkern und in einigen baptistischen Kirchen traten im Laufe des 19. Jahrhunderts zahlreiche Predigerinnen auf, die erst allmählich in die Geschichte der Predigt eingeschrieben werden (vgl. z. B. Hardesty 1984; Brekus 1998; Pope-Levison 2004; Giver-Johnston 2021; Hanch 2022). Teilweise traten diese Predigerinnen für soziale Veränderungen (Abschaffung der Sklaverei) und auch für (allgemeine) Frauenrechte ein, zuweilen propagierten sie aber auch einen biblisch orientierten, eigenständigen Feminismus. Oft ging, wenn die Gruppierungen wuchsen und sich institutionalisierten, die anfängliche Unterstützung für die Predigerinnen zurück. Zu erinnern ist exemplarisch an Jarena Lee (1783–1864), Sojourner Truth (1797–1883), Phoebe Palmer (1807–1874) oder auch Catherine Booth (1829–1890), der Mitbegründerin der Heilsarmee und Verfasserin eines Pamphlets, welches das Recht der Frau zu predigen propagiert (Booth 1859/2013).

2.3 Die Tugenden der Predigtperson

Das Predigtamt gehört zu den grundlegenden Einrichtungen der evangelischen Kirche und der Zugang dazu ist aus guten Gründen durch akademisches Studium und Vikariat weitgehend reguliert und vereinheitlicht. Beides – die Einrichtung des Amtes wie die Zugangsgestaltung – ist Teil der Auslegungs- und Wirkungsgeschichte reformatorischer Bekenntnistexte. Dieser Zusammenhang von Amt und notwendiger theologischer (Aus-)Bildung wurde in den zurückliegenden Jahren mit dem Begriff der ›Kompetenz‹ beschrieben (u. a. Rössler ²1994, 153–157; Herms 1978/1982). Theologische Kompetenz beruhe, so der Gedanke, auf theologischer Bildung und beschreibe ein Handeln, »das seine Ziele nicht zufällig, sondern aufgrund einer Orientierung an bewährten theoretischen Einsichten erreicht« (Herms 1978/1982, 38). Die »bewährten theoretischen Einsichten« stellen kein abstraktes, überzeitliches Wissen dar, sondern müssen sich stets neu als gegenwarts- und zukunftstauglich erweisen. Kompetenz ist also nicht statisch, sondern verweist auf einen Bildungsprozess, der der Welt- und Selbstdeutung dient und auf die individuelle Aneignung der »bewährten theoretischen Einsichten« zielt:

> Sofern es sich um die entfaltete, theoretisch ausgearbeitete Gestalt der persönlichen Identität des Theologen handelt, könnte man sagen: Die Bildung des Theologen begründet seine Kompetenz. Und sofern es sich um die theoretisch ausgearbeitete Gestalt der persönlichen Identität des Theologen handelt, die das individuelle Moment der Persönlichkeit nicht abstreift, sondern begreift, kann man sagen: Die durch die Bildung des Theologen begründete Kompetenz ist stets individuelle Kompetenz (Herms 1978/1982, 48).

Der so formulierte Kompetenzbegriff bildet die pastoraltheologische Einsicht ab, dass unter den Bedingungen der Moderne die Person das Amt trägt und nicht das Amt die Person. So gehören für Pfarrer und Pfarrerin Amt und Person auch in der Moderne zusammen und bilden eine spannungsvolle Dialektik, aber die Schwerpunkte verschieben sich, weg vom Amt, hin zur Person. Die öffentliche und soziale Wirksamkeit der Pfarrpersonen hängt nun erkennbar daran, dass das Amt durch die Person gefüllt und (hoffentlich positiv) sichtbar gemacht wird. Die theologische Bildung gewährleistet dabei eine produktive Distanzierung der Person von sich selbst. Nur mittels theologischer Bildung seien, so die leitende Idee, konfessorische oder kirchenpolitische Überidentifikationen, durch Privatmeinungen begründete Parteinahmen und pastorale Machtphantasien zu verhindern. Christian Albrecht sprach in diesem Sinn zuletzt von »gebildeter Souveränität« als Bildungsziel des Theologiestudiums und als Horizont des Pfarrberufs (Albrecht 2017).

Mittlerweile hat das heuristische Potential des Kompetenzbegriffs jedoch gelitten. Dies liegt v. a. daran, dass er zu einer erlernbaren und abprüfbaren Kategorie wurde. Er hat sich in zahlreiche Modulhandbücher und Bildungspläne eingeschrieben. Auch in pastoraltheologischen wie religions- und gemeindepädagogischen Kontexten wurde er ubiquitär und zugleich in Einzelkompetenzen ausdifferenziert. So werden für die einzelnen pastoralen Handlungsfelder bestimmte Kompetenzen – homiletische, poimenische etc. – ausgewiesen, die durch theologisch-hermeneutische, aber auch kommunikative, spirituelle oder kybernetische Kompetenzen zu flankieren sind. Für das theologische Studium insgesamt werden z. B. Sprachkompetenzen von theologischen Basiskompetenzen oder Kompetenzen in Interkultureller Theologie unterschieden. Die theologische Bildung ist in Einzelkompetenzen zerfallen und der Kompetenzbegriff droht seiner integrativen Funktion und Leistungskraft verlustig zu gehen.

Die Idee einer auf Selbstreflexion und Selbstdistanzierung zielenden theologischen Bildung wird freilich auch durch andere Entwicklungen herausgefordert. Es sind, wie oben gezeigt (II.9.2), insbesondere die Dynamiken der Digitalisierung, die die Frage intensivieren, ob und welche Bedeutung der Person, ihrer Biographie, ihren Erfahrungen und ihrem Lebensstil zuzuschreiben sind. Der Selbstdistanzierung wird die Selbstinszenierung gegenübergestellt, die zu einseitiger Privatisierung und Personalisierung drängt (vgl. das Paradigma der ›Singularitäten‹ bei Reckwitz 2019).

Für die Homiletik stellt sich also die Frage, wo und wie die Person ins Spiel kommt und wie einerseits theologische Bildung nicht zu einem historisierenden Selbstzweck wird, sondern ihre selbstdistanzierende Funktion wahrt und andererseits der Aspekt der notwendigen persönlichen Aneignung des Religiösen zum Zuge kommt, ohne in privaten Ästhetik- und Charakteranmutungen aufzugehen. Antike Rhetorikkonzepte haben hierfür das rhetorische Ideal eines ›vir bonus‹ entwickelt und dabei auf tugendethische Denkfiguren zurückgegriffen. So heißt es bei Quintilian: »gut reden kann nur ein guter Mensch« (»bene dicere non possit nisi bonus«, Quintilian II, 15, 34). Es geht um Persönlichkeitsideale und Haltungen, die für die redende Person erstrebenswert sind, weil sie der Rede Gewicht und Glaubwürdigkeit zu geben vermögen (zum argumentativen Gewicht der Person s. u. a. Leeten 2019, 69–74).

Für die Beschreibung der Predigtaufgabe und der dafür notwendigen personalen Voraussetzungen könnte es anregend sein, diese in der homiletischen Diskussion bislang kaum rezipierten, tugendethischen Denkfiguren aufzugreifen (vgl. Stock 2011, 346-350; s. insgesamt Stock 1995; im Überblick Horn ²2019, 237–268). Dabei kann es nicht um die Etablierung einer abprüfbaren Kategorie gehen, sondern darum, notwendige personal-intrinsische Aspekte des Predigtgeschehens thematisieren zu können. Es geht um eine Kategorie der Selbstreflexion.

Die Predigt ist, nimmt man ihre soziale Wirksamkeit ernst, stets auch ein verantwortungsvolles Handeln zum Wohl aller (s. III.3.2). Tugendethische Erwägungen erinnern daran, dass ein solches Handeln nie ausschließlich von subjektiven und individuellen Bedingungen abhängt, also auch nicht von der »geistig-seelische[n] Verfassung« (Stock 2011, 353) und damit von persönlichen religiösen Gestimmtheiten, dass aber auf diese zugleich auch nicht verzichtet werden kann. Tugendethische Denkfiguren eignen sich zur Vermittlung von Individualität und Sozialität, denn in Bezug auf die Predigt vermögen sie allgemeine, inhaltliche Anliegen (z. B. die Frage nach dem guten Leben; vgl. III.3) und deren individuell-personale Vermittlung zu verbinden.

Unter Tugenden verstehe ich im Folgenden, in aller Vorläufigkeit und im Anschluss an Konrad Stock, diejenigen sittlichen Kräfte, »die Personen dazu befähigen, die gemeinsame Lebensgegenwart auch angesichts der Erfahrung von Not, Krankheit, Unrecht, Schuld kraft eigenen Handelns zu gestalten« (Stock 2015c). Sie sind »Momente individueller Handlungs- und Verantwortungsfähigkeit« (Stock 2011, 347). Nach protestantischem Verständnis bauen die Tugenden als Entfaltungen einer sittlichen Gesinnung auf der Gabe des Geistes auf (Gal 5,22.23). Sie sind daher immer beides – geistgewirkt sowie im menschlichen Leben zu entwickeln und zu pflegen. Die Reihenfolge ist dabei unumkehrbar – erst geistgewirkt und dann ein wollendes Handeln. Denn »angesichts der Gewalt der Sünde und ihrer Manifestation in den Lastern [kann] allein die Gewißheit des Glaubens die hinreichende Bedingung eines kontinuierlichen Wollens des Guten« sein (Stock 2005a, Sp. 653). Als ›göttliche‹ bzw. ›theologische‹ Tugenden werden Glaube, Hoffnung und Liebe (Röm 13,8; 1Kor 13,13; Gal 5,6) bezeichnet. Sie stehen dafür, dass der einzelne Christ wie auch die christliche Gemeinschaft ihr Leben »in der Zuversicht des Glaubens, in der Kraft der Liebe und in der Energie der Hoffnung« (Stock 2011, 346) gestalten. Die vier Kardinaltugenden Klugheit, Gerechtigkeit, Tapferkeit und Maß bzw. Besonnenheit sowie erworbene Tugenden wie z. B. Geduld, Vergebungsbereitschaft, Empathie, Nächstenliebe, Demut sind theologisch auf die göttlichen Tugenden zu beziehen. In der jeweiligen Zuordnung zeigen sich konfessionelle Unterschiede. In der Zusammenschau münden die Tugenden »in die Beschreibung eines wünschenswerten und vorzugswürdigen persönlichen Lebensstils – einer christlichen *Haltung*« und präsentieren damit »die Ethosgestalt des Glaubens als Ethos des Alltags und d. h. als gelebte Religion« (Stock 2005b, 263; Hervorh. i. Orig.).

Eine solche tugendethische Beschreibung ließe sich für alle pastoralen Handlungsfelder durchführen. Da die evangelische Pfarrperson nach reformatorischem Sinn aber genuin eine Predigtperson ist, werden sie hier homiletisch zugespitzt. Denn in homiletischer Hinsicht hält die Rede von der Tugend zwei Aspekte zusammen: Einerseits bedarf es einer Form der persönlichen Ergriffenheit und des Affiziertseins von den Gegenständen der Religion und des christlichen Glaubens. Andererseits kann diese Ergriffenheit kein unreflektierter, rein situativer Impuls sein, sondern ist auf Dauer anzulegen. Sie zielt auf die Ausformung einer Haltung. Vermutlich wird das »nicht ohne Akte der Selbsterziehung, der Selbstbeherrschung und der Selbstdisziplin« möglich sein (Stock 2011, 350).

Von persönlichen Motivlagen unterscheiden sich Tugenden durch einen Bezug auf etwas Allgemeines, auf etwas, das das Individuum überschreitet.

> Tugendethiken orientieren sich an herausragenden Beispielen menschlicher Gerechtigkeit, Großzügigkeit, Überlegtheit oder souveräner Gelassenheit. Solche Persönlichkeitsbilder haben den Vorteil, moralisches Handeln in den Kontext eines insgesamt wünschenswerten oder gelungenen Lebens zu stellen. Für neuzeitliche Ethiken fallen Motivationsfragen hingegen oft in den Bereich eines privaten Ethos; damit kommt es zu einer Subjektivierung oder Bagatellisierung von Persönlichkeitsbildern (Horn ²2019, 251).

Die Aufgabe zu predigen ist m. E. nicht durch den Erwerb von Einzelkompetenzen zu bewältigen und handwerklich operationalisierbar zu machen (wobei solche Einzelkompetenzen auch nicht schaden), sondern ist als ein lebenslanger Prozess der Selbstformung (Conrad/Kipke 2015) zu beschreiben. Fragen der religiösen Selbstformung und Selbstbildung gehören demnach zum Kernbestand der Homiletik. Es geht um ein beständiges Sich-Einüben in einen Lebensentwurf, der so einleuchtet, dass man ihm folgt und ihn zu realisieren sucht, stets im Wissen um die eigene Irrtumsanfälligkeit. Es geht um den Willen, als Christenmensch zu leben und erkennbar zu sein und dabei immer die eigenen Grenzen im Blick zu behalten (›simul iustus et peccator‹). Dieser Blick auf die eigenen Grenzen bildet die Sicherung gegenüber einer persönlichen Vergesetzlichung. Gerade die Trias von Glaube, Hoffnung und Liebe nimmt die Brüchigkeit und Unvollkommenheit der Existenz, auch des Glaubenden, in sich auf.

Eine solche Selbstformung und Selbstbildung vollziehen sich wesentlich »in den regelmäßig wiederholten Szenen der Begegnung mit dem Christus Jesus selbst im Medium des Evangeliums in Wort und Sakrament, in Lied und Gebet« (Stock 2011, 348). Damit kommt den biblischen Texten wie auch den Texten der theologischen Tradition an einer weiteren Stelle im Predigtverfahren Bedeutung zu. Sie sind gerade nicht ›nur‹ auszulegende Texte, sondern an und mit ihnen entwickelt und pflegt die Predigtperson eigene religiöse Tugenden. Glaube, Hoffnung und Liebe speisen sich durch den Umgang mit biblischen Texten, einem Umgang, der in konkrete Alltagsbezüge eingelassen ist.

Aber auch die Beschreibung der Predigtinhalte könnte von einer tugendethischen Grundierung homiletischer Fragen profitieren, denn ein weiteres Kennzeichen von Tugendethiken ist »die Zurückweisung eines Generalismus zugunsten eines wahrnehmungsbasierten Partikularismus« (Horn ²2019, 250). Ins Zentrum rückt der Einzelfall, wobei v. a. Fragen der Alltagsmoral, die Reflexion auf die persönliche Lebensführung und auf individuelle Lebensziele entscheidend sind. Jede Predigt wird an einem konkreten Ort, zu einer konkreten Zeit, vor einer konkreten Gemeinde und von einer individuellen Person gehalten und bezieht sich auf spezifische, alltags- und lebensweltrelevante Themen. Eine solche ›konkrete‹ Predigt weigert sich, »abstrakte, ›dünne‹ (thin) Begriffe zu verwenden oder abstandsnehmende (detached) Beschreibungen zu liefern« (Horn ²2019, 253). Die Predigtperson bringt diesen konkreten Glauben in ihren Haltungen zur Darstellung. Auch darin verbinden sich Predigtperson und Predigtinhalt.

Abschließend sei auf mögliche Rückfragen an eine tugendethische Fundierung der Homiletik hingewiesen. Tugendethiken stehen im Verdacht eines zumindest partiellen Traditionalismus. So bleiben die hier vorgetragenen Überlegungen in einer gewissen Distanz zu solchen pastoraltheologischen Überlegungen, die stark das Privat-Motivationale, die pastorale work-life-Balance und die Unterscheidung von Person und Amt sowie die Entlastung von (moralischer und religiöser) Überforderung ins Zentrum rücken. M.E. haben aber die von Schleiermacher formulierten Ansprüche an die Pfarrperson nichts an Angemessenheit und Aktualität verloren – dass nämlich alles, was den Geistlichen (Frauen im Folgenden eingeschlossen) »afficirt ihn religiös afficirt; niemals wird er glauben seinem Beruf Genüge geleistet zu haben, wenn nicht die Totalität seiner Amtsführung auch die Totalität seiner ganzen religiösen Selbstdarstellung ist« (Schleiermacher 1850/1983, PT, 205; im Orig. teilw. hervorgeh.). Predigtpersonen zeichnen sich also dadurch aus, dass sie »zu fast allem, was [sie] behandeln, eine innere Beziehung haben oder zu haben [sich] verpflichtet fühlen« (Barth ²2023, 63). Ohne einen solchen Surplus geht es m. E. in der Predigt und im Pfarramt nicht, auch wenn die Wirkung der Predigt weiterhin entzogen bleibt.

Kritisch einwenden könnte man auch, dass Tugenden oft ambivalenten Charakter haben. Zudem muss diskutiert werden, wer die als erstrebenswert geltenden Tugenden festlegt, gerade in einer pluralistischen Gesellschaft. Innerhalb der evangelischen Theologie führt dies notwendig zu Überlegungen, worin denn das religiöse Anliegen der Kirche und ihrer Predigt besteht. Aufgeworfen ist damit die Frage nach dem Wesen des Christentums. Hier werden sich positionelle Differenzen nicht vermeiden lassen. Diese sind m. E. sorgfältig und mit dem Willen zum kultivierten Streit zu pflegen und nicht aus Gründen der Harmonie oder des Durchsetzungswillen vorschnell zu verabschieden oder zu entscheiden. In diesem Sinn ist der folgende Abschnitt zu Inhalt und Absicht der Predigt explizit positionell angelegt. Er versucht, die tugendethische Grundierung der Predigtperson und ihrer Aufgabe mit einer religionstheoretischen Grundierung der Predigtabsicht zu korrelieren, um so das zentrale Anliegen dieses Bandes – zur Selbstreflexion anzuregen – erkennbar werden zu lassen.

3 Inhalt und Absicht der Predigt – am Einzelnen orientiert, auf das Gemeinwohl gerichtet

Fragt man nach dem Ort der Vermittlung von Individuellem und Allgemeinem in der Predigt, dann gelangt man zur Frage nach deren Absicht und Intention. Diese Absicht der Predigt ist, so meine These, nicht anders zu beschreiben als über ihren Inhalt. In der Art und Weise, wie der Inhalt der Predigt bestimmt und entfaltet wird, zeigt sich, wie jeweils konkret Individuelles und Allgemeines, Erfahrung und Überlieferung in Beziehung gesetzt werden. Ich werde Absicht und Inhalt der Predigt im Folgenden so beschreiben, dass sie sich einerseits aus der Orientierung am Einzelnen und andererseits aus einer Ausrichtung am Gemeinwohl konfigurieren. Die Voranstellung des Einzelnen und die damit verbundene Würdigung der individuellen Religion im homiletischen Verfahren kann als programmatisch gelesen werden. Ebenso programmatisch ist die Fokussierung auf den Inhalt der Predigt als einem *religiösen* Inhalt, womit die Aufgabe aufgeworfen ist, diesen zu entfalten – für welchen Inhalt will und soll eine Predigt stehen, für welche Religion, für welche Form des Christentums? Dies sind m. E. die Fragen, die für eine Homiletik und eine homiletische Selbstreflexion zentral sind und nicht durch eine Hinwendung zu Fragen der Performanz und der Formgestaltung ausgesetzt werden können.

3.1 Am Einzelnen orientiert: Predigt als religiöse Lebensdeutung

a. Die Predigt in der Dynamik von Überlieferung und Erfahrung

Die Predigt ist religiöse Rede. Das bedeutet: Sie redet nicht über Religion, sondern sie spricht religiös. Religion ist – um es einmal sehr allgemein zu formulieren – »eine Kultur, sich zum Unverfügbaren zu verhalten« (Kumlehn 2023). Als eine Kulturform umfasst Religion Erzählungen, Bilder, Denkfiguren und Praktiken, mittels derer Menschen mit der Endlichkeit, Vergänglichkeit und Unverfügbarkeit des Lebens umzugehen und sich in der Welt und in ihrem Leben zu orientieren suchen. Dieser Umgang ist im protestantischen Christentum kein beliebiger, sondern hat einen sehr bestimmten Akzent. Er ist geprägt vom Primat des Empfangens, vom Vertrauen, dass das Leben und seine Erfahrungen aufgehoben sind in einem guten Grund des Seins, der immer schon da ist, gewährt und stabilisiert wird. Der christliche Glaube pflegt die Zuversicht, dass alles menschliche Leben geborgen ist in einer Kraft, die dem Leben immer schon vorausliegt, dem Menschen je und je gnädig entgegenkommt und ihm Möglichkeiten zuspielt, die nicht mit seinen eigenen identisch sind, also eine Kraft, die größer ist als der Mensch selbst.

Der christliche Glaube hat daher seinen besonderen (nicht ausschließlichen) Ort an den Bruchstellen des Lebens, dort, wo großes Glück, aber auch elender Schmerz und verzweifelte Erschütterungen in das Leben einfallen. Diese Bruchstellen sind Momente, in denen das Leben seine größte Offenheit, seine größte Tiefe und größte Weite hat. Es sind Momente, die voller Dankbarkeit, Daseinsfreude, Leichtigkeit und Lebendigkeit sein können, aber eben auch Momente, in denen das Leben leer und sinnlos erscheint, die persönliche Lebenslandschaft vom Zusammenbruch bedroht ist. Um noch einmal an die Ausführungen von Gerhard Ebeling zu erinnern (II1.1.b) – all die Momente, in denen aufleuchtet,

> was das Leben ordnet, trägt, hell und durchsichtig macht, was es aber auch in Unordnung bringt und erschüttert, was es verfinstert und sinnlos werden läßt; ferner all das, was das Leben durch offensichtliche Aufgaben und Pflichten herausfordert, reich macht und erfüllt, aber auch durch ein Übermaß dessen niederdrückt oder durch Mangel an Gefordertsein unausgefüllt, tötend langweilig und leer sein läßt; überdies all das, was das Leben einengt, auf Grenzen stoßen und das Gewicht seiner eigenen Folgen spüren läßt, was aber auch durch grenzenlose

Weite und durch die Überfülle des Glücks und des ungestraft Davonkommens mit Unheimlichkeit und Angst erfüllen kann; endlich alles, was das Leben auf Ursprung und Ziel hin zu transzendieren veranlaßt, die Erfahrung des Gewährtseins und Gewährenlassens, daß aber auch das Gewährte wieder eingefordert wird und das Gewährenlassen sein Ende findet (Ebeling ⁴2012, 269).

An diesen Bruchstellen des Lebens setzt der christliche Glaube seine Zuversicht darauf, dass die Liebe stärker ist als der Tod, dass das Leben kein geschlossenes System ist, sondern ins Neue führt. Deshalb verteidigt der christliche Glaube die Würde des Glücklichen wie des Zerbrechlichen. Für den Glauben verdichtet sich all dies in der Christusfigur.

Zum deutenden Umgang mit diesen Bruchstellen und den damit verbundenen Erfahrungen greift die Predigt auf die Symbole des Christentums zurück, wie sie in der Bibel entwickelt, in der theologischen Tradition reflektiert sowie in der christlichen Kunst und Kultur zum Ausdruck gebracht wurden. Die in diesen Symbolen verdichteten Inhalte des christlichen Glaubens können in der Moderne nicht weiter als zu glaubende Lehrsätze postuliert werden, sondern müssen vom Leben und »dessen unstillbarem Bedürfnis nach Sinnerfüllung und letzter Vergewisserung« (Barth ²2023, IX) her durchdacht und versprachlicht werden.

Die Symbole der Bibel sind deshalb in der Predigt als »Sinnmuster gegenwärtiger Selbst- und Weltdeutung verständlich zu machen« (Barth ²2023, IX; vgl. Gräb 2013, 17–20). Biblische Symbole und lebensweltliche Resonanz, Überlieferung und Erfahrung (vgl. Rössler ²1994, 3) gehören zusammen und sind der wechselseitigen Auslegung bedürftig. Die Predigt ist einerseits gerade keine Textauslegung. Sie erfolgt nicht über, sondern anhand eines Textes. Der Text ist das Material und nicht der Inhalt der Predigt. Anhand eines exemplarischen Textes verständigen sich Predigtperson und Hörende über geteilte Erfahrungen. Andererseits wäre die Predigt unterbestimmt, wenn sie sich ausschließlich als Umgang mit Erfahrung versteht. Es ist eine spezifischer, weil christlicher Umgang. Dieses Spezifische wird im Gespräch zwischen gegenwärtiger Erfahrung und biblischem Text destilliert.

Ulrich Barth hat den für die Homiletik und die Predigtpraxis höchst anschlussfähigen Versuch unternommen, zentrale Symbole der christlichen Überlieferung auf die sich darin spiegelnden Erfahrungen und Lebenssituationen, die in ihnen eingeschriebenen Gottesvorstellungen sowie das jeweilige Grundgefühl zu entfalten. Er hat das folgende siebenteilige Schema entwickelt (Barth ²2023, 76, alles Folgende wörtliche Zitate):

- *Leitsymbol:* Schöpfung – *Lebenssituation:* Verdanktheit des Lebens – *Gottesvorstellung:* der Ursprung aller Dinge – *Grundgefühl:* Dankbarkeit
- *Leitsymbol:* Jenseits von Eden – *Lebenssituation:* Endlichkeit des Lebens – *Gottesvorstellung:* der Herr über Leben und Tod – *Grundgefühl:* Ehrfurcht
- *Leitsymbol:* Sünde – *Lebenssituation:* Fehlbarkeit des Lebens – *Gottesvorstellung:* das Gegenüber des Gewissens – *Grundgefühl:* Demut
- *Leitsymbol:* Das Dürsten der Seele – *Lebenssituation:* Selbsttranszendierung des Lebens – *Gottesvorstellung:* das höchste Gut – *Grundgefühl:* Sehnsucht
- *Leitsymbol:* Heil – *Lebenssituation:* Transzendente Geborgenheit des Lebens – *Gottesvorstellung:* der Vater im Himmel – *Grundgefühl:* Urvertrauen
- *Leitsymbol:* Unsichtbare Kirche – *Lebenssituation:* spirituelle Verbundenheit des Lebens – *Gottesvorstellung:* der Geist der Liebe – *Grundgefühl:* Gemeinsinn
- *Leitsymbol:* Ewigkeit – *Lebenssituation:* Aufhebung des Lebens – *Gottesvorstellung:* das Reich Gottes – *Grundgefühl:* Zuversicht.

Im Wechselspiel von Überlieferung und Erfahrung und in der Dynamik von Symbol, Situation, Gottesvorstellung und Gefühl konturieren sich die Inhalte und die Haltung der Predigt und werden (hoffentlich) jeweils im Moment des Predigtgeschehens am Ort des Individuums wahrheits- und zustimmungsfähig. Sie stellen einen Gegenstand beständigen Nachdenkens dar.

Beide Aspekte – die Relevanz der Überlieferung und die der Erfahrung – sollen im Folgenden gesondert betrachtet werden.

b. Der homiletische Umgang mit der Überlieferung

Unter dem Stichwort der Überlieferung seien im Folgenden der biblische Text, die theologische Tradition und die kulturellen Formen, in denen sich das Christentum ausdrückt, zusammengefasst.

Nimmt man die Bedeutung der Überlieferung für die Predigt ernst, so ist die Predigt von einer grundsätzlichen Wertschätzung gegenüber den biblischen Texten und ihren Symbolwelten geprägt. Die Predigt vertraut der Leistungsfähigkeit der biblischen Symbolsprache. Denn die Bibel bietet ein »Ausdrucksuniversum religiöser Erfahrung« (Lauster 2008, 31ff.; vgl. ausführlich Conrad 2014, 91–105) mit dem Potential, Probleme des menschlichen Lebens zu benennen, erhellende Denkangebote zu machen und kraftvolle Hoffnung zu schenken. Doch hat die Leistungsfähigkeit biblischer

3 Inhalt und Absicht der Predigt

Texte auch Grenzen, sie sind interpretationsbedürftig und liefern nicht zu jedem aktuellen oder modischen Thema einen Impuls. Die Wertschätzung biblischer Texte ist also nicht zu verwechseln mit einer fundamentalismusanfälligen Absolutsetzung biblischer Texte, aber auch nicht mit einer bürokratischen Wiederholung des biblischen Wortlauts. Der Umgang mit den biblischen Texten kann sich aber auch nicht in historischer Kritik und permanenter Betonung des historischen Abstandes erschöpfen, in der explicatio eines historisch-exegetischen Sachverhalts und einer mehr oder weniger zufälligen applicatio auf gegenwärtige Probleme. Vielmehr meint Wertschätzung der biblischen Texte Wertschätzung ihrer religiösen Deutungskompetenz. Deshalb noch einmal: Gepredigt wird nicht über einen Text, sondern anhand eines Textes.

Zum zweiten pflegt die Predigt neben der Wertschätzung der biblischen Überlieferung auch den denkerischen Respekt gegenüber der philosophischen und theologischen Tradition. Die Lebensbedeutsamkeit der christlichen Symbolwelten für die Predigt zu erschließen, ist eben ohne »mancherlei Durchgänge durch die Eiswüsten der Abstraktion und die Dickichte der Problemgeschichte nicht zu haben« (Barth ^{2}2023, IX). Andernfalls läuft man Gefahr, die Religion der Banalisierung und die Predigt der lebensweltlichen Trivialisierung anheimzugeben. Denn Erfahrungen ohne Deutungskategorien drohen nur Erlebnisse, biographische Zufallsereignisse zu bleiben. Theologische Positionen repräsentieren stets Deutungsprobleme und bieten Deutungskategorien, denen es – auch in der Predigt – nach-zu-denken gilt, ohne die Predigt freilich zu einer »Eiswüste der Abstraktion« erstarren zu lassen. Zuweilen gilt es, aufzuzeigen, wie Erfahrungen unterschiedlich gedeutet werden können und im Christentum auch unterschiedlich gedeutet wurden. Der Umgang mit der biblischen wie theologischen Tradition ist homiletisch deshalb von Unaufgeregtheit und Ernsthaftigkeit geprägt, da sich die Predigt für das Grundsätzliche interessiert und nicht für das Modische – weil das Grundsätzliche das Aktuelle ist. So wird die Predigt – für die Predigtperson im Prozess der Predigtvorbereitung und für die Hörer im Prozess der Aneignung – zu einem Grundvollzug des Religiösen selbst, zur Andacht, zu einer Praxis der »Selbstdistanzierung«, »Sammlung«, »Selbsttranszendierung«, »Einkehr« (Barth ^{2}2023, 73f.).

Neben die Wertschätzung der biblischen Symbolwelten und den Respekt gegenüber den theologischen Traditionen tritt drittens die Zuneigung zur kulturellen Kraft des Christentums. Nicht nur, weil die Predigt selbst eine kulturelle Ausdrucksgestalt des Christentums ist (vgl. I.1.1.b), sondern weil sich die Symbole des Christentums in die Musik, die Kunst und die Literatur eingeschrieben, diese beeinflusst haben und selbst davon beeinflusst wurden. Die Predigt, die zwischen Überlieferung und Erfahrung vermittelt, ist immer auch ein Austausch mit anderen kulturellen Ausdrucksgestalten des christlichen Glaubens. Diese kulturelle Offenheit imprägniert und konfiguriert die Inhalte der Predigt – an die Stelle von dogmatischen oder ethischen Setzungen tritt die Predigt ein in die gemeinsamen Such- und Denkbewegungen der Menschen, in die Suche nach Worten für gemeinsame Erfahrungen und deren Deutung.

c. Der homiletische Umgang mit der Erfahrung

Nimmt man die Bedeutung der menschlichen Erfahrung für die Predigt ernst und möchte dieser mit Respekt und Wertschätzung begegnen, so legen sich zwei Haltungen nahe: Nachdenklichkeit und Menschenfreundlichkeit. Zum ersten: Die erfahrungssensible Predigt pflegt die Haltung einer leisen, aber beharrlichen Nachdenklichkeit. Das meint zunächst einmal ein grundsätzliches Vertrauen in die Kraft des Gedankens. Es geht um das Abwägen von Argumenten und Gründen, von Gefühlen und Erfahrungen und auch um das Eingestehen von Ambivalenzen und Ungeklärtem. Es geht um Zuhören, Hinschauen, Wahrnehmen, ohne immer schon zu wissen, wie die Dinge sich verhalten und was zu tun oder zu lassen sei. Nachdenklich ist eine Predigt, die sich eingestehen kann, dass Überlieferung und Erfahrung eben nicht immer zur Deckung kommen, sondern sich zuweilen ins Wort fallen und widersprechen. Ein solcher Gestus der Zurückhaltung und des Abwägens ist nicht zu verwechseln mit einer achselzuckenden Gleichgültigkeit. Weil sich Religion und damit auch die Predigt »nicht am Geschäft der Verharmlosung beteiligen« dürfen (Barth ²2023, 191), kann die Predigt nicht neutral, distanziert, unberührt und gelangweilt sein. Eine nachdenkliche Predigt ist deshalb gerade nicht bekenntnisfrei oder beliebig. Sie kennt durchaus Assertionen, Affirmatives und Positionelles. Sie kommuniziert dies aber in der Tonlage herabgestimmt. Sie hegt »eine kritische Sympathie für das Mittlere, eine Musikalität für kleinere Register, eine Freude an leiseren Tönen« (Claussen 2005, 447). Nachdenklichkeit pflegt eine Distanz zum rhetorischen Pathos und zum theologisch-kirchenpolitischen Rechthabenwollen.

Neben der Nachdenklichkeit pflegt eine erfahrungsbezogene Predigt zweitens eine große Menschenfreundlichkeit. Für diesen anthropologischen Horizont hat v. a. Wilfried Engemann immer wieder plädiert und geworben (z. B. Engemann 2024). Eine menschenfreundliche Predigt ist frei von Zynismus und Moral, stattdessen ist sie milde und barmherzig. Sie lässt sich berühren von der menschlichen Suche nach Worten und Gesten. Dem Kleinen und Müden ist sie zugewandt und nicht vom eigenen Anliegen geblendet und sei es noch so korrekt. Mit einem Sinn fürs Skurrile, Komische und ohne Scheu vor Schmutz und Dreck blickt sie auf die menschlichen Lebensversuche. Respekt bringt sie unterschiedlichen Lebensformen entgegen, und seien diese von den eigenen noch so unterschieden. Sie ist frei von moralischen und religiösen Überlegenheitsgesten und Deutungsmachtansprüchen, sondern sucht die gemeinsamen Erfahrungen und bemüht sich für diese um Worte, gleichsam stellvertretend. Weil Menschen oft nicht wissen, was sie sagen sollen, wenn die Vergänglichkeit, die Niedertracht, der Hass und der Schmerz, aber auch unfassbares Glück, eine himmlische Leichtigkeit und großer Segen in ihr Leben fallen. Weil Menschen die Worte fehlen, sie aber nach Worten suchen, dann, wenn die eigene Existenz auf dem Spiel steht, aber auch wenn eine Kraft da ist, von der man nicht weiß, woher sie kommt. Weil Menschen unterwegs sind nach Worten für das Unsagbare und kaum Darstellbare. Die Menschenfreundlichkeit der Predigt (und der Predigtperson) zeigt sich also gerade darin, dass sie die christlichen Symbole nicht zur Durchsetzung von Wahrheits- und Deutungsmachtansprüchen nutzt, sondern um geteilten, gemeinsamen Erfahrungen Ausdruck zu verleihen. So gilt (hoffentlich!) für die Predigt, was Sasha Marianna Salzmann über die Poesie, eine nahe Verwandte der Predigt, formuliert hat:

> Poesie, wenn sie gelingt, flicht uns zusammen. Wir suchen und finden gemeinsame Erfahrungen und wenn es nur die Erfahrung eines geteilten Gefühls ist. [...] Was Prosa, Poesie – Kunst überhaupt – nicht kann, ist die Welt zu retten. Sie gewinnt keine Kriege. Sie liefert, wenn es ihr ernst ist, keine Heilsversprechen. Aber was sie kann, ist den Augenblick herstellen, in dem man erleichtert, erstaunt oder verzückt aufatmet. Und dieses kurze Luftholen mag einen Moment des Friedens enthalten. Denn Luft holen ist immer auch ein Zeichen der Hoffnung (Salzmann 2022).

Nachdenklichkeit und Menschenfreundlichkeit als Haltungen der Predigt implizieren stets den Willen zum Verstehen und zum Verstandenwerden. Predigt als religiöse Lebensdeutung zielt darauf, dass Menschen sich besser verstehen können, oder – in den Worten von Ulrich Barth – »dass wir uns tiefer verstehen lernen und nicht bei den Schaufensterqualitäten des Lebens stehen bleiben« (Barth ²2023, 65). Um ein solches sich-selbst-besser-Verstehen zu ermöglichen, ist die Predigtperson herausgefordert, wahrzunehmen – menschliche Lebensformen, Werte, Weltbilder, Fragen und Praktiken (Conrad 2019). Wahrnehmen und Verstehen (wollen) sind ein Ausdruck der Nachdenklichkeit und Menschenfreundlichkeit. Denn wahrnehmend sucht man sich in den Standpunkt der Menschen, ihre Lebensfragen, Lebensversuche, Emotionen, Sorgen und Glücksgefühle zu versetzen, um sie so angemessen zu verstehen. Die Predigt möchte die Menschen verstehen. Sie möchte aber auch selbst verstanden werden. Deshalb pflegt sie den Gestus des Mündlichen und des Gesprächs, nicht den des Vortrags. Sie ist und bleibt daher eingebunden und angewiesen auf persönliche und leibhafte Begegnung. Rhetorisch ist sie bedacht auf Anschaulichkeit, Klarheit, und Nachvollziehbarkeit. Wissen zu demonstrieren ist kein Predigtanliegen, sprachliche und gedankliche Prägnanz dagegen schon. In eine solche Haltung des Wahrnehmens und Verstehens kann sich die Predigtperson einüben. Sie ist eine Haltungsfrage und lässt sich tugendethisch beschreiben (vgl. III.2.3).

Kurz: Eine Predigt, die die menschlichen Erfahrungen wertschätzt, ist eine nachdenkliche und menschenfreundliche Predigt. Sie ist um Wahrnehmen und Verstehen bemüht.

d. ›Erhellung‹ als Predigtabsicht

Um die Spannung von Individualität und Sozialität in der Beschreibung der Predigtabsicht abzubilden, habe ich an unterschiedlichen Orten vorgeschlagen, auf die Metapher der ›Erhellung‹ zurückzugreifen (u. a. Conrad 2014. 2021c; vgl. auch Kubik 2011, 96–101, der die Bezüge dieser Metapher auf Karl Jaspers diskutiert). Dies möchte ich hier noch einmal kurz aufgreifen.

Rudolf Bultmann hat gezeigt, dass die Rede von der Erhellung geeignet ist, das individuelle wie gemeinschaftliche Wesen des christlichen Glaubens zu erfassen (Bultmann 1941/^{2}1986). Er unterscheidet drei Weisen der Verwendung der Lichtmetaphorik in den biblischen, insbesondere neutestamentlichen Texten: Erstens als eine Metapher zur (Selbst-)Bezeichnung Christi: »Ich bin das Licht der Welt« (Joh 8,12). Das christliche Leben ist immer bestimmt durch seinen Bezug auf den Erlöser. Ohne Christus keine Christen. Zweitens beschreibt »Licht« auch das Leben der Glaubenden als ein Leben im Licht und damit in der Wahrheit (Joh 8,12). Licht hat immer auch orientierende Funktion. Ein Leben im Licht ist ein gutes und wahres

Leben. Deshalb begegnen ›Licht‹ beziehungsweise ›Lampe‹ auch als Metaphern ethischer Rede (z. B. Mt 6,22; Lk 11,33–36). Was für den Einzelnen gilt, gilt auch – und das ist der dritte Aspekt – für die Gemeinschaft der Gläubigen. Denn diese Gemeinschaft wird als »Licht für die Welt« beschrieben und zwar in einem doppelten Sinn – sowohl als ihr Selbstverständnis in der Welt (»Ihr seid das Licht der Welt«; Mt 5,14) wie auch als ihre Aufgabe (»lasst euer Licht leuchten vor den Menschen«; Mt 5,16).

›Licht‹ ist also eine grundlegende und umfassende Metapher zur Selbstverständigung des Glaubens über sich selbst: »Im ursprünglichen Sinne ist Licht nicht ein Beleuchtungsapparat, der Dinge erkennbar macht, sondern die *Helligkeit*, in der ich mich je befinde und zurechtfinden kann, in der ich ›aus und ein weiß‹ und keine Angst habe; die Helligkeit also nicht als ein äußeres Phänomen, sondern als das Erhelltsein des Daseins, meiner selbst« (Bultmann 1941/^{21}1986, 22; Hervorh. im Orig.). Die metaphorische Rede vom Licht meint also die »Kraft, die das Zurechtfinden im Leben überhaupt ermöglicht, sei es als Kraft des Denkens, sei es als die wegweisende Norm oder als die Rechtschaffenheit« (Bultmann 1941/^{21}1986, 23). Die Predigt hegt also die Absicht, dass der Mensch »sich selbst in seiner Welt versteht« (Bultmann 1941/^{21}1986, 22), als Einzelner und als christliche Gemeinde.

Eine wesentliche Pointe dieser metaphorischen Beschreibung besteht m. E. darin, dass nach biblisch-christlichem Verständnis »die endgültige Erhellung der Existenz nicht innerhalb der menschlichen Möglichkeiten liegt, sondern nur göttliches Geschenk sein kann« (Bultmann 1941/^{21}1986, 24; vgl. I.2.2.a zum heilstheologischen Vorbehalt jeder Predigt). Erhellung ist eine übergängliche Position, weder sonnenheller Mittag noch finstere Nacht. Die endgültige Erhellung ist eine ausstehende. Leben im Licht ist Leben im Übergang. Die Dinge können sich noch entwickeln. Die Deutung des Lebens als Erhellung ist immer eine vorläufige, aber dennoch zuversichtliche. Die oben vorgeschlagene »kritische Sympathie für das Mittlere«, die »Musikalität für kleinere Register« und »Freude an leiseren Tönen« (Claussen 2005, 447) hat in der Einsicht in den übergängigen Charakter des christlichen Lebens ihren theologischen Grund.

Zugleich liegt hier eine besondere Herausforderung der Predigt begründet. Sie muss Worte finden, die das schöpferische Potential dieser Erhellung auszudrücken vermögen. Die Herausforderung besteht darin, das darin liegende Neue zur Sprache bringen zu müssen und unverbrauchte, ›neue‹ Worte zu finden (vgl. Conrad 2014, 146–150; Anderegg 1985). Für eine solche Sprache stehen die biblischen Gleichnisse, Metaphern und Symbole.

Diese Orientierung der Predigt am Einzelnen ist nicht zu trennen von einem öffentlichen, am Gemeinwohl orientierten Anspruch. Indem sie sich am Einzelnen orientiert, hat die Predigt zugleich das Gemeinwohl im Blick und entspricht ihrem Öffentlichkeitsauftrag. Nachdenklichkeit und Menschenfreundlichkeit erweisen sich auch hier als die angemessene Haltung.

3.2 Auf das Gemeinwohl gerichtet: Die gesellschaftlich-öffentliche Dimension der Predigt

Gottesdienst und Predigt sind öffentlich. Diese Einsicht leitet sich aus der rhetorischen Situation ab und gehört zum Kernbestand reformatorischer Entscheidungen (s. I.1.1.a und 2.2.a, vgl. Confessio Augustana Art. XIV und V). Allerdings war die Öffentlichkeit der Reformatoren eine andere als die bürgerliche Öffentlichkeit des 19. Jahrhunderts oder die medialisierte Öffentlichkeit des 21. Jahrhunderts. Daher ist die entscheidende Frage, auf welche inhaltliche Pointe die Argumentation der CA zielt. M.E. zielt die Kombination der beiden Artikel homiletisch auf eine notwendige Institutionalität des Predigtamtes. Diese gewährleistet, dass Predigt und Gottesdienst weder Privatveranstaltungen noch personalisierte Meinungskundgebungen werden, sondern Anspruch auf Allgemeinheit erheben und so auf die Öffentlichkeit bezogen bleiben. Die Rede von der Predigt als einem ›publice docere‹ erinnert an die Funktion von Kirche und Predigt in der Öffentlichkeit, also in Gesellschaft und Politik, in Bezug auf Kunst und Kultur, Recht, Wissenschaft und Bildung.

Dieser Bezug ist kein statischer, sondern stets neu zu bestimmen. Dabei entscheiden der Ort und die Funktion, welche man der Kirche zuweist, über Intention und Absicht der Predigt. Fokussiert man auf die soziale Gestaltwerdung, dann erfolgt die Beschreibung der Predigtabsicht erkennbarer im Ausgang von der Institution und den spezifisch kirchlichen Anliegen. Eine Chiffre dafür ist v. a. die Rede vom ›prophetischen Wächteramt‹ der Kirche. Fokussiert man dagegen stärker auf den individuellen Glauben, dann treten die Verflechtungen von öffentlich-gesellschaftlichem, kirchlichem und eben individuellem Protestantismus in den Blick. Ich werde im Folgenden beide Positionen vorstellen und diskutieren, auch um das genuin protestantische Unruhemoment, welches in der Rede vom ›publice docere‹ steckt, sachangemessen zu entfalten.

3 Inhalt und Absicht der Predigt

a. Die Predigt als Ausübung eines ›prophetischen Wächteramtes‹

Wird die Kirche, in Analogie zum Troeltschen Sektentypus (vgl. I.2.2.b), in ethisch-moralischen Fragen im und als Gegenüber zum Staat konzipiert, dann versteht sie sich in Gestalt ihrer kirchenleitenden Theologen und Funktionsträger oft als die »moralische Sachwalterin[] der ›Königsherrschaft Christi‹, die auch innerhalb von Gottes weltlichem Regiment, das die Obrigkeit versieht, zu Geltung kommen soll[]«, so Arnulf von Scheliha mit kritischer Distanz gegenüber dieser Denkfigur (von Scheliha, 2018, 100). Als Gegenüber zum Staat nehmen die Kirchen nach ihrem eigenem Selbstverständnis ein ›prophetisches Wächteramt‹ wahr, kraft dessen sie den Staat innerhalb seiner Ordnungen an göttliche Gebote wie Gerechtigkeit, Frieden, Bewahrung der Schöpfung etc. erinnern. In »Anknüpfung an die prophetische und jesuanische Tradition« bestehe die Aufgabe der Kirchen und ihrer Predigt »darin, gesellschaftliche Gerechtigkeitslücken zu identifizieren, sie im Sinne [eines] Staatsgewissens zu artikulieren und damit die demokratische Weiterentwicklung des Gemeinwesens voranzutreiben, indem sie rechtsethisch auf die Schließung dieser Lücken hinwirken« (so beschreibend von Scheliha 2018, 103). Vorausgesetzt wie intendiert ist eine »ethisch-politische[] Homogenität« (von Scheliha 2018, 100). Kritiker dieses Ansatzes wie eben von Scheliha haben angemerkt, dass in der Realität des bundesrepublikanischen Lebens kirchliche, staatliche und gesellschaftliche Angelegenheiten so eng aufeinander bezogen und ineinander verwoben sind, dass das inszenierte »Gegenüber von ›Kirche‹ und ›Staat‹ zu einer bloßen ›Fiktion‹« zu werden droht, »in der die faktischen Ähnlichkeiten überspielt und durch die Reklamation der besseren Moral übertüncht werden« (von Scheliha 2018, 103). Es werde »ein ethischer Autoritäts- und Avantgardeanspruch gegenüber der Gesellschaft geltend gemacht« (Graf 1988, 88). Die Kritik an diesem Anspruch verdichtet sich in der Kritik an der sog. politischen Predigt (vgl. Merle 2021). Ein weiterer Kritikpunkt am Modell des ›prophetischen Wächteramtes‹ betrifft die Unterscheidung von Christologie und Ekklesiologie. Diese werde hier weitgehend eingeebnet, da ein dogmatisches Prädikat Christi (munus propheticum) zu einer ethischen Qualität der Kirche werde. Zwischen Christus und der Kirche kann kaum noch unterschieden werden. Damit aber werde auch die »Differenz zwischen prophetischer Kritik und ihrer transzendenten Voraussetzung, dem Jenseits von Sein und Freiheit« zum Verschwinden gebracht (Graf 1988, 100; zur Prophetendeutung von M. Weber s. III.2.1.c).

Gegenwärtig wird der Anspruch des Prophetischen freilich nicht nur kritisiert, sondern auch breit rezipiert, v. a. in bestimmten Konfigurationen der sog. ›öffentlichen Theologie‹ (vgl. als Überblick Höhne/van Oorschot 2015; zur Kritik u. a. Albrecht/Anselm 2017; zum Konzept einer ›öffentlichen Kirche‹ vgl. Schlag, 2012. 2020). Dies gilt insbesondere für einen prophetischen Anspruch der Predigt (ausführlich Bedford-Strohm 2011). Die prophetisch-politische Dimension der Predigt sei, so die Argumentation, allein »deswegen unverzichtbar, weil es eine zutiefst biblische Dimension« sei. Die biblischen Propheten Amos, Jesaja, Jeremia hätten eine »leidenschaftliche moralische Empörung zum Ausdruck gebracht, wo ganz offensichtliches Unrecht vor ihren Augen passierte« (Bedford-Strohm 2011). Die Autorität, öffentlich auf »den moralischen Skandal hinzuweisen« (Bedford-Strohm 2011) ergebe sich für die kirchliche Predigt der Gegenwart aus der Vollmacht des Amtes (Ordination). Zugleich aber sei ein solches öffentliches prophetisches Reden »auf besondere Situationen [zu] beschränken« (Bedford-Strohm 2011), damit es nicht erwartbar werde. Es ziele auf einen »konstruktiven Neuentwurf« (Bedford-Strohm 2011), erfolge im Gestus der Demut und sei durch ein entsprechendes Handeln zu flankieren.

Wird der Ort der Predigt in der gesellschaftlichen Öffentlichkeit im Rückgriff auf die biblische Prophetentradition bestimmt, ist m. E. die Unterscheidung von Hörer und Adressaten einer Predigt relevant, adressiert das ›prophetische Wächteramt‹ doch häufig ein Abstraktum. Angesprochen werden Kollektivakteure – ›der‹ Staat, ›die‹ Politik, ›wir alle‹. Die Hörer aber sind konkrete, einzelne Akteure.

b. Hörer und Adressaten – zwei Dimensionen der Öffentlichkeit der Predigt

An dieser Stelle ist eine Beobachtung des Sozialphilosophen Michael Walzer von homiletischem Interesse, die exegetisch zwar nicht unumstritten ist, aber für die Predigt interessante Perspektiven zu eröffnen vermag. Walzer argumentiert, dass die prophetische Gesellschaftskritik wie sie sich insbesondere bei Amos findet, immer geteilte Werte, eine gemeinsame Geschichte zwischen Hörer und Prophet voraussetzt. Walzer zitiert Moshe Greenberg, wenn er argumentiert, prophetische Rede setze »einen gemeinsamen Grund voraus, auf dem der Prophet und seine Zuhörer stehen. Die Propheten scheinen an die bessere Natur ihrer Zuhörer zu appellieren, indem sie sie mit den Forderungen Gottes konfrontieren, die diese kennen (oder kannten), aber vernachlässigen oder vergessen wollen« (Greenberg bei Walzer 1993, 89). Walzer geht daher für die Zeitgenossen des Amos von einer starken »Laien-Religiosität« (Walzer 1993, 86) aus. Diese bestehe einerseits aus einer verbreiteten persönlichen Frömmigkeit und andererseits aus einem gemeinschaftlichen Bundesglauben, wie er im Deuteronomium überliefert wird. Davon zu unterscheiden sei die Predigt des Jona an Ninive. Denn Jona spricht »aus der Position des Abstands« (Walzer 1993, 90f.), zu einem fremden Volk, in dessen Tradition er nicht gehört. Vergleichbar den Fremdvölkersprüchen bei Amos beziehe sich Jona deshalb stärker auf einen universalistischen Minimalkodex. Er sei eher »ein reiner Botschafter« (Walzer 1993, 91) als ein Prophet. Ein Prophet findet demnach die Maßstäbe seiner Gesellschaftskritik in einer spezifischen, partikularen und lokalen Tradition. Seine Predigt ist getrieben von der »Sorge« um das eigene Volk (Walzer 1993, 104).

Was heißt das für die Predigt als Ausdruck eines ›prophetischen Wächteramtes‹? Im Blick auf die Hörer einer solchen Predigt kann die jüdisch-christliche Tradition sehr wohl als gemeinsamer Horizont vorausgesetzt werden. Allerdings sind die Hörer einer sich als prophetisch-politisch verstehenden Predigt meist gerade nicht die Adressaten des Inhalts, und die eigentlichen Adressaten teilen nicht zwingend die religiös-ethischen Werte, die die prophetisch-gesellschaftskritische Predigt voraussetzt, insbesondere in einer religiös und weltanschaulich pluralen Gesellschaft. Dann aber stellt sich die prophetisch-gesellschaftskritische Predigt selbstlegitimierend in die Tradition von Amos, kann aber praktisch nur unter den Bedingungen agieren, die Walzer Jona zuschreibt. Vielleicht liegt hier eine Erklärung, warum solche Predigten oft sehr allgemein, wenig konkret sind und in der Rezeption als eher moralisch-moralisierend und übergriffig erlebt werden – weil für Konkretionen die Voraussetzung fehlt. »Es wird Evidenz suggeriert, wo Plausibilisierung gefordert wäre« (Stetter 2015, 160).

Diese Überlegungen schärfen auch den Blick für homiletisch-religionskulturelle Differenzen und helfen zu verstehen, warum es u. a. in der US-amerikanischen Homiletik eine stabile und veritable Tradition des »prophetic preaching« (McMickle ²2019; Tisdale 2010) gibt. Denn dort können in den unterschiedlichen Gruppen, insbesondere aber in den afro-amerikanischen Christentümern, geteilte Geschichten und gemeinsame religiöse Erfahrungen aufgerufen werden. Speziell die Exodus- und Erwählungsmotive, die – so Walzer – für die jüdischen Propheten entscheidend sind, haben in der US-amerikanischen Religionsgeschichte für unterschiedliche Gruppen jeweils eine hervorgehobene Bedeutung. In der Form der ›Jeremiade‹ hat sich dies besonders verdichtet und wird bis in die Gegenwart hinein literarisch, politisch und sozialphilosophisch rezipiert und fortgeschrieben (z. B. Bercovitch 1978/2012; Shulman 2008; Kaveny 2016).

Der Unterscheidung von einerseits Hörer einer Predigt und andererseits Adressaten ihres Inhalts tragen solche Konzepte Rechnung, die in den einzelnen Hörern auch die Adressaten erkennen und deshalb kein abstraktes Kollektivsubjekt ansprechen wollen, sondern das jeweilige individuelle Gewissen. Dafür steht im gegenwärtigen Diskurs insbesondere das Konzept eines ›öffentlichen Protestantismus‹.

c. Die gesellschaftlich-öffentliche Funktion der Predigt und die Individualität des Gewissens

Das Konzept eines ›öffentlichen Protestantismus‹ (Albrecht/Anselm 2017. 2020) ist geeignet, die Hörer der Predigt als deren Adressaten zu identifizieren, da es die Individuen (und weniger die kirchenleitenden Personen oder die Institution) als zivilgesellschaftliche Akteure im Blick hat. Es schließt an die Theorie der dreifachen Gestalt des neuzeitlichen Christentums von Dietrich Rössler an (s. I.2.1.b). Kirchliche, gesellschaftsöffentliche und auf das Individuum bezogene Dimensionen (statt Sozialformen) des modernen Protestantismus werden als immer schon und immer noch (!) aufeinander bezogen, ineinander verwoben und als sich wechselseitig begrenzend im Gespräch gehalten. Das Individuum und nicht die Kirche oder die Theologie ist Ausgangspunkt der Überlegungen, wie sich der Protestantismus in der gesellschaftlichen Öffentlichkeit positioniert. Zugleich ist dieses Individuelle nie absolut und isoliert, sondern ist immer gebrochen durch seine Einbindungen in kirchliche und gesellschaftliche Bezüge. »Protestant sein, heißt, individuelle Überzeugungen zu haben, sich kirchlich verpflichtet zu wissen und sich für das Gemeinwesen zu engagieren« (Albrecht/Anselm 2020, 3). In vorliegendem Zusammenhang ist also entscheidend: Die religiösen Individuen sind konstitutiver Bestandteil der öffentlichen Funktion von Kirche, und zwar als Subjekte und Akteure.

Von hier aus verschiebt sich auch die Beschreibung der Predigtabsicht. Sie weist nicht im mahnenden Gestus auf Gerechtigkeitslücken hin oder auf sonstige staatliche oder gesellschaftliche Defizite, sondern begibt sich auf die »Suche nach gemeinsamen Grundlagen, die als Korridor einen pluralen, an den Rechten des Einzelnen orientierten politischen Diskurs ermöglichen« (Albrecht/Anselm 2020, 2). Es geht um Diskursöffnung statt um moralische Empörung, Mahnung und Appell. Es gilt Möglichkeiten und Positionen abzuwägen. In diesem Konzept artikuliert sich »ein aus der reformatorischen Einsicht abgeleiteter liberaler Vorbehalt gegen jedwede institutionelle oder auch nur diskursive Bevormundung des Einzelnen in ethischen und politischen Angelegenheiten«, so zustimmend von Scheliha (2018, 114). Für die Predigt bedeutet das: Sie zielt gerade nicht auf die Durchsetzung einer religiös-kirchlichen Meinung oder einer als protestantisch deklarierten Position, sondern versteht sich als Teil des öffentlichen Meinungsbildungsprozesses. Die Beschreibung der Predigtintention und des Predigtinhaltes erfolgt unter »Verzicht auf Absolutheitsansprüche« und unter »Anerkennung aller Beteiligten als Gleichberechtigte[]«, in aller Verschiedenheit (Albrecht/Anselm 2020, 11). So will die Predigt das individuelle Gewissen ansprechen. Das ist ihre öffentliche Funktion. Sie ist eine Vermittlung zwischen »der öffentlichen Artikulation des Christentums und den privaten Glaubensüberzeugungen« (Anselm 2020, 38). Daher findet auch die öffentliche Funktion der Predigt in nichts anderem ihre Pointe als in der Pflege der christlichen Symbolwelten. Denn die individuellen religiös-christlichen Glaubens- und Gewissensüberzeugungen sind, um kommunikabel zu bleiben, angewiesen auf »das Vorhandensein entsprechender Bildwelten und Vorstellungsreservoire [...], ohne dass aber diese Bilder den Anschein erwecken dürfen, in Konkurrenz zu den individuellen religiösen Ensembles zu treten. In der Produktion solcher Vorlagen individueller Religion besteht die Aufgabe der Kirchen und der Theologie« (Anselm 2020, 39).

Auch die gesellschaftlich-öffentliche Dimension der Predigt ist eingebunden in die wechselseitige Auslegungsdynamik von Überlieferung und Erfahrung, von Allgemeinem und Individuellem. Am Ende lassen sich die Orientierung der Predigt am Einzelnen und ihre Ausrichtung auf das Gemeinwohl gerade nicht gegeneinander ausspielen, sondern gleichen zwei Seiten einer Medaille.

4 Kirchenbild und Predigtideal – oder: zum Schluss eine offene Frage

Wer sich von dieser Homiletik praktische Anweisungen und knappe Überblicksinformationen erhofft hat, sieht sich am Ende der Lektüre in seinen

Erwartungen womöglich enttäuscht. Dieser Band versteht sich, wie bereits einleitend formuliert, nicht als ein Beitrag zur homiletischen Anleitungs- und Überblicksliteratur. Vielmehr lenkt er den Blick auf den konstitutiven Zusammenhang von Kirchenbild und Predigtideal und damit auf das unauflösliche Ineinander von Individualität und Sozialität der Predigt. Denn dieser Denkhorizont liefert Impulse für das Nachdenken über die gegenwärtige Predigt und ihre Herausforderungen, weil so der Inhalt der Predigt, ihr religiöses Selbstverständnis und ihr Anspruch ins Zentrum rücken.

Das hier vertretene Predigtideal ist am Einzelnen orientiert und leitet daraus die soziale Wirksamkeit der Predigt ab. Es plädiert für Menschenfreundlichkeit und Nachdenklichkeit als Gestus und Ideal der Predigt und sieht sich einer humanen Religion in der Tradition Schleiermachers verpflichtet. Die Humanität der Religion besteht in einer kultivierten und reflexiven Haltung gegenüber dem Unverfügbaren und Kontingenten. Diese Haltung speist sich aus den Gefühlen von Dankbarkeit, Ehrfurcht, Demut, Sehnsucht, Vertrauen, Gemeinsinn und Zuversicht (s. III.3.1.a).

Die christliche Überlieferung, wie sie in den biblischen Texten enthalten ist, dann aber auch in der theologischen Tradition und den kulturellen Formen des Christentums bewahrt und zur Fortschreibung angeboten wird, hat Wert und Deutungspotential im Blick auf die Erfahrungen der Menschen. Den menschlichen Lebensversuchen wiederum möchte die Predigt mit Wahrnehmungsbereitschaft und Wertschätzung begegnen. So ist am Ende auch dieses Predigtideal Ausdruck eines Kirchenbildes. Dieses Kirchenbild nimmt seinen Ausgang bei Luthers Konzept der ›unsichtbaren Kirche‹. Kirche ist zuerst und zuvörderst eine Gemeinschaft der Gläubigen. Das bedeutet: In der Kirche geht es um Religion, um den Glauben. Die Kirche ist für die Religion der Menschen da. Sie stellt für einen religiösen Umgang mit dem Unverfügbaren Worte, Gesten, Rituale und Praktiken zur Verfügung, tradiert diese, entwickelt sie weiter und hält sie kommunikativ und praktisch lebendig.

Die Predigt in all ihren vielfältigen Formen und Kontexten ist hierfür nach wie vor eine zentrale Handlungsform. Gefährdet ist sie nach meiner Einschätzung weniger durch religiöses Desinteresse der Menschen als durch die Preisgabe oder Vernachlässigung des Religiösen durch die Kirche und die Predigtpersonen selbst, z. B. durch Flucht in die Ethik, in den Appell und damit in die Diesseitigkeit, aber auch durch die Fokussierung auf die Erhaltung der Institution anstatt auf die Lebensfragen der Menschen und am Ende vielleicht auch durch ein rückläufiges Vertrauen auf die eigenen Gegenstände und Deutungsbilder. Wird der Umgang mit den religiösen Gehalten bürokratisiert und normiert, indem man diese auf Begriffe bringt (vgl. z. B. die Rede von ›der‹ Rechtfertigungslehre oder von ›Friede, Gerechtigkeit, Bewahrung der Schöpfung‹), dann droht die Suche nach Deutungen im Umgang mit dem Unverfügbaren zu erstarren, vorhersehbar und womöglich lebensfremd zu werden. Eine Kirche, die die Predigt als menschenfreundliche und nachdenkliche religiöse Rede sowie als deutenden Umgang mit Erfahrungen des Unverfügbaren versteht und praktiziert, wäre dagegen eine Institution, die selbst von Menschenfreundlichkeit und Nachdenklichkeit geprägt ist, die ein religiöses Anliegen so verfolgt, dass die eigene religiöse Ansprechbarkeit erkennbar wird, weil die Tonlage herabgestimmt und der Gestus frei von religiöser, ethischer oder politischer Besserwisserei ist.

Eine solche Kirche und eine so verstandene Predigt bringen den spezifischen Beitrag der christlichen Religion für eine humane Welt zur Darstellung. In diesem Sinn versteht sich das hier vorgelegte Predigtkonzept als liberal: nicht im Sinne einer theologiegeschichtlichen Konfiguration und eines Ahnenkultes, sondern als eine religiös-theologische Akzentsetzung und Haltung, aus der sich entsprechend homiletische und kirchenpraktische Umgangsformen ergeben. In einer Zeit, in der das Autoritäre für viele Menschen an Leuchtkraft zu gewinnen scheint, das Totalitäre wiederaufersteht und harte, aggressive Gesten auch in der Kirche oft als effizienter und zeitgemäßer gelten, machen eine so verstandene Kirche und ein entsprechender Predigtstil einen Unterschied. Denn sie grenzen sich ebenso gegen eine Normativität des Faktischen ab wie gegen eine Absolutsetzung des historisch und regional Zufälligen oder eine Überhöhung des je individuellen theologischen Anliegens. Sie wenden sich den Menschen zu. Dies zu tun, ist eine theologische Haltungsfrage, in die man sich nur im Modus der Selbstreflexion einfinden kann.

Um nichts und niemand anderes aber geht es in Kirche und Predigt als um den ganzen Menschen, um seine trostbedürftige Seele, seinen oft motivierten und mit Elan gesegneten Willen, seine zuweilen zerrütteten, dann aber auch hoffnungsfrohen und heiteren Gefühlswelten, um seinen am Nachdenken und Verstehenwollen interessierten Verstand, kurz: um seine Haltung angesichts des Unverfügbaren. Wo die Predigt die Menschen so wertschätzt, buchstabiert sie zugleich Ahnungen des Wortes ›Gott‹ aus. Geleitet ist die Predigt immer von dem Respekt gegenüber dem individuellen Glauben und dessen Wertschätzung, und zwar jenseits kirchlicher und gesellschaftspolitischer Interessen. Dieser Respekt gegenüber dem Einzelnen als gewichtiger Beitrag zur Pflege des Gemeinwohls ist homiletisches Erbe wie gegenwärtige Aufgabe. Ob es jedoch gelingt, dieses Erbe zu bewahren und lebendig zu halten, das ist gegenwärtig eine offene Frage, aber – ich bin zuversichtlich.

Literaturverzeichnis

Die Abkürzungen folgen: Abkürzungen Theologie und Religionswissenschaft nach RGG⁴. Hg. v. der Redaktion der RGG⁴ (UTB 2868), Tübingen 2007.

Quellen und Hilfsmittel

VELKD (1955), Agende für die evangelisch-lutherische Kirchen und Gemeinden. Bd. 1: Der Hauptgottesdienst mit Predigt und heiligem Abendmahl und die sonstigen Predigt- und Abendmahlsgottesdienste, Berlin.

BSLK (2014), Die Bekenntnisschriften der Evangelisch-Lutherischen Kirche. Vollständige Neuedition. Hg. v. Irene Dingel im Auftrag der Evangelischen Kirche in Deutschland, Göttingen, zitiert: BSLK.

Barmer Theologische Erklärung (1934/⁷2009), in: HEIMBUCHER, MARTIN/WERTH, RUDOLF (Hg.), Die Barmer Theologische Erklärung. Einführung und Dokumentation. Mit einem Geleitwort v. Wolfgang Huber, Neukirchen-Vluyn, 33–43 (auch online abrufbar: https://www.uek-online.de/barmer-erklarung-16.php, letzter Zugriff: 1.7.2024), zitiert: BTHE.

CODEX IURIS CANONICI (1983), Buch I: Allgemeine Normen, Can. 71–Can. 203, online zugänglich: CIC/1983 deutsch online: Buch 1 (codex-iuris-canonici.de). Buch II: Volk Gottes, Can. 204–Can. 746, online zugänglich: CIC/1983 deutsch online: Buch 2 (codex-iuris-canonici.de). Buch III: Verkündigungsdienst der Kirche, Can. 747–Can. 833, online zugänglich: CIC/1983 deutsch online: Buch 3 (codex-iuris-canonici.de), letzter Zugriff: 8.5.2024), zitiert: CIC.

DENZINGER, HEINRICH (⁴⁵2017), Enchiridion symbolorum definitionum et declarationum de rebus fidei et morum. Kompendium der Glaubensbekenntnisse und kirchlichen Lehrentscheidungen. Verbessert, erw., ins Deutsche übertragen und unter Mitarbeit v. Helmut Hoping hg. v. Peter Hünermann, Freiburg im Breisgau/Basel/Wien, zitiert: DH.

EVANGELISCHES GOTTESDIENSTBUCH (1999/2020), Agende für die Union Evangelischer Kirchen in der Evangelischen Kirche in Deutschland (UEK) und für die Vereinigte Evangelisch-Lutherische Kirche Deutschlands (VELKD). Nach der »Ordnung gottesdienstlicher Texte und Lieder« (2018) überarb. Fassung. Im Auftrag des Präsidiums der UEK und der Kirchenleitung der VELKD hg. v. den Amtsbereichen der UEK und der VELKD im Kirchenamt der EKD, Leipzig/Bethel.

GENFER KIRCHENORDNUNG (Ordonnances ecclésiastiques) (1542/61/2023), in: Reformierte Bekenntnisschriften. Bd. 5: Ausgewählte Texte in deutscher Übersetzung. Teilband 1: 1523–1561. Hg. im Auftrag der EKD v. Matthias Freudenberg/Matthias Mühling/Peter Opitz, Göttingen, 219–241.

KIRCHENMITGLIEDSCHAFTSUNTERSUCHUNG 6 (2023a), Wie hältst du's mit der Kirche? Zur Bedeutung der Kirche in der Gesellschaft. Erste Ergebnisse der 6. Kirchenmitgliedschaftsuntersuchung. Hg. v. der Evangelischen Kirche in Deutschland (EKD), Leipzig (online abrufbar: Wie hältst du's mit der Kirche? Zur Bedeutung der Kirche in der Gesellschaft. Erste Ergebnisse der 6. Kirchenmitgliedschaftsuntersuchung (ekd.de), letzter Zugriff: 23.4.2024), zitiert: KMU 6 (2023a).

KIRCHENMITGLIEDSCHAFTSUNTERSUCHUNG 6 (2023b), Wie hältst du's mit der Kirche? Zur Bedeutung der Kirche in der Gesellschaft. Erste Ergebnisse der 6. Kirchenmitgliedschaftsuntersuchung. Elektronischer Anhang 1: Fragebogen der 6. Kirchenmitgliedschaftsuntersuchung. Hg. v. der Evangelischen Kirche in Deutschland (EKD), Leipzig (online abrufbar: Microsoft Word – KMU6_Anhang1.docx (ekd.de), letzter Zugriff: 23.4.2024), zitiert: KMU 6 (2023b).

KIRCHENMITGLIEDSCHAFTSUNTERSUCHUNG 6 (2023c), Wie hältst du's mit der Kirche? Zur Bedeutung der Kirche in der Gesellschaft. Erste Ergebnisse der 6. Kirchenmitgliedschaftsuntersuchung. Elektronischer Anhang 2: Tabellen-Anhang mit Grundauszählungen, differenziert nach Konfessionszugehörigkeit. Hg. v. der Evangelischen Kirche in Deutschland (EKD), Leipzig (online abrufbar: Microsoft Word – KMU6_Anhang2.docx (ekd.de), letzter Zugriff: 23.4.2024), zitiert: KMU 6 (2023c).

SACROSANCTUM CONCILIUM (1963/2004). Konstitution über die heilige Liturgie, in: Die Dokumente des Zweiten Vatikanischen Konzils. Konstitutionen, Dekrete, Erklärungen. Lateinisch-deutsche Studienausgabe (HThK Vat. II. Bd. 1). Hg. v. Peter Hünermann, Freiburg im Breisgau/Basel/Wien, 3–56, zitiert: SC.

STOWASSER (2016), Lateinisch-deutsches Schulwörterbuch. Hg. v. Fritz Lošek, völlige Neubearbeitung, München.

WEIMARER REICHSVERFASSUNG (WRV) (1919), Die Verfassung des Deutschen Reiches. http://www.documentarchiv.de/wr/wrv.html, letzter Zugriff: 1.3.2024, zitiert: WRV.

Lexikon-Artikel für Überblickswissen

CASPARI, WALTER (1900), Art. Homiletik, in: RE³ 8, 295–308.
BAUER, JOHANNES (1912), Art. Homiletik, in: RGG¹ 3, Sp. 123–131.
BEUTEL, ALBRECHT (2005), Art. Predigt, in: HWRh 7, Sp. 45–96.
DOERNE, MARTIN (1959), Art. Homiletik, in: RGG³ 3, Sp. 438–440.
DREWS, PAUL (1913), Art. Predigt, Geschichte der, in: RGG¹ 4, Sp. 1736–1755.
FESENMAYER, GEBHARD (1969), Art. Homiletik, in: LThK² 5, Sp. 459–465.
MÜLLER, HANS MARTIN (1986), Art. Homiletik, in: TRE 15, 526–565.
MÜLLER, HANS MARTIN (1996), Art. Homiletik, in: HWRh 3, Sp. 1496–1510.
NIEBERGALL, ALFRED (1961), Art. Predigt. I. Geschichte der Predigt«, in: RGG³ 5, Sp. 516–530.
SCHIAN, MARTIN (1904), Art. Predigt, Geschichte der christlichen, in: RE³ 15, 623–747.

Schurr, Viktor (1963), Art. Predigt, in: LThK² 8, Sp. 705–718.
Wintzer, Friedrich (1997), Art. Predigt, in: TRE 27, 225–330.
Zerfass, Rolf (1996), Art. Homiletik, in: LThK³ 5, Sp. 244–247.
Zerfass, Rolf (1999), Art. Predigt, in: LThK³ 8, Sp. 525–534.

Literatur

Achelis, Ernst Christian/Sachsse, Eduard (1901), Die Homiletik und die Katechetik des Andreas Hyperius, verdeutscht und mit Einleitungen versehen, Berlin.

Albrecht, Christian (2002), Schleiermachers Predigtlehre. Eine Skizze vor dem Hintergrund seines philosophisch-theologischen Gesamtsystems, in: Ders./Weeber, Martin (Hg.), Klassiker der protestantischen Predigtlehre. Einführungen in homiletische Theorieentwürfe von Luther bis Lange (UTB 2292), Tübingen, 93–119.

Albrecht, Christian (2017), Gebildete Souveränität. Pastoraltheologische Argumente für die neue Einübung eines alten Zieles theologischer Ausbildung, in: ZThK 114/3, 315–329.

Albrecht, Christian/Anselm, Reiner (2017), Öffentlicher Protestantismus. Zur aktuellen Debatte um gesellschaftliche Präsenz und politische Aufgaben des evangelischen Christentums (ThSt NF 4), Zürich.

Albrecht, Christian/Anselm, Reiner (2020), Öffentlicher Protestantismus. Eine Einleitung, in: Dies. (Hg.), Differenzierung und Integration. Fallstudien zu Präsenzen und Praktiken eines Öffentlichen Protestantismus, Tübingen, 1–21.

Albrecht, Christian/Weeber, Martin (Hg.) (2002), Klassiker der protestantischen Predigtlehre. Einführungen in homiletische Theorieentwürfe von Luther bis Lange (UTB 2292), Tübingen.

Albrecht-Birkner, Veronika/Breul, Wolfgang/Jacob, Joachim/Matthias, Markus/Schunka, Alexander/Soboth, Christian (Hg.) (2017), Pietismus. Eine Anthologie von Quellen des 17. und 18. Jahrhunderts, Leipzig.

Anderegg, Johannes (1985), Sprache und Verwandlung. Zur literarischen Ästhetik, Göttingen.

Anselm, Reiner (2020), Die Kirche als Vermittlungsinstanz zwischen der individuellen Religiosität und der Aufgabe des Öffentlichen Protestantismus, in: Albrecht, Christian/Anselm, Reiner (Hg.), Differenzierung und Integration. Fallstudien zu Präsenzen und Praktiken eines Öffentlichen Protestantismus, Tübingen, 23–40.

Arnold, Matthieu/Dingel, Irene (Hg.) (2017), Predigt im Ersten Weltkrieg. La prédication durant la «Grande Guerre», Göttingen.

Austin, John L. (1972/2007), Zur Theorie der Sprechakte (How to do things with words). Deutsche Bearbeitung v. Eike von Savigny. Bibliografisch ergänzte Ausgabe, Stuttgart.

Balbier, Uta A. (2022), Altar Call in Europe. Billy Graham, Mass Evangelism, and the Cold-War West, New York.

Banhardt, Sarah/Gräßel-Farnbauer, Jolanda/Israel, Charlotta (Hg.) (2023), Frauenordination in der Evangelischen Kirche in Deutschland. Interdisziplinäre Perspektiven, Stuttgart.

BÄRSCH, JÜRGEN (2015), Kleine Geschichte des christlichen Gottesdienstes, Regensburg.
BÄRSCH, JÜRGEN/KRANEMANN, BENEDIKT in Verbindung mit Maunerland, Winfried und Klöckner, Martin (Hg.) (2018), Geschichte der Liturgie in den Kirchen des Westens. Rituelle Entwicklungen, theologische Konzepte und kulturelle Kontexte. 2 Bde., Münster.
BARTH, KARL (1922a/1990), Not und Verheißung der christlichen Verkündigung, in: Karl Barth. Gesamtausgabe. Bd. 3: Vorträge und kleinere Arbeiten. 1922-1925. Hg. v. Holger Finze, Zürich, 65-97.
BARTH, KARL (1922b/1990), Das Wort Gottes als Aufgabe der Theologie, in: Karl Barth. Gesamtausgabe. Bd. 3: Vorträge und kleinere Arbeiten. 1922-1925. Hg. v. Holger Finze, Zürich, 144-175.
BARTH, KARL (1924/1990), Menschenwort und Gotteswort in der christlichen Predigt. in: Karl Barth. Gesamtausgabe. Bd. 3: Vorträge und kleinere Arbeiten. 1922-1925. Hg. v. Holger Finze, Zürich, 426-457.
BARTH, KARL (1959), Kirchliche Dogmatik (KD) IV/3, 2. Hälfte, Zürich.
BARTH, KARL (1966), Homiletik. Wesen und Vorbereitung der Predigt. Nachschriften des homiletischen Seminars »Übungen in der Predigtvorbereitung« im Wintersemester 1932 und Sommersemester 1933 in Bonn, Zürich.
BARTH, RODERICH/ZARNOW, CHRISTOPHER (Hg.) (2017), Theologie der Gefühle, Berlin/Boston.
BARTH, ULRICH (2014), Sichtbare und unsichtbare Kirche. Die Tragweite von Luthers ekklesiologischem Ansatz, in: DERS., Kritischer Religionsdiskurs, Tübingen, 1-51.
BARTH, ULRICH (^{2}2023), Symbole des Christentums. Berliner Dogmatikvorlesung. Hg. v. Friedemann Steck, Tübingen.
BAUER, GISA (2012), Evangelikale Bewegung und evangelische Kirche in der Bundesrepublik Deutschland. Geschichte eines Grundsatzkonfliktes (1945 bis 1989) (AKIZ.B), Göttingen.
BAYER, OSWALD (^{2}1990), Schöpfung als Anrede. Zu einer Hermeneutik der Schöpfung, Tübingen.
BERCOVITCH, SACVAN (1978/2012), The American Jeremiad, Madison.
BEDFORD-STROHM, HEINRICH (2011), Öffentliche Theologie und Kirche. Abschiedsvorlesung an der Universität Bamberg am 26. Juli 2011 (online abrufbar: Abschiedsvorlesung_Bedford_Strohm.pdf (bayern-evangelisch.de), letzter Zugriff: 4.7.2024).
BEUTEL, ALBRECHT (1991/2006), In dem Anfang war das Wort. Studien zu Luthers Sprachverständnis (HUTh 27), Tübingen.
BEUTEL, ALBRECHT (1998), Lehre und Leben in der Predigt der lutherischen Orthodoxie. Dargestellt am Beispiel des Tübinger Kontroverstheologen und Universitätskanzlers Tobias Wagner (1598-1680), in: DERS., Protestantische Konkretionen. Studien zur Kirchengeschichte, Tübingen, 161-191.
BEUTEL, ALBRECHT (2001), »Gebessert und zum Himmel tüchtig gemacht«. Die Theologie der Predigt nach Johann Joachim Spalding, in: ENGEMANN, WILFRIED (Hg.), Theologie der Predigt. Grundlagen - Modelle - Konsequenzen (APrTh 21), Leipzig, 161-188.
BEUTEL, ALBRECHT (2002), Aphoristische Homiletik. Johann Benedikt Carpzovs ›Hodegeticum‹ (1652), ein Klassiker der orthodoxen Predigtlehre, in: ALBRECHT, CHRISTI-

AN/WEEBER, MARTIN (Hg.), Klassiker der protestantischen Predigtlehre. Einführungen in homiletische Theorieentwürfe von Luther bis Lange (UTB 2292), Tübingen, 26–47.

BEUTEL, ALBRECHT (2006), Aufklärung in Deutschland (KIG 4), Göttingen.

BEUTEL, ALBRECHT (2013a), Kommunikation des Evangeliums. Die Predigt als zentrales theologisches Vermittlungsmedium in der frühen Neuzeit, in: DERS., Spurensicherung. Studien zur Identitätsgeschichte des Protestantismus, Tübingen, 3–17.

BEUTEL, ALBRECHT (2013b), Verdanktes Evangelium. Das Leitmotiv in Luthers Predigtwerk, in: DERS., Spurensicherung. Studien zur Identitätsgeschichte des Protestantismus, Tübingen, 63–78.

BIERITZ, KARL-HEINRICH (2004), Liturgik, Berlin.

BOCK, FLORIAN (2018), Gegen die »Bezauberung der Welt«. Katholische Predigten erzählen Aufklärung (1720–1803), in: BERNDT, FRAUKE/FULDA, DANIEL (Hg.), Die Erzählung der Aufklärung. Beiträge zur DGEJ-Jahrestagung 2015 in Halle an der Saale (Studien zum achtzehnten Jahrhundert 38), Hamburg, 240–253.

BOCK, FLORIAN (2023), Pastorale Strategien zwischen Konfessionalisierung und Aufklärung. Katholische Predigten und ihre implizite Hörer-/Leserschaft (circa 1670 bis 1800), Münster.

BÖHME, GERNOT (1995/^{4}2019), Atmosphäre. Essays zur neuen Ästhetik (edition suhrkamp 2664), Berlin.

BOOTH, CATHERINE (1859/2013), Female Ministry. Woman's Right to Preach the Gospel, Eugene, USA.

BOWLER, KATE (2013), Blessed. A History of the American Prosperity Gospel, New York.

BRAUNE-KRICKAU, TOBIAS/GALLE, CHRISTOPH (Hg.) (2021), Predigt und Politik. Zur Kulturgeschichte der Predigt von Karl dem Großen bis zur Gegenwart, Göttingen.

BRECHT, MARTIN (1993a), Einleitung, in: DERS. (Hg.), Geschichte des Pietismus. Bd. 1: Der Pietismus vom siebzehnten bis zum frühen achtzehnten Jahrhundert, Göttingen, 1–10.

BRECHT, MARTIN (1993b), Philipp Jakob Spener, sein Programm und dessen Auswirkungen, in: DERS. (Hg.), Geschichte des Pietismus. Bd. 1: Der Pietismus vom siebzehnten bis zum frühen achtzehnten Jahrhundert, Göttingen, 281–389.

BREKUS, CATHERINE A. (1998), Strangers & Pilgrims. Female Preaching in America 1740–1845, Chapel Hill/London.

BREUL, WOLFGANG (2012), »Hoffnung besserer Zeiten«. Der Wandel der »Endzeit« im lutherischen Pietismus um 1700, in: LANDWEHR, ACHIM (Hg.), Frühe Neue Zeiten. Zeitwissen zwischen Reformation und Revolution (Mainzer Historische Kulturwissenschaften 11), Bielefeld, 261–282.

BROWN, CANDY GUNTHER (Hg.) (2011), Global Pentecostal and Charismatic Healing, Oxford/New York.

BRUCE, STEVE (1990/2019), Pray TV. Televangelism in America, London/New York.

BULTMANN, RUDOLF (1941/^{21}1986), Das Evangelium des Johannes (KEK 2), Göttingen.

CALVIN, JOHANNES (1559/^{4}2022), Unterricht in der christlichen Religion. Institutio Christianae Religionis. Nach der letzten Ausgabe von 1559 übers. und bearb. v. Otto Weber. Im Auftrag des Reformierten Bundes bearb. und neu hg. v. Matthias Freudenberg, Neukirchen-Vluyn.

CAMPBELL, HEIDI A. (2007), Who's Got the Power? Religious Authority and the Internet, in: Journal of Computer-Mediated Communication 12/3, 1043–1062.
CAMPBELL, HEIDI A. (2012), Understanding the Relationship between Religion Online and Offline in a Networked Society, in: JAAR 80/1, 64–93.
CAMPBELL, HEIDI A. (2021), Digital Creatives and the Rethinking of Religious Authority (Media, Religion and Culture), London/New York.
CAMPBELL, HEIDI A./BELLAR, WENDI (2023), Digital Religion. The Basics, London/New York.
CAMPBELL, HEIDI A./TSURIA, RUTH (Hg.) (^{2}2022), Digital Religion. Understanding Religious Practice in Digital Media, London/New York.
CARPZOV, JOHANN BENEDICT (1652/2014), Hodegeticum brevibus aphorismis pro collegio concionatorio conceptum. Ein Wegweiser für Prediger in Leitsätzen. Lateinisch – Deutsch. Eingel., übers. und hg. v. Reiner Preul, Leipzig.
CLAUSSEN, JOHANN HINRICH (2005), Religion ohne Gewissheit. Eine zeitdiagnostisch-systematische Problemanzeige, in: PTh 94, 439–454.
COLEMAN, SIMON (2000), The Globalisation of Charismatic Christianity. Spreading the Gospel of Prosperity, Cambridge.
COLEMAN, SIMON (2006), Materializing the Self. Words and Gifts in the Construction of Charismatic Protestant Identity, in: CANNELL, FENELLA (Hg.), The Anthropoloy of Christianity, Durham/London, 163–184.
COLEMAN, SIMON (2011), Voices. Presence and Prophecy in Charismatic Ritual, in: LINDHARDT, MARTIN (Hg.), Practicing the Faith. The Ritual Life of Pentecostal-Charismatic Christians, New York/Oxford, 198–219.
COLLINET, MICHAELA (2015), Frohe Botschaft für die Armen. Armut und Armenfürsorge in der katholischen Verkündigung des späten 18. und frühen 19. Jahrhunderts (KoGe 49), Stuttgart.
CONRAD, RUTH (2012), Kirchenbild und Predigtziel. Eine problemgeschichtliche Studie zu ekklesiologischen Dimensionen der Homiletik (Praktische Theologie in Geschichte und Gegenwart 11), Tübingen.
CONRAD, RUTH (2014), Weil wir etwas wollen! Plädoyer für eine Predigt mit Absicht und Inhalt (Evangelisch-katholische Studien zu Gottesdienst und Predigt 2), Neukirchen-Vluyn/Würzburg.
CONRAD, RUTH (2018a), Die Jesusrezeption in der gegenwärtigen Homiletik – oder: Die materiale Homiletik als Leerstelle homiletischer Diskurse, in: SCHMIDT, ECKART DAVID (Hg.), Jesus, quo vadis? Entwicklungen und Perspektiven der aktuellen Jesusrezeption (BThSt 177), Neukirchen-Vluyn 2018, 263–282.
CONRAD, RUTH (2018b), »Ein sozialpädagogisches Instrument ersten Ranges«. Predigttheorie im Kontext der ›1968er‹ am Beispiel von Ernst Lange, in: GREIFENSTEIN, JOHANNES (Hg.), Praxisrelevanz und Theoriefähigkeit. Transformationen der Praktischen Theologie um 1968 (Praktische Theologie in Geschichte und Gegenwart 27), Tübingen, 121–146.
CONRAD, RUTH (2018c), »Heil« und »Heilung« im Gottesdienst. Praktisch-theologische Überlegungen zu konfessionskulturellen und christentumstheoretischen Differenzen, in: WENDTE, MARTIN (Hg.), Jesus der Heiler und die Gesundheitsgesellschaft. Interdisziplinäre und internationale Perspektiven, Leipzig, 171–192.

CONRAD, RUTH (2019), Wahrnehmen und Verstehen. Überlegungen zu einer bleibenden Aufgabe der Praktischen Theologie, in: ZThK 116/4, 432–463.
CONRAD, RUTH (2021a), Die Rhetorik der »großen« evangelischen Kanzelredner um 1900, in: MEYER-BLANCK, MICHAEL (Hg.), Handbuch Homiletische Rhetorik (Handbücher Rhetorik 11), Berlin/Boston, 165–203.
CONRAD, RUTH (2021b), »Nicht Politik sollen unsere Prediger predigen, aber wirkliches Leben sollen sie mit dem Lichte Gottes beleuchten« (Friedrich Naumann). Die Predigt in den sozialen und nationalen Transformationen in der zweiten Hälfte des 19. und im frühen 20. Jahrhundert, in: BRAUNE-KRICKAU, TOBIAS/GALLE, CHRISTOPH (Hg.), Predigt und Politik. Zur Kulturgeschichte der Predigt von Karl dem Großen bis zur Gegenwart, Göttingen, 237–276.
CONRAD, RUTH (2021c), Erhellend und nachdenklich predigen. Eine homiletische Absichtserklärung in liberaltheologischem Interesse, in: SCHULT, MAIKE (Hg.), Er ist unser Friede. Lesepredigten Textreihe III/2, Leipzig, 13–21.
CONRAD, RUTH (2024), »Weil wir in einer Konsumwelt sind«. Alltagskulturen als Konsumkulturen – homiletische Beobachtungen, in: ROTH, URSULA/ALBRECHT, CHRISTIAN/HAUSCHILDT, EBERHARD (Hg.), Praktische Theologie des Alltags. Skizzen zur religiösen Praxis der Gegenwart (PTHe 93), Stuttgart, 121–133.
CONRAD, RUTH/HARDENBERG, ROLAND (2020), Preaching as resource, in: IJPT 24/1, 165–195.
CONRAD, RUTH/HARDENBERG, ROLAND/MIETHNER, HANNA/STILLE, MAX (Hg.) (2024), Ritual and Social Dynamics in Christian and Islamic Preaching, London/New York/Oxford/New Delhi/Sydney.
CONRAD, RUTH/KIPKE, ROLAND (Hg.) (2015), Selbstformung. Beiträge zur Aufklärung einer menschlichen Praxis, Münster.
CONRAD, RUTH/MAWICK REINHARD (2021), Nie für sich allein, in: zeitzeichen 12, 34–37 (online abrufbar: https://zeitzeichen.net/node/9401, letzter Zugriff: 1.6.2024).
CONRAD, RUTH/WEEBER, MARTIN (Hg.) (2012), Protestantische Predigtlehre. Eine Darstellung in Quellen (UTB 3581), Tübingen.
CONRAD, RUTH/WENDTE, MARTIN (Hg.) (2021), Jesus Christus predigen: Der homiletische Ernstfall der Moderne (Liturgie und Kultur. Zeitschrift der Liturgischen Konferenz für Gottesdienst, Musik und Kunst 1&2).
CORNEHL, PETER (1985), Art. Gottesdienst. VIII. Evangelischer Gottesdienst von der Reformation bis zur Gegenwart, in: TRE 14, 54–85.
COX, HARVEY (1994/2001), Fire from Heaven. The Rise of Pentecostal Spirituality and the Reshaping of Religion in the Twenty-First Century, Cambridge.
CRAWFORD, EVANS E. (Hg.) (1995), The Hum. Call and Response in African American Preaching. With Thomas H. Troeger, Nashville.
CROSS, TERRY L. (2014), Sind Pfingstler evangelikale Christen? Eine Betrachtung der theologischen Unterschiede und Gemeinsamkeiten, in: HAUSTEIN, JÖRG/MALTESE, GIOVANNI (Hg.), Handbuch pfingstliche und charismatische Theologie, Göttingen, 383–407.
DANIEL, UTE (2016), Kompendium Kulturgeschichte. Theorien, Praxis, Schlüsselwörter (suhrkamp taschenbuch wissenschaft 1523), Frankfurt/Main.
DANZ, CHRISTIAN (2013), Grundprobleme der Christologie (UTB 3911), Tübingen.

»Darum wagt es, Schwestern ...« (1994). Frauenforschungsprojekt zur Geschichte der Theologinnen, Göttingen (Historisch-theologische Studien zum 19. und 20. Jahrhundert 7), Göttingen.

DAYTON, DONALD W. (1987), Theological Roots of Pentecostalism (Studies in Evangelicalism 5), Grand Rapids/Michigan.

DE BOER, ERIK (2012), The Genevan School of the Prophets. The *congrégations* of the Company of Pastors and their Influence in 16th Century Europe, Genf.

DEEG, ALEXANDER/PLÜSS, DAVID (2021), Liturgik (Lehrbuch PT 5), Gütersloh.

DEEG, ALEXANDER/SCHÜLE, ANDREAS (⁵2021), Die neuen alttestamentlichen Perikopentexte. Exegetische und homiletisch-liturgische Zugänge, Leipzig.

DIETZ, THORSTEN (2022), Menschen mit Mission. Eine Landkarte der evangelikalen Welt, Holzgerlingen.

DOBBERAHN, FRIEDRICH (2021), Deutsche Theologie im Dienste der Kriegspropaganda. Umdeutung von Bibel, Gesangbuch und Liturgie 1914–1918, Göttingen.

DOMSGEN, MICHAEL/EVERS, DIRK (Hg.) (2014), Herausforderung Konfessionslosigkeit. Theologie im säkularen Kontext, Leipzig.

DREESMAN, ULRICH (2002), Erbauliche Aufklärung. Zur Predigttheorie Johann Lorenz von Mosheims, in: ALBRECHT, CHRISTIAN/WEEBER, MARTIN (Hg.), Klassiker der protestantischen Predigtlehre. Einführungen in homiletische Theorieentwürfe von Luther bis Lange (UTB 2292), Tübingen, 74–92.

DREHSEN, VOLKER (1988), Neuzeitliche Konstitutionsbedingungen der Praktischen Theologie. Aspekte der theologischen Wende zur sozialkulturellen Lebenswelt christlicher Religion. 2 Bde., Gütersloh.

DREHSEN, VOLKER (2002), Predigtlegitimation im homiletischen Verfahren: Ernst Lange, in: ALBRECHT, CHRISTIAN/WEEBER, MARTIN (Hg.), Klassiker der protestantischen Predigtlehre. Einführungen in homiletische Theorieentwürfe von Luther bis Lange (UTB 2292), Tübingen, 225–246.

DREWS, PAUL (1901/2016), »Religiöse Volkskunde«, eine Aufgabe der praktischen Theologie, in: DERS., Religiöse Volkskunde und religiöse Psychologie. Schriften zur Grundlegung einer empirisch orientierten Praktischen Theologie. Hg. v. Andreas Kubik (Praktische Theologie in Geschichte und Gegenwart 20), Tübingen, 121–127.

DREWS, PAUL (1903), Die Predigt im 19. Jahrhundert. Kritische Bemerkungen und praktische Winke (VTKG 19), Gießen.

EBELING, GERHARD (⁴2012), Dogmatik des christlichen Glaubens. Bd. 3: Der Glaube an Gott, den Vollender der Welt, Tübingen.

EKD (1979), Publizistischer Gesamtplan der Evangelischen Kirche in Deutschland. Vorgelegt v. der Kammer d. EKD für publizistische Arbeit und im Auftrag d. Rates d. EKD. Hg. v. der Kirchenkanzlei, Gütersloh.

EKD (1997a), Chancen und Risiken der Mediengesellschaft. Gemeinsame Erklärung der Deutschen Bischofskonferenz und des Rates der Evangelischen Kirche in Deutschland (Gemeinsame Texte 10), Hannover/Bonn.

EKD (1997b), Mandat und Markt. Perspektiven evangelischer Publizistik. Publizistisches Gesamtkonzept 1997. Hg. v. Kirchenamt der EKD, Frankfurt/Main.

ENGELBRECHT, MARTIN (2009), Die Spiritualität der Wanderer, in: BOCHINGER, CHRISTOPH/ENGELBRECHT, MARTIN/GEBHARDT, WINFRIED (Hg.), Die unsichtbare Religion in der sichtbaren Religion – Formen spiritueller Orientierung in der religiösen Gegenwartskultur (Religionswissenschaft heute 3), Stuttgart, 35–81.

ENGELKE, MATTHEW (2012), Material Religion, in: ORSI, ROBERT A. (Hg.), The Cambridge Companion to Religious Studies, Cambridge, 209–229.

ENGEMANN, WILFRIED (2013), Lebensgefühl und Glaubenskultur, in: WzM 65/3, 218–237.

ENGEMANN, WILFRIED (2014), »Kommunikation des Evageliums« als Grundprinzip der religiösen Praxis des Christentums, in: WEYEL, BIRGIT/BUBMANN, PETER (Hg.), Kirchentheorie. Praktisch-theologische Perspektiven auf die Kirche, Leipzig, 15–39.

ENGEMANN, WILFRIED (^{3}2020), Einführung in die Homiletik, Tübingen.

ENGEMANN, WILFRIED (2024), Der Mensch ist anders. Anthropologie im Fokus des Pfarrberufs, Leipzig.

ERNE, THOMAS (2017), Hybride Räume der Transzendenz. Wozu wir heute noch Kirchen brauchen. Studien zu einer postsäkularen Theorie des Kirchenbaus, Leipzig.

ERNE, THOMAS (2022), Transzendenz im Plural. Schleiermacher und die Kunst der Moderne (Schleiermacher-Lecture, Berlin, 2019), Berlin/Boston.

ETZELMÜLLER, GEORG (2010), ... zu schauen die schönen Gottesdienste des Herrn. Eine biblische Theologie der christlichen Liturgiefamilien, Frankfurt/Main.

FAULSTICH, WERNER (1996), Medien und Öffentlichkeiten im Mittelalter (800–1400) (Geschichte der Medien 2), Göttingen.

FAULSTICH, WERNER (1997), Das Medium als Kult. Von den Anfängen bis zur Spätantike (8. Jahrhundert) (Geschichte der Medien 1), Göttingen.

FAULSTICH, WERNER (1998), Medien zwischen Herrschaft und Revolte. Die Medienkultur der frühen Neuzeit (1400–1700) (Geschichte der Medien 3), Göttingen.

FAULSTICH, WERNER (2002), Die bürgerliche Mediengesellschaft (1700–1830) (Geschichte der Medien 4), Göttingen.

FAULSTICH, WERNER (2004), Medienwandel im Industrie- und Massenzeitalter (1830–1900) (Geschichte der Medien 5), Göttingen.

FAULSTICH, WERNER (2012), Die Mediengeschichte des 20. Jahrhunderts, Paderborn.

FECHTNER, KRISTIAN (1995), Volkskirche im neuzeitlichen Christentum. Die Bedeutung Ernst Troeltschs für eine künftige praktisch-theologische Theorie der Kirche, Gütersloh.

FECHTNER, KRISTIAN (2007), Im Rhythmus des Kirchenjahres. Vom Sinn der Feste und Zeiten, Gütersloh.

FECHTNER, KRISTIAN/FRIEDRICHS, LUTZ (Hg.) (2008), Normalfall Sonntagsgottesdienst? Gottesdienst und Sonntagskultur im Umbruch (PThe 87), Stuttgart.

FIGEL, MATTHIAS (2013), Der reformatorische Predigtgottesdienst. Eine liturgiegeschichtliche Untersuchung zu den Ursprüngen und Anfängen des evangelischen Gottesdienstes in Württemberg (QFWKG 24), Epfendorf/Neckar.

FRANCIS, KEITH A./GIBSON, WILLIAM (Hg.) (2012), The Oxford Handbook of the British Sermon 1689–1901, Oxford.

FRANCKE, AUGUST HERMANN (1725/1989), Send- Schreiben vom erbaulichen Predigen 1725, in: DERS., Schriften und Predigten. Bd. 10: Predigten II. Hg. v. Erhard Peschke, Berlin, 3–10.

FREUDENBERG, MAREN (2024), Joel Osteen's Prosperity Gospel and the Enduring Popularity of America's »Smiling Preacher«, in: CONRAD, RUTH/HARDENBERG, ROLAND/

Miethner, Hanna/Stille, Max (Hg.), Ritual and Social Dynamics in Christian and Islamic Preaching, London/New York/Oxford/New Delhi/Sydney, 105–126.

Fuchs, Guido (²2022), Kleine Geschichte des schlechten Benehmens in der Kirche, Regensburg.

Garhammer, Erich/Roth, Ursula/Schöttler, Heinz-Günther (Hg.) (2006), Kontrapunkte. Katholische und protestantische Predigtkultur (ÖSP 5), München.

Giver-Johnston, Donna (2021), Claiming the Call to Preach. Four Female Pioneers of Preaching in Nineteenth-Century America, Oxford.

Gräb, Wilhelm (1988), Predigt als Mitteilung des Glaubens. Studien zu einer prinzipiellen Homiletik in praktischer Absicht, Gütersloh.

Gräb, Wilhelm (1991), Kirche als Gestaltungsaufgabe. Friedrich Schleiermachers Verständnis der Praktischen Theologie, in: Meckenstock, Günter in Verbindung mit Joachim Ringleben (Hg.), Schleiermacher und die wissenschaftliche Kultur des Christentums (TBT 51), Berlin/Boston, 147–172.

Gräb, Wilhelm (2000), Praktische Theologie als Theorie der Kirchenleitung: Friedrich Schleiermacher, in: Grethlein, Christian/Meyer-Blanck, Michael (Hg.), Geschichte der Praktischen Theologie. Dargestellt anhand ihrer Klassiker, Leipzig, 67–110.

Gräb, Wilhelm (2002), Sinn fürs Unendliche. Religion in der Mediengesellschaft, Gütersloh.

Gräb, Wilhelm (2008), Der Gottesdienst des kirchlichen Christentums – oder was vom Kasualgottesdienst für den Sonntagsgottesdienst zu lernen wäre, in: Fechtner, Kristian/Friedrichs, Lutz (Hg.), Normalfall Sonntagsgottesdienst? Gottesdienst und Sonntagskultur im Umbruch (PTHe 87), Stuttgart, 82–91.

Gräb, Wilhelm (2013), Predigtlehre. Über religiöse Rede, Göttingen.

Gräb, Wilhelm (2018), Vom Menschsein und der Religion. Eine praktische Kulturtheologie (Praktische Theologie in Geschichte und Gegenwart 30), Tübingen.

Gräb, Wilhelm (2022), Die ›Digitalisierung‹ religiöser Kommunikation als Thema der Praktischen Theologie, in: Nord, Ilona/Merle, Kristin (Hg.), Mediatisierung religiöser Kultur. Praktisch-theologische Standortbestimmungen im interdisziplinären Kontext (VWGTh 58), Leipzig, 405–421.

Graf, Friedrich Wilhelm (1988), Vom Munus Propheticum Christi zum prophetischen Wächteramt der Kirche? Erwägungen zum Verhältnis von Christologie und Ekklesiologie, in: ZEE 32, 88–106.

Graf, Friedrich Wilhelm (2011), Kirchendämmerung. Wie die Kirchen unser Vertrauen verspielen, München.

Greifenstein, Johannes (2021), Vom Text zur Predigt. Ein Beitrag zur Praxistheorie homiletischer Bibelauslegung (Praktische Theologie in Geschichte und Gegenwart 34), Tübingen.

Grethlein, Christian (2013), Was gilt in der Kirche? Perikopenrevision als Beitrag zur Kirchenreform (ThLZ.F 27), Leipzig.

Grözinger, Albrecht (2008), Homiletik (Lehrbuch Praktische Theologie 2), Gütersloh.

Grözinger, Albrecht (2013), Predigt und Gefühl. Eine homiletische Erkundungsreise, in: Charbonnier, Lars/Mader, Matthias/Weyel, Birgit (Hg.), Religion und Gefühl. Praktisch-theologische Perspektiven einer Theorie der Emotionen. Festschrift für Wilhelm Gräb zum 65. Geburtstag (APTh 75), Göttingen, 313–325.

Haberer, Johanna (2004), Art. Radiopredigt/Fernsehpredigt, in: RGG⁴ 7, Sp. 19.
Haberer, Johanna (2006), Die Predigt in publizistischer Perspektive, in: EvTh 66/5, 357–369.
Habermas, Jürgen (2009), Strukturwandel der Öffentlichkeit. Untersuchungen zu einer Kategorie der bürgerlichen Gesellschaft (suhrkamp taschenbuch wissenschaft 891), Frankfurt/Main.
Haendler, Otto (2017), Homiletik (Otto Haendler. Schriften und Vorträge zur Praktischen Theologie 2. Hg. v. Winfried Engemann), Leipzig.
Hallermann, Heribert (2017), »… dass nur öffentlich predige, wer gesandt ist.« Kanonistische Nachfragen und Perspektiven zum Verbot der »Laienpredigt« (Kirchen- und Staatskirchenrecht 26), Paderborn.
Hamm, Berndt (2010), Warum wurde für Luther der Glaube zum Zentralbegriff des christlichen Lebens, in: Ders., Der frühe Luther: Etappen reformatorischer Neuorientierung, Tübingen, 65–89.
Hanch, Kate (2022), Storied Witness. The Theology of Black Women Preachers in 19th-Century America, Minneapolis.
Hardesty, Nancy A. (1984), Women called to Witness. Evangelical Feminism in the 19th Century, Nashville.
Haubeck, Wilfried/Heinrichs, Wolfgang/Wagner, Jochen (Hg.) (2023), Pastoraler Dienst im Wandel. Schlaglichter aus freikirchlicher Perspektive (Theologische Impulse 34), Witten.
Haustein, Jörg/Maltese, Giovanni (Hg.) (2014), Handbuch pfingstliche und charismatische Theologie, Göttingen.
Herbert, Ulrich (2017), Geschichte Deutschlands im 20. Jahrhundert, München.
Herbrecht, Dagmar (2000), Emanzipation oder Anpassung. Argumentationswege der Theologinnen im Streit um die Frauenordination in der Bekennenden Kirche, Neukirchen-Vluyn.
Herbrecht, Dagmar/Härter, Ilse/Erhart, Hannelore (Hg.) (2007), Der Streit um die Frauenordination in der Bekennenden Kirche. Quellentexte zu ihrer Geschichte im Zweiten Weltkrieg, Neukirchen-Vluyn.
Hermelink, Jan (2021), Predigen als Gemeindegründung und -gestaltung. Die kirchentheoretische Prägung der homiletischen Rhetorik in der evangelischen Kirche, in: Meyer-Blanck, Michael (Hg.), Handbuch Homiletische Rhetorik (Handbücher Rhetorik 11), Berlin/Boston, 405–430.
Herms, Eilert (1978/1982), Was heißt »theologische Kompetenz«?, jetzt in: Ders., Theorie für die Praxis. Beiträge zur Theologie, München, 35–49.
Herms, Eilert (1992), Evangelium für das Volk, in: Ders., Offenbarung und Glaube. Zur Bildung des christlichen Lebens, Tübingen, 20–55.
Hertzsch, Klaus-Peter (2006), Die Predigt im Gottesdienst, in: Engemann, Wilfried/ Lütze, Frank M. (Hg.), Grundfragen der Predigt. Ein Studienbuch, Leipzig, 323–338.
Herzog, Urs (1991), Geistliche Wohlredenheit. Die katholische Barockpredigt, München.
Hirschkind, Charles (2006), The Ethical Soundscape. Cassette Sermons and Islamic Counterpublics, New York.

HITZLER, RONALD/HONER, ANNE/PFADENHAUER, MICHAELA (2008), Zur Einleitung: »Ärgerliche" Gesellungsgebilde?, in: DIES. (Hg.), Posttraditionale Gemeinschaften. Theoretische und ethnografische Erkundungen (Erlebniswelten 14), Wiesbaden, 9-31.

HOBERG, VERENA (2017), Evangelikale Lebensführung und Alltagsfrömmigkeit, in: ELWERT, FREDERIK/RADERMACHER, MARTIN/SCHLAMELCHER, JENS (Hg.), Handbuch Evangelikalismus, Bielefeld, 209-226.

HOCHGESCHWENDER, MICHAEL (2017), Evangelikalismus: Begriffsbestimmung und phänomenale Abgrenzung, in: ELWERT, FREDERIK/RADERMACHER, MARTIN/SCHLAMELCHER, JENS (Hg.), Handbuch Evangelikalismus, Bielefeld, 21-32.

HOFMANN, ANDREA (2015), Psalmenrezeption in reformatorischem Liedgut. Entstehung, Gestalt und konfessionelle Eigenarten des Psalmliedes, 1523-1650 (AKThG 45), Leipzig.

HÖHNE, FLORIAN/OORSCHOT, FREDERIKE VAN (Hg.) (2015), Grundtexte Öffentliche Theologie, Leipzig.

HOLLENWEGER, WALTER J. (1997), Charismatisch-pfingstliches Christentum. Herkunft – Situation – Ökumenische Chancen, Göttingen.

HOLTHAUS, STEPHAN (^{2}2016), Heil – Heilung – Heiligung. Die Geschichte der deutschen Heiligungs- und Evangelisationsbewegung (1874-1909), Gießen.

HOLZEM, ANDREAS (2015), Christentum in Deutschland 1550-1850. Konfessionalisierung – Aufklärung – Pluralisierung. Bd. 2, Paderborn.

HORN, CHRISTOPH (^{2}2019), Einführung in die Moralphilosophie, Freiburg im Breisgau/München.

JEGGLE-MERZ, BIRGIT/KRANEMANN, BENEDIKT (Hg.) (2013), Liturgie und Konfession. Grundfragen der Liturgiewissenschaft im interkonfessionellen Gespräch, Freiburg im Breisgau.

JENKINS, PHILIPP (2011), The Next Christendom. The Coming of Global Christianity, New York.

JETTER, CLAUDIA (2023), Das Phänomen Christfluencing. Zwischen Glaubensvermittlung und Lifestyle, in: Zeitschrift für Religion und Weltanschauung. Materialdienst der Evangelischen Zentralstelle für Weltanschauungsfragen 86/3, 159-170.

KANT, IMMANUEL (1784/1983), Beantwortung der Frage: Was ist Aufklärung?, in: DERS., Schriften zur Anthropologie, Geschichtsphilosophie, Politik und Pädagogik. Erster Teil, Werke IX, Darmstadt, 53-61.

KARLE, ISOLDE (^{2}2021), Praktische Theologie (Lehrwerk Theologie 7), Leipzig.

KAUFMANN, THOMAS (2009), Geschichte der Reformation, Frankfurt/Main/Leipzig.

KAUFMANN, THOMAS (^{4}2016), Martin Luther, München.

KAUFMANN, THOMAS (2019), Die Mitte der Reformation. Eine Studie zu Buchdruck und Publizistik im deutschen Sprachgebiet, zu ihren Akteuren und deren Strategien, Inszenierungs- und Ausdrucksformen (BHTh 187), Tübingen.

KAUFMANN, THOMAS (2022), Die Druckmacher. Wie die Generation Luther die erste Medienrevolution entfesselte, München.

KAVENY, CATHLEEN (2016), Prophecy without Contempt. Religious Discourse in the Public Square, Cambridge (Massachusetts)/London.

KELLER, SONJA/MERLE, KRISTIN (Hg.) (2022), Evangelisch predigen. Konturen homiletischer Textbezüge, Leipzig.

Kern, Thomas/Pruisken, Insa (2018), Religiöse Bewegungen. Das Beispiel des Evangelikalismus in den USA, in: Pollack, Detlef/Krech, Volkhard/Müller, Olaf/Hero, Markus (Hg.), Handbuch Religionssoziologie, Wiesbaden, 507–524.

Ketteler, Wilhelm Emmanuel Freiherr von (1848–1866/1977), Schriften, Aufsätze und Reden. 1848–1866. Bearb. v. Erwin Iserloh/Christoph Stoll/Emil Valasek/Norbert Jäger (Wilhelm Emmanuel Freiherr von Ketteler Sämtliche Werke und Briefe, Abt. I/1), Mainz.

Kienzle, Beverly Mayne (1993), The Typology of the Medieval Sermon and its Development in the Middle Ages. Report on Work in Progress, in: Hamesse, Jacqueline/Hermand, Xavier (Hg.), De L'Homélie au Sermon. Histoire de la prédication médiévale. Actes du Colloque international de Louvain-la-Neuve 1992, Louvain-la-Neuve, 83–101.

Knape, Joachim (1998), Zwangloser Zwang. Der Persuasions-Prozeß als Grundlage sozialer Bindung, in: Ueding, Gert/Vogel, Thomas (Hg.), Von der Kunst der Rede und Beredsamkeit, Tübingen, 54–69.

Knape, Joachim (2000a), Persuasion und Kommunikation, in: Kopperschmidt, Josef (Hg.), Rhetorische Anthropologie. Studien zum Homo rhetoricus, München, 171–181.

Knape, Joachim (2000b), Was ist Rhetorik?, Stuttgart.

Knape, Joachim/Thumm, Christine (2014), Kaspar Goldtwurms »Schemata rhetorica« 1545. Ein Figurentraktat für Prediger aus der Reformationszeit (Gratia 51), Wiesbaden.

Kohl, Karl-Heinz (2003), Die Macht der Dinge. Geschichte und Theorie sakraler Objekte, München.

Kopperschmidt, Josef (2008), Rhetorische Überzeugungsarbeit. Annäherung an eine kulturelle Praxis, in: Lachmann, Renate/Nicolosi, Riccardo/Strätling, Susanne (Hg.), Rhetorik als kulturelle Praxis, München, 15–30.

Kopperschmidt, Josef (2018), Wir sind nicht auf der Welt, um zu schweigen. Eine Einleitung in die Rhetorik, Berlin/Boston.

Korsch, Dietrich/Röhring, Klaus/Herten, Joachim (Hg.) (2011), Das Universum im Ohr. Variationen zu einer theologischen Musikästhetik, Leipzig.

Krauter-Dierolf, Heike (2005), Die Eschatologie Philipp Jakob Speners. Der Streit mit der lutherischen Orthodoxie um die »Hoffnung besserer Zeiten« (BHTh 131), Tübingen.

Krech, Volkhard/Schlamelcher, Jens/Hero, Markus (2013), Typen religiöser Sozialformen und ihre Bedeutung für die Analyse religiösen Wandelns in Deutschland, in: KZfSS 65, 51–71.

Krüger, Oliver (2014), Die mediale Religion. Probleme und Perspektiven der religionswissenschaftlichen und wissenssoziologischen Medienforschung (Religion und Medien 1), Bielefeld.

Krummacher, Christoph (2020), Kirchenmusik (Neue Theologische Grundrisse), Tübingen.

Kubik, Andreas, Was ist eine homiletische Situation, in: IJPT 15/1 (2011), 94–115.

Kumlehn, Martina (2023), Hoffnung in Leid und Krise: Bieten Glaube, Kirche und Religion noch Halt? (online abrufbar: https://www.swr.de/swr1/swr1leute/marti

na-kumlehn-glaube-und-leid-wie-zeitgemaess-ist-religion-100.html, letzter Zugriff: 2.3.2024).

Kupsch, Alexander (2019), Martin Luthers Gebrauch der Heiligen Schrift. Untersuchungen zur Schriftautorität in Gottesdienst und gesellschaftlicher Öffentlichkeit (HUTh 77), Tübingen.

Lang, Bernhard (2009), Predigt als ›intellektuelles Ritual‹. Eine Grundform religiöser Kommunikation kulturwissenschaftlich betrachtet, in: Strohschneider, Peter (Hg.), Literarische und religiöse Kommunikation in Mittelalter und Früher Neuzeit. DFG-Symposion 2006, Berlin, 292–323.

Lange, Ernst (1965/1982), Der Pfarrer in der Gemeinde heute, in: Ders., Predigen als Beruf. Aufsätze zu Homiletik, Liturgie und Pfarramt. Hg. und mit einem Nachwort v. Rüdiger Schloz, München, 96–141.

Lange, Ernst (1965/1984), Chancen des Alltags. Überlegungen zur Funktion des christlichen Gottesdienstes in der Gegenwart. Hg. und mit einem Nachwort v. Peter Cornehl, München.

Lange, Ernst (1967/1982), Zur Theorie und Praxis der Predigtarbeit, in: Ders., Predigen als Beruf. Aufsätze zu Homiletik, Liturgie und Pfarramt. Hg. und mit einem Nachwort v. Rüdiger Schloz, München, 9–51.

Lange, Ernst (1968/1982), Zur Aufgabe christlicher Rede, in: Ders., Predigen als Beruf. Aufsätze zu Homiletik, Liturgie und Pfarramt. Hg. und mit einem Nachwort v. Rüdiger Schloz, München, 52–67.

Lange, Ernst (1972/1982), Die Schwierigkeit, Pfarrer zu sein, in: Ders., Predigen als Beruf. Aufsätze zu Homiletik, Liturgie und Pfarramt. Hg. und mit einem Nachwort v. Rüdiger Schloz, München, 142–166.

Lange, Ernst (1981), Kirche für andere. Dietrich Bonhoeffers Beitrag zur Frage einer verantwortbaren Gestalt der Kirche in der Gegenwart, in: Ders., Kirche für die Welt. Aufsätze zur Theorie kirchlichen Handelns. Hg. v. Rüdiger Schloz, München/Gelnhausen, 19–62.

Laube, Martin (2015), Religion als Praxis. Zur Fortschreibung des christentumssoziologischen Rahmens der EKD-Mitgliedschaftsstudien, in: Bedford-Strohm, Heinrich/Jung, Volker (Hg.), Vernetzte Vielfalt. Kirche angesichts von Individualität und Säkularisierung. Die fünfte Erhebung über Kirchenmitgliedschaft, Gütersloh, 35–49.

Lauster, Jörg (2005), Religion als Lebensdeutung. Theologische Hermeneutik heute, Darmstadt.

Lauster, Jörg (2008), Zwischen Entzauberung und Remythisierung. Zum Verhältnis von Bibel und Dogma (ThLZ.F 21), Leipzig.

Lauster, Jörg (2020), Die Verzauberung der Welt. Eine Kulturgeschichte des Christentums, München.

Leeten, Lars (2019), Redepraxis als Lebenspraxis. Die diskursive Kultur der antiken Ethik, Freiburg im Breisgau/München.

Lehnerer, Thomas (1987), Die Kunsttheorie Friedrich Schleiermachers (Deutscher Idealismus 13), Stuttgart.

Lenton, John/Norris, Clive Murray/Ryan, Linda A. (Hg.) (2020), Women, Preachers, Methodists. Papers from two Conferences held in 2019, the 350th anniversary of Susanna Wesley's birth, Oxford.

Lepsius, Rainer (1973), Parteiensystem und Sozialstruktur. Zum Problem der Demokratisierung der deutschen Gesellschaft, in: Ritter, Gerhard (Hg.), Die deutschen Parteien vor 1918 (Neue Wissenschaftliche Bibliothek 61), Köln, 56–79.

Lindhardt, Martin (Hg.) (2011), Practicing the Faith. The Ritual Life of Pentecostal-Charismatic Christians, New York/Oxford.

Lövheim, Mia/Lundmark, Evelina (^{2}2022), Identity, in: Campbell, Heidi A./Tsuria, Ruth (Hg.), Digital Religion. Understanding Religious Practice in Digital Media, London/New York, 56–70.

Lüddekens, Dorothea/Walthert, Rafael (2018), Religiöse Gemeinschaft, in: Pollack, Detlef/Krech, Volkhard/Müller, Olaf/Hero, Markus (Hg.), Handbuch Religionssoziologie, Wiesbaden, 467–488.

Lütze, Frank M. (2021), Sprechakttheoretische Perspektiven in der Homiletik, in: Meyer-Blanck, Michael (Hg.), Handbuch Homiletische Rhetorik (Handbücher Rhetorik 11), Berlin/Boston, 333–344.

Luhmann, Niklas (^{5}2017), Die Realität der Massenmedien (Neue Bibliothek der Sozialwissenschaften) Wiesbaden.

Luther, Martin (1950), Luthers Werke in Auswahl. Bd. 7: Predigten. Hg. v. Emanuel Hirsch, Berlin, zitiert: BoA 7.

Luther, Martin (1519), Resolutiones Lutherianae super propositionibus suis Lipsiae disputatis, in: WA 2, 388–435.

Luther, Martin (1519–1521), Operationes in Psalmos, in: WA 5, 1–676.

Luther, Martin (1520), Von den guten Werken, in: WA 6, 196–276.

Luther, Martin (1520), An den Christlichen Adel deutscher Nation von des Christlichen Standes Besserung, in: WA 6, 381–469.

Luther, Martin (1522), Eyn kleyn unterricht, was man ynn den Evangeliis suchen und gewartten soll, in: WA 10/I 1, 8–18.

Luther, Martin (1523), Von Ordnung Gottesdiensts in der Gemeine, in: WA 12, 31–37.

Luther, Martin (1524), An die Ratherren aller Städte deutsches Lands, daß sie christliche Schulen aufrichten und erhalten sollen, in: WA 15, 9–53.

Luther, Martin (1526), Deutsche Messe und Ordnung Gottesdiensts, in: WA 19, 44–113.

Luther, Martin (1530), Sendbrief vom Dolmetschen, in: WA 30/II, 627–646.

Luther, Martin (1538), Die zweite Disputation gegen die Antinomer, in: WA 39/I, 418–485.

Luther, Martin (1544), Predigt am 17. Sonntag nach Trinitatis, bei der Einweihung der Schloßkirche zu Torgau gehalten, in: WA 49, 588–615.

Luther, Martin (1539), Von den Konziliis und Kirchen, in: WA 50, 488–653.

Luther, Martin (1531), Veit Dietrichs Nachschriften, in: WA.TR 1, 1–308.

Luther, Martin (1531–1546), Johannes Schlaginhausens Nachschriften, in: WA.TR 2, 1–249.

Luther, Martin (1522–1546), Vorrede auf das newe Testament, in: WA.DB 6, 2–11.

Mantei, Simone/Sommer, Regina/Wagner-Rau, Ulrike (Hg.) (2013), Geschlechterverhältnisse und Pfarrberuf im Wandel. Irritationen, Analysen und Forschungsperspektiven (PThe 128), Stuttgart.

Marsch, Wolf-Dieter (1970), Institution im Übergang. Evangelische Kirche zwischen Tradition und Reform, Göttingen.

Martus, Steffen (2018), Aufklärung. Das deutsche 18. Jahrhundert. Ein Epochenbild, Berlin.

McMickle, Marvin A. (²2019), Where have all the Prophets gone? Reclaiming Prophetic Preaching in America, Cleveland.

Merle, Kristin (2021), Politisch predigen? Lust und Last einer gegenwärtigen Suchbewegung, in: Pock, Johann/Roth, Ursula (Hg.), Politikum Predigt. Predigen im Kontext gesellschaftlicher Relevanz und politischer Brisanz (ÖSP 12), München, 65–81.

Mertens, Volker/Schiewer, Hans-Jochen/Schiewer, Regina D./Schneider-Lastin, Wolfram (Hg.) (2013), Predigt im Kontext, Berlin/Boston.

Methuen, Charlotte/Schneider-Ludorff, Gury/Vogel, Lothar (Hg.) (2024), Reformatorische Bewegungen im 16. und 17. Jahrhundert (Die Bibel und die Frauen 7/1), Stuttgart.

Meyer, Hans Bernhard SJ (1977), Art. Abendmahlsfeier. II. Mittelalter, in TRE 1, 278–287.

Meyer, Hans Bernhard SJ (1989), Eucharistie. Geschichte, Theologie, Pastoral (GDK 4), Regensburg.

Meyer-Blanck, Michael (²2009), Liturgie und Liturgik. Der Evangelische Gottesdienst aus Quellentexten erklärt, Göttingen.

Meyer-Blanck, Michael (²2020), Gottesdienstlehre (Neue Theologische Grundrisse), Tübingen.

Millie, Julian (2017), Hearing Allah's Call. Preaching and Performance in Indonesian Islam, New York/London.

Molendijk, Arie L. (1996), Zwischen Theologie und Soziologie. Ernst Troeltschs Typen der christlichen Gemeinschaftsbildung: Kirche Sekte Mystik, Gütersloh.

Moltmann, Jürgen (1964), Theologie der Hoffnung. Untersuchungen zur Begründung und zu den Konsequenzen einer christlichen Eschatologie (BEvT 38), München.

Morgan, David (Hg.) (2008), Key Words in Religion, Media and Culture, New York/Abingdon.

Morgenroth, Matthias (2002), Weihnachts-Christentum. Moderner Religiosität auf der Spur, Gütersloh.

Moser-Rath, Elfriede (1991), Dem Kirchenvolk die Leviten gelesen. Alltag im Spiegel süddeutscher Barockpredigten, Stuttgart.

Mosheim, Johann Lorenz (1763/1998), Anweisung erbaulich zu predigen. Aus den vielfältigen Vorlesungen des seeligen Herrn Kanzlers verfasset und zum Drucke befördert von Christian Ernst von Windheim. Neu hg. und eingel. v. Dirk Fleischer, Waltrop.

Müller, Hans Martin (1996), Homiletik. Eine evangelische Predigtlehre, Berlin/New York.

Müller, Sabrina (2022a), Öffentliche Kommunikation christlicher Sinnfluencer:innen. Medienethische und kirchentheoretische Beobachtungen und Reflexionen, in: PTh 111/6, 203–218.

Müller, Sabrina (2022b), Religiös-polyphone Kommunikation jenseits der Kanzel. Eine postkolonial-feministische Perspektive auf die Homiletik, in: ZThK 119/4, 400–413.

MÜLLER, SABRINA/SUHNER, JASMINE (2023), Transformative Homiletik. Jenseits der Kanzel: (M)achtsam predigen in einer sich verändernden Welt (Interdisziplinäre Studien zur Transformation 3), Neukirchen-Vluyn.
NEMBACH, ULRICH (Hg.) (2013), Internetpredigten. Zur Sprache der Predigt in der globalisierten Welt (FPT 19), Frankfurt/Main.
NEUMAIER, ANNA (2022), Christliches Influencing in sozialen Medien. Religiöse Stile, Entkonfessionalisierung und die Konsequenzen für religiöse Autorität, in: Zeitschrift für Religion und Weltanschauung. Materialdienst der Evangelischen Zentralstelle für Weltanschauungsfragen 85/3, 173–184.
NICOL, MARTIN (2002), Einander ins Bild setzen. Dramaturgische Homiletik, Göttingen.
NICOL, MARTIN/DEEG, ALEXANDER (^{2}2013), Im Wechselschritt zur Kanzel. Praxisbuch Dramaturgische Homiletik, Göttingen.
NIEBERGALL, FRIEDRICH (1905), Die moderne Predigt, in: ZThK 15/3, 203–271.
NIEBERGALL, FRIEDRICH (^{3}1909), Wie predigen wir dem modernen Menschen. Bd. 1: Eine Untersuchung über Motive und Quietive, Tübingen.
NIEBERGALL, FRIEDRICH (1929), Die moderne Predigt. Kulturgeschichtliche und theologische Grundlage, Geschichte und Ertrag, Tübingen.
NIEBERGALL, ALFRED (1955), Die Geschichte der christlichen Predigt, in: MÜLLER, KARL FERDINAND/BLANKENBURG, WALTER (Hg.), Leiturgia. Handbuch des evangelischen Gottesdienstes. Bd. 2: Gestalt und Formen des evangelischen Gottesdienstes. I. Der Hauptgottesdienst, Kassel, 181–352.
NIEBUHR, H. RICHARD (^{3}1959), The Social Sources of Denominationalism, New York.
NIPPERDEY, THOMAS (1998), Deutsche Geschichte. 1866–1918. Bd. 1: Arbeitswelt und Bürgergeist, München.
NOWAK, KURT (1995), Geschichte des Christentums in Deutschland. Religion, Politik und Gesellschaft vom Ende der Aufklärung bis zur Mitte des 20. Jahrhunderts, München.
ONG, WALTER J. (1987/^{2}2016), Oralität und Literalität. Die Technologisierung des Wortes, Wiesbaden.
PALMER, CHRISTIAN (1842), Evangelische Homiletik, Stuttgart.
PALMER, CHRISTIAN (^{2}1845), Evangelische Homiletik, Stuttgart.
PALMER, CHRISTIAN (^{4}1857), Evangelische Homiletik, Stuttgart.
POCK, JOHANN (2021), Geschichte der katholischen Homiletik vom Tridentinum bis zum 19. Jahrhundert unter besonderer Berücksichtigung bedeutender Kanzelredner, in: MEYER-BLANCK, MICHAEL (Hg.), Handbuch Homiletische Rhetorik (Handbücher Rhetorik 11), 205–221.
POCK, JOHANN/ROTH, URSULA/SPIELBERG, BERNHARD (Hg.) (2022), »Fühlt ihr nicht, so bleibt ihr nicht!« Die emotionale Dimension der Predigt (ÖSP 13), München.
POHL-PATALONG, UTA (2007), Pastoraltheologie, in: GRETHLEIN, CHRISTIAN/SCHWIER, HELMUT (Hg.), Praktische Theologie. Eine Theorie- und Problemgeschichte (APrTh 33), Leipzig, 515–574.
POPE-LEVISON, PRISCILLA (2004), Turn the Pulpit Loose. Two Centuries of American Women Evangelists, New York.
QUINITLIANUS, MARCUS FABIUS (^{3}1995/2006), Institutionis Oratoriae. Ausbildung des Redners. Zwölf Bücher. Erster Teil: Buch I–VI. Hg. und übers. v. Helmut Rahn, Darmstadt.

Raschok, Klaus (2020), Lutherische Liturgische Identität. Zur Phänomenologie des liturgisch-räumlichen Erlebens, Leipzig.

Reckwitz, Andreas (2019), Die Gesellschaft der Singularitäten. Zum Strukturwandel der Moderne, Berlin.

Reinhardt, Volker (²2017), Die Tyrannei der Tugend. Calvin und die Reformation in Genf, München.

Rössler, Dietrich (1983/2006), Beispiel und Erfahrung. Zu Luthers Homiletik, in: Ders., Überlieferung und Erfahrung. Gesammelte Aufsätze zur Praktischen Theologie. Hg. v. Christian Albrecht/Martin Weeber (Praktische Theologie in Geschichte und Gegenwart 1), Tübingen, 20–32.

Rössler, Dietrich (²1994), Grundriß der Praktischen Theologie, Berlin/New York.

Rössler, Dietrich (1980/2006), Der Kirchenbegriff der Praktischen Theologie. Anmerkungen zu CA VII, in: Ders., Überlieferung und Erfahrung. Gesammelte Aufsätze zur Praktischen Theologie. Hg. v. Christian Albrecht/Martin Weeber (Praktische Theologie in Geschichte und Gegenwart 1), Tübingen, 181–185.

Roth, Ursula (2001), Die Kasualansprache als rezeptionslogisches Paradigma der Predigt. Oder: Die Predigt zwischen individueller Lebenswirklichkeit und gesellschaftlicher Lebenswelt, in: Pohl-Patalong, Uta/Muchlinsky, Frank (Hg.), Predigen im Plural. Homiletische Aspekte, Hamburg, 68–80.

Roth, Ursula (2013), Gottesdienstgefühle, in: Lars Charbonnier/Matthias Mader/Birgit Weyel (Hg.), Religion und Gefühl. Praktisch-theologische Perspektiven einer Theorie der Emotionen. Festschrift für Wilhelm Gräb zum 65. Geburtstag (APTh 75), Göttingen, 383–396.

Roth, Ursula (2021), Die Performativität der Predigt. Performanztheoretische Zugänge zur Homiletik, in: Meyer-Blanck, Michael, Handbuch Homiletische Rhetorik (Handbücher Rhetorik 11), Berlin/Boston, 313–332.

Roth, Ursula (2023), Das weite Feld der Kasualpraxis, in: ZThK 120/2, 234–256.

Roth, Ursula/Gilly, Anne (Hg.) (2021), Die religiöse Positionierung der Dinge. Zur Materialität und Performativität religiöser Praxis, Stuttgart.

Salzmann, Sasha Marianna (2022), Schreiben aus der Lunge heraus. Laudatio zum Nachlesen. https://www.friedenspreis-des-deutschen-buchhandels.de/alle-preistraeger-seit-1950/2020-2029/serhij-zhadan, letzter Zugriff: 3.7.2024.

Sauer, Mirjam (2021), Rede und Unendlichkeit. Modelle der Religionskommunikation zwischen Literatur, Rhetorik und Predigt bei Friedrich Schleiermacher (SchlA 29), Berlin/Boston.

Scharloth, Joachim (2011), 1968. Eine Kommunikationsgeschichte, München.

Scheer, Monique (2016), Emotionspraktiken. Wie man über das Tun an die Gefühle herankommt, in: Beitl, Matthias/Schneider, Ingo (Hg.), Emotional Turn?! Europäisch ethnologische Zugänge zu Gefühlen & Gefühlswelten. Beiträge der 27. Österreichischen Volkskundetagung in Dornbirn vom 29. Mai–1. Juni 2013, Wien, 15–36.

Scheer, Monique (2019), Emotion als kulturelle Praxis, in: Kappelhoff, Hermann/Bakels, Jan-Hendrik/Lehmann, Hauke/Schmitt, Christina (Hg.), Emotionen. Ein interdisziplinäres Handbuch, Berlin, 352–362.

Scheliha, Arnulf von (2018), Die Rolle der Kirchen im gesellschaftlichen und politischen Diskurs der Gegenwart, in: Ders., Religionspolitik. Beiträge zur politischen

Ethik und zur politischen Dimension des religiösen Pluralismus, Tübingen, 99–117.

Scheliha, Arnulf von (2023), Friedrich Schleiermacher als Sozialphilosoph des Christentums (Schleiermacher-Lecture, Berlin, 2021), Berlin/Boston.

Schian, Martin (1912), Orthodoxie und Pietismus im Kampfe um die Predigt. Ein Beitrag zur Geschichte des endenden 17. und des beginnenden 18. Jahrhunderts, Berlin/Boston.

Schieder, Rolf (1995), Religion im Radio. Protestantische Rundfunkarbeit in der Weimarer Republik und im Dritten Reich, Stuttgart/Berlin/Köln.

Schlag, Thomas (2012), Öffentliche Kirche. Grunddimensionen einer praktisch-theologischen Kirchentheorie (ThSt 5) Zürich.

Schlag, Thomas (2014), Aufmerksam predigen. Eine homiletische Grundperspektive (ThSt 8), Zürich.

Schlag, Thomas (2020), Reimagining »Öffentliche Kirche«. Zum Innovationspotenzial eines klärungsbedürftigen Begriffs, in: Körtner, Ulrich/Anselm, Reiner/Albrecht, Christian (Hg.), Konzepte und Räume Öffentlicher Theologie. Wissenschaft – Kirche – Diakonie (Öffentliche Theologie 39), Leipzig, 83–102.

Schlag, Thomas (2022), Die Macht der Bilder als (praktisch-) theologische Herausforderung. Beobachtungen zum Phänomen evangelischer Influencerinnen und Influencer im Horizont gegenwärtiger Digitalisierungsdynamiken, in: ZThK 119/2, 195–216.

Schlag, Thomas/Müller, Sabrina (2022), Digital Communication as Theological Productivity in a Participatory Church 'For and With All' – Empirical Observations and Ecclesiological Reflection, in: Campbell, Heidi A./Dyer, John (Hg.), Ecclesiology for a Digital Church. Theological Reflections on a New Normal, London, 74–85.

Schleiermacher, Friedrich (1799/2001), Über die Religion. Reden an die Gebildeten unter ihren Verächtern. Hg. v. Günter Meckenstock, Berlin/New York.

Schleiermacher, Friedrich (1801/2013), Predigten, in: Ders., Predigten. Erste bis Vierte Sammlung (1801–1820) mit den Varianten der Neuauflagen (1806–1826). Hg. v. Günter Meckenstock (KGA 3/1), Berlin/Boston.

Schleiermacher, Friedrich (1830/2002), Kurze Darstellung des theologischen Studiums zum Behuf einleitender Vorlesungen (1811/1830). Hg. v. Dirk Schmid, Berlin/New York, zitiert: KD$^{1/2}$.

Schleiermacher, Friedrich (1830/31/2008), Der christliche Glaube nach den Grundsätzen der evangelischen Kirche im Zusammenhange dargestellt. Zweite Auflage. Hg. v. Rolf Schäfer, Berlin, zitiert: CG^2.

Schleiermacher, Friedrich (1843/2009), Die christliche Sitte nach den Grundsätzen der evangelischen Kirche im Zusammenhange dargestellt. Aus Schleiermachers handschriftlichem Nachlasse und nachgeschriebenen Vorlesungen. Hg. v. Ludwig Jonas, Berlin. Neu hg. und eingel. v. Wolfgang Erich Müller (Theologische Studien-Texte 7). 2 Bde., Waltrop, zitiert: CS.

Schleiermacher, Friedrich (1850/1983), Die praktische Theologie nach den Grundsätzen der evangelischen Kirche im Zusammenhang dargestellt. Aus Schleiermachers handschriftlichem Nachlasse und nachgeschriebenen Vorlesungen. Hg. v. Jacob Frerichs, SW I/13, Berlin, Nachdruck Berlin/New York, zitiert: PT.

SCHNEYER, JOHANN BAPTIST (1968), Geschichte der katholischen Predigt, Freiburg im Breisgau.

SCHÖNHAGEN, PHILOMEN/MEIßNER, MIKE (2021), Kommunikations- und Mediengeschichte. Von Versammlungen bis zu den digitalen Medien, Köln.

SCHORN-SCHÜTTE, LUISE (2015), Gottes Wort und Menschenherrschaft. Politisch-Theologische Sprachen im Europa der Frühen Neuzeit, München.

SCHULTZE, QUENTIN J. (1991), Televangelism and American Culture. The Business of Popular Religion, Eugene (Oregon).

SCHÜTZ, WERNER (1972), Geschichte der christlichen Predigt, Berlin/New York.

SCHÜTZ, WERNER (1974), Die Kanzel als Katheder der Aufklärung, in: SCHULZ, GÜNTHER (Hg.), Zur Sozialgeschichte der Literatur und Philosophie im Zeitalter der Aufklärung (Wolfenbütteler Studien zur Aufklärung 1), Wolfenbüttel, 137–171.

SCHWEIZER, ALEXANDER (1848), Homiletik der evangelisch-protestantischen Kirche systematisch dargestellt, Leipzig.

SCHWEYER, STEFAN (2020), Freikirchliche Gottesdienste. Empirische Analysen und theologische Reflexionen (APrTh 80), Leipzig.

SHULMAN, GEORGE (2008), American Prophecy. Race and Redemption in American Political Culture, Minneapolis/London.

SIEGERT, REINHART (1999), Die »Volkslehrer«. Zur Trägerschicht aufklärerischer Privatinitiative und ihren Medien, in: Jahrbuch für Kommunikationsgeschichte 1, 62–86.

SIMMEL, GEORG (1903/2008), Die Großstädte und das Geistesleben, in: DERS.: Individualismus der modernen Zeit und andere soziologische Abhandlungen. Ausgew. und mit einem Nachwort v. Otthein Rammstedt (suhrkamp taschenbuch wissenschaft 1873), Frankfurt/Main, 319–333.

SLENCZKA, NOTGER (2020), Theologie der reformatorischen Bekenntnisschriften. Einheit und Anspruch, Leipzig.

SÖHNGEN, OSKAR (1961), Theologische Grundlagen der Kirchenmusik, in: MÜLLER, KARL FERDINAND/BLANKENBURG, WALTER (Hg.), Leiturgia. Handbuch des Evangelischen Gottesdienstes. Bd. 4: Die Musik des Evangelischen Gottesdienstes, Kassel, 1–267.

SÖLLE, DOROTHEE/STEFFENSKY, FULBERT (Hg.) (^{4}1970), Politisches Nachtgebet in Köln. Im Auftrag des ökumenischen Arbeitskreises »Politisches Nachtgebet«, Stuttgart/Berlin/Mainz.

SPALDING, JOHANN JOACHIM (1772/2002), Ueber die Nutzbarkeit des Predigtamtes und deren Beförderung, in: DERS., Ueber die Nutzbarkeit des Predigtamtes und deren Beförderung. Hg. v. Tobias Jersak (KGA I/3), Tübingen.

SPENER, PHILIPP JACOB (1676/^{3}1964), Pia Desideria: oder Hertzliches Verlangen Nach Gottgefälliger Besserung der wahren Evangelischen Kirchen/sampt einigen dahin einfältig abzweckenden Christlichen Vorschlagen, Frankfurt am Main. Hg. v. Kurt Aland (Kleine Texte für Vorlesungen und Übungen 170), Berlin.

STECK, WOLFGANG (1974), Das homiletische Verfahren. Zur modernen Predigttheorie (APTh 13), Göttingen.

STEIGER, JOHANN ANSELM (1995), Rhetorica sacra seu biblica: Johann Matthäus Meyfart (1590-1642) und die Defizite der heutigen rhetorischen Homiletik, in: ZThK 92/4, 517–558.

STEIGER, JOHANN ANSELM (1997), Johann Lorenz von Mosheims Predigten zwischen reformatorischer Theologie, imitatio-Christi-Frömmigkeit und Gesetzlichkeit, in: MULSOW, MARTIN/HÄFNER, RALPH/NEUMANN, FLORIAN/ZEDELMAIER, HELMUT (Hg.), Johann Lorenz Mosheim (1693–1755). Theologie im Spannungsfeld von Philosophie, Philologie und Geschichte (Wolfenbütteler Forschungen 77), Wiesbaden, 297–328.

STEIGER, JOHANN ANSELM (2002), Fünf Zentralthemen der Theologie Luthers und seiner Erben. Communicatio – Imago – Figura – Maria – Exempla. Mit Edition zweier christologischer Frühschriften Johann Gerhards (SHCT 104), Leiden/Boston/Köln.

STETTER, MANUEL (2011), Reden im Kontext. Zur Predigt als Element des Gottesdienstes, in: ECKSTEIN, HANS-JOACHIM/HECKEL, ULRICH/WEYEL, BIRGIT (Hg.), Kompendium Gottesdienst. Der evangelische Gottesdienst in Geschichte und Gegenwart (UTB 3630), Tübingen, 204–223.

STETTER, MANUEL (2015), Wie sagen, was gut ist? Überlegungen zu drei Verfahrensweisen ethischer Predigt, in: SCHWIER, HELMUT (Hg.), Ethische und politische Predigt. Beiträge zu einer homiletischen Herausforderung, Leipzig, 159–183.

STETTER, MANUEL (2018), Die Predigt als Praxis der Veränderung. Ein Beitrag zur Grundlegung der Homiletik (APTh 92), Göttingen.

STETTER, MANUEL (2019), Argumentation und Erbauung. Ein homiletischer Beitrag zur Interpretation der Predigten Schleiermachers, in: ZThK 116/1, 77–97.

STETTER, MANUEL (2022), Raum und Stimme. Überlegungen zur Predigt als Emotionspraxis, in: POCK, JOHANN/ROTH, URSULA/SPIELBERG, BERNHARD (Hg.), »Fühlt ihr nicht, so bleibt ihr nicht!« Die emotionale Dimension der Predigt (ÖSP13), München, 93–109.

STIER, RUDOLF (^{2}1844), Grundriß einer biblischen Keryktik, oder einer Anweisung, durch das Wort Gottes sich zur Predigtkunst zu bilden. Mit besonderer Beziehung auf Mission und Kirche, Halle.

STILLE, MAX (2020), Islamic Sermons and Public Piety in Bangladesh. Poetics of Popular Preaching, London.

STOCK, KONRAD (1995), Grundlegung der protestantischen Tugendlehre, Gütersloh.

STOCK, KONRAD (2005a), Art. Tugenden, in: RGG^4 8, Sp. 650–654.

STOCK, KONRAD (2005b), Die Theorie der christlichen Gewißheit. Eine enzyklopädische Orientierung, Tübingen.

STOCK, KONRAD (2005c), Art. Tugendethik, in: RGG^4 8, Sp. 654.

STOCK, KONRAD (2011), Einleitung in die Systematische Theologie, Berlin/New York.

STOLLBERG-RILINGER (^{5}2021), Die Aufklärung. Europa im 18. Jahrhundert, Stuttgart.

STOLT, BIRGIT (2000), Martin Luthers Rhetorik des Herzens (UTB 2141), Tübingen.

STRAHM, HERBERT (2016), Dissentertum im Deutschland des 19. Jahrhunderts. Freikirchen und religiöse Sondergemeinschaften im Beziehungs- und Spannungsfeld von Staat und protestantischen Landeskirchen (Münchener Kirchenhistorische Studien. Neue Folge 5), Stuttgart.

STRAßBERGER, ANDRES (2012), »Ich glaube, darum rede ich«. Zur Konzeption einer ›Homiletik des Affekts‹ im hallischen Pietismus, in: SOBOTH, CHRISTIAN/STRÄTER, UDO (Hg.), »Aus Gottes Wort und eigener Erfahrung gezeiget«. Erfahrung – Glauben, Erkennen und Handeln im Pietismus. Beiträge zum III. Internationalen Kongress für Pietismusforschung 2009 (Hallesche Forschungen 33/2), Halle, 257–270.

Straßberger, Andres (2021), Predigt, in: Breul, Wolfgang (Hg.), Pietismus Handbuch, Tübingen, 387–393.
Strecker, Ivo/Tyler, Stephen (2009), Culture & Rhetorik, New York/Oxford
Strohm, Christoph (2009), Johannes Calvin. Leben und Werk des Reformators, (Beck'sche Reihe 2469), München.
Strom, Jonathan (2009), Pietism and Revival, in: Eijnatten, Joris van (Hg.), Preaching, Sermon and Cultural Change in the Long Eighteenth Century (A New History of the Sermon 4), Leiden/Boston, 173–218.
Taylor, Larissa (Hg.) (2003), Preachers and People in the Reformations and Early Modern Period, Boston/Leiden.
Theissen, Gerd (2004), Die Jesusbewegung. Sozialgeschichte einer Revolution der Werte, Gütersloh.
Thomas, Pradip Ninan/Lee, Philip (Hg.) (2012), Global and Local Televangelism, London.
Thumm, Christine (2020), Erzählen und Überzeugen. Rhetorischer Impetus protestantischer Literatur bei Kaspar Goldtwurm (1524–1559) im Zeitalter der Konfessionalisierung (Gratia 65), Wiesbaden.
Tisdale, Leonora Tubbs (2010), Prophetic Preaching. A Pastoral Approach, Louisville.
Troeltsch, Ernst (1912/2016), Soziallehren der christlichen Kirchen und Gruppen. Reprografischer Nachdruck der 1912 im Verlag von J. C. B. Mohr (Paul Siebeck), Tübingen erschienenen Ausgabe. Mit einer Einführung zu Ernst Troeltschs Leben und Werk von Friedemann Voigt (GS 1), Darmstadt.
Troeltsch, Ernst (1913/2016), Die Kirche im Leben der Gegenwart, in: Ders., Zur religiösen Lage, Religionsphilosophie und Ethik. Reprografischer Nachdruck der 1913 im Verlag von J. C. B. Mohr (Paul Siebeck), Tübingen erschienenen Ausgabe (GS 2), Darmstadt, 91–108.
Vogl, Joseph (^{3}2021), Kapital und Ressentiment. Eine kurze Theorie der Gegenwart, München.
Voigt, Friedemann (2002), Predigt als theologischer Begriff. Die Predigtlehre Karl Barths, in: Albrecht, Christian/Weeber, Martin (Hg.), Klassiker der protestantischen Predigtlehre. Einführungen in homiletische Theorieentwürfe von Luther bis Lange (UTB 2292), Tübingen, 184–201.
Wahle, Stephan (2015), Das Fest der Menschwerdung. Weihnachten in Glaube, Kultur und Gesellschaft, Freiburg im Breisgau 2015.
Walzer, Michael (1993), Kritik und Gemeinsinn. Drei Wege der Gesellschaftskritik, Frankfurt/Main.
Warren, Donald (1996), Radio Priest. Charles Coughlin, the Father of Hate Radio, New York.
Weber, Max (1905/2014), Die protestantische Ethik und der »Geist« des Kapitalismus. II. Die Berufsidee des asketischen Protestantismus, in: Max Weber-Gesamtausgabe. Bd. I/9: Asketischer Protestantismus und Kapitalismus. Schriften und Reden 1904–1911. Hg. v. Wolfgang Schluchter, Tübingen, 222–425.
Weber, Max (^{5}1980), Wirtschaft und Gesellschaft. Grundriß der verstehenden Soziologie. 5., revidierte Aufl., besorgt v. Johannes Winckelmann (Studienausgabe), Tübingen.

WEEBER, MARTIN (2002), Kultivierte Kulturdistanz. Die Homiletik Theodor Christliebs, in: ALBRECHT, CHRISTIAN/WEEBER, MARTIN (Hg.), Klassiker der protestantischen Predigtlehre. Einführungen in homiletische Theorieentwürfe von Luther bis Lange (UTB 2292), Tübingen, 144–160.

WENDEBOURG, DOROTHEA (^{3}2017), Kirche, in: BEUTEL, ALBRECHT (Hg.), Luther Handbuch, Tübingen, 451–462.

WENDTE, MARTIN (2022), Hauptsache gesund! Jesus, Corona und die Gesundheitsgesellschaft, Leipzig.

WEYEL, BIRGIT (2006), Praktische Bildung zum Pfarrberuf. Das Predigerseminar Wittenberg und die Entstehung einer zweiten Ausbildungsphase evangelischer Pfarrer in Preußen (BHTh 134), Tübingen.

WEYEL, BIRGIT (2012), Sich über Religion verständigen, in: CHARBONNIER, LARS/MERZYN, KONRAD/MEYER, PETER (Hg.), Homiletik. Aktuelle Konzepte und ihre Umsetzung, Göttingen, 231–246.

WEYEL, BIRGIT (2021a), Digitale Gemeinde. Überlegungen zur sozialen Gestalt von Kirche am Beispiel des digitalen Abendmahls, in: ThR 86/3-4, 430–439.

WEYEL, BIRGIT (2021b), Die Liturgie als Rahmenbedingung rhetorischen Handelns, in: MEYER-BLANCK, MICHAEL (Hg.), Handbuch Homiletische Rhetorik (Handbücher Rhetorik 11), Berlin/Boston, 389–404.

WINKLER, EBERHARD (^{3}2003), Der Predigtgottesdienst, in: SCHMIDT-LAUBER, HANS-CHRISTOPH/MEYER-BLANCK, MICHAEL/BIERITZ, KARL-HEINRICH (Hg.), Handbuch der Liturgik. Liturgiewissenschaft in Theologie und Praxis der Kirche, Göttingen, 247–267.

WITT, CHRISTIAN (2013), Johann Michael Sailer als Prediger und sein Verhältnis zur Aufklärung, in: ZThK 110/2, 187–218.

WITTMANN, REINHARD (^{4}2019), Geschichte des deutschen Buchhandels, München.

ZHADAN, SERHIJ, Antenne. Gedichte. Aus dem Ukrainischen von Claudia Dathe (edition suhrkamp 2752), Berlin ^{3}2022.

ZSCHOCH, HELMUT (^{3}2017), Predigten, in: BEUTEL, ALBRECHT (Hg.), Luther Handbuch, Tübingen, 358–365.

Index

A
Abendmahl/Eucharistie 53, 99, 102–104, 106, 116–117
Amt (inkl. Predigtamt, Pfarramt, Priesteramt) 15, 29, 34, 43, 49, 65, 82–83, 92–95, 104, 115–122, 126, 136, 138

B
Barmer Theologische Erklärung 79
Barth, Karl 78–81, 84
Barth, Ulrich 129, 133
Bekehrung 28, 58, 60–61, 73, 75, 108–109, 114
Bibel 48–49, 53, 59–60, 64, 129–130
Bultmann, Rudolf 81, 134–135

C
Calvin, Johannes 41, 50–54, 118
Carpzov, Johann Benedikt 56–57, 114
Charisma/charismatisch 34, 108, 118–119
Christus (inkl. Christologie, Christusdogma, Christuspredigt) 31–35, 44–45, 50, 69, 79–80, 83, 109–110, 125, 129, 137
collegia pietatis 60
Confessio Augustana 29, 34, 39, 75, 107, 117, 136
Coughlin, Charles 92

D
Digitalisierung (inkl. digitale Kommunikation, digital religion) 89, 91–95, 123
Dramaturgische Homiletik 24–25
Drews, Paul 61, 76–77, 100

E
Ebeling, Gerhard 46, 128–129
Ekklesiologie 23, 27, 29, 39, 42, 54, 137
Emotion (inkl. Emotionalität, Gefühl, Affekt) 37, 57, 60, 68, 70–71, 94, 97, 101, 110–115, 129–130, 132–134, 142–143
Engemann, Wilfried 24–26, 28, 133
Erbauung 28, 56, 60, 70, 73, 109, 114
Evangelikal (inkl. Evangelikalismus) 62, 84, 95, 106–110, 118–119
explicatio-applicatio-Schema 52

F
Francke, August Hermann 58, 61

G
Galen, Clemens August Graf von 106
Gesetz und Evangelium 42, 45–48, 51
Geyler von Kaysersberg, Johann 104
Glossolalie 62, 108
Goldtwurm, Caspar 56
Gräb, Wilhelm 24–26, 28

Index

H
Heilung (inkl. Health and wealth gospel) 92, 109–110
Homilie 102, 116
Hyperius, Andreas 56–57

I
Individualität (inkl. Individualisierung, individuell) 15, 20, 26–29, 31, 34, 37, 44, 48, 63, 67–69, 93, 97, 113, 115, 119, 122, 124, 127, 134, 140–143
Influencing (inkl. Christfluencer) 94–95
Isenheimer Altar 80

K
Kant, Immanuel 63
Kapistran, Johannes 104
Kasualie (inkl. Kasualpredigt, kasuell, anlassbezogen) 15, 72, 98–101, 112–113
Ketteler, Wilhelm Emmanuel von 105
Kirchenreform 58, 60, 62, 77, 82, 84, 104, 118
Konfessionen (inkl. konfessionell, Konfessionskulturen) 15, 35, 54–55, 90, 116

L
Laien 59, 62, 75, 116–117, 139
Lange, Ernst 84–88
lectio continua 53
Liturgie 16, 32, 64, 82, 86, 97–99, 101–104, 106, 110–113, 115
Luhmann, Niklas 91
Luther, Martin (inkl. Luthertum) 30, 41–43, 46–51, 53–54, 59, 61, 75, 82, 85, 90, 101, 113–114, 117–118, 142

M
McPherson, Aimee Semple 92
Medialisierung 75, 89
Messe 43, 49, 99, 102–104, 106, 116
Mosheim, Johann Lorenz von 64

Mündlichkeit (inkl. mündlich, Oralität) 30, 38, 44, 56, 90, 94, 108, 134

N
Niebergall, Friedrich 76
Nitzsch, Carl Immanuel 23

O
Öffentlichkeit (inkl. öffentlich) 14, 26, 28, 30, 32, 37, 44, 48–49, 52, 56, 62, 65–66, 91, 106, 109, 115, 117–118, 120–122, 136, 138, 140–141
Oratorprinzip 36, 38

P
Palmer, Christian 74
Pentekostalismus (inkl. pentekostal) 39, 62, 92, 95, 106–110, 118–119
Performanz (inkl. performativ) 18, 23, 38, 84, 127
Perikope (inkl. Perikopenordnung) 49, 53, 56, 59, 99–100, 109
Persuasion (inkl. persuasiv) 35–37, 108
Pluralisierung (inkl. Pluralität) 20, 32, 72, 78, 84, 119, 126
Predigt
– Inhalt 14, 31, 38, 42, 44, 70, 92, 97, 110, 126–129, 139, 141–142
– Intention bzw. Absicht 11, 16, 97, 127, 134, 136, 141
– Missionspredigt 15, 68, 73–75, 98
– mystisch 104
– politisch 16, 31, 70, 92, 105, 119, 137, 139
– seelsorglich 16, 31
– sozial 75, 106
Priestertum aller Getauften 59, 120
Professionalisierung 21
Prophetie (inkl. Prophet) 94, 108, 118, 136–139

Q
Quintilian 114, 123

R
Rhetorik (inkl. rhetorisch)   19, 23, 35–37, 50, 56, 61, 70, 99, 105, 113–114, 123, 134, 136
Ritual (inkl. rituell, Riten)   14, 16, 18, 23, 38, 90, 93, 97–99, 110, 113, 142

S
Sailer, Johann Michael   105
Säkularisierung (inkl. säkular)   71, 75, 82
Salzmann, Sasha Marianna   133
Schleiermacher, Friedrich Daniel Ernst   20–23, 25, 66–67, 69, 71, 73, 126, 142
Schweizer, Alexander   23
sichtbare/unsichtbare Kirche   30–32, 43, 75, 107, 142
Sozialität   37
Sozialität (inkl. soziale Wirksamkeit)   27–29, 31, 69, 97, 113, 115, 124, 134, 142
Spalding, Johann Joachim   63, 65
Spener, Philipp Jakob   58–59, 61, 114
Spurgeon, Charles Haddon   75

Stock, Konrad   124–125
Symbol (inkl. symbolisch, symbolisierend)   25, 67–68, 77, 129–131, 133, 135, 141

T
Tradition(en)   15, 87, 131
Troeltsch, Ernst   33–35, 86, 110, 119
Trost   28, 45, 56–57, 61, 143
Tugend (inkl. Tugendethik)   97, 121, 124, 126–127

U
Überlieferung   14
Überlieferung/Schrift und Erfahrung   49–50, 97, 127–130, 132, 141–142

W
Walzer, Michael   138–139
Weber, Max   94, 118
Wesley, John   75
Wissenschaft   13, 17, 19–21, 23, 67, 81, 136
Wort und Sakrament   29–31, 34, 125